Reise in die Toskana

Reise in die Toskana
Kulturkompass fürs Handgepäck

Herausgegeben von Manfred Görgens

Übersetzungen von Ursula Bischoff, Erich Boehme,
Ulrich Bossier, Petra Kaiser, Martina Kempter,
Burkhart Kroeber, Wolfgang Neuhaus, Oswalt von
Nostitz, Friedrich von Oppeln-Bronikowski,
Dagmar Ploetz, Uta-Elisabeth Trott, Sigrid Vagt
und Karl Witte

Unionsverlag
Zürich

Im Internet
Aktuelle Informationen,
Dokumente, Materialien
www.unionsverlag.com

Unionsverlag Taschenbuch 474
© by Unionsverlag 2010
Rieterstrasse 18, CH-8027 Zürich
Telefon 0041-44-283 20 00, Fax 0041-44-283 20 01
mail@unionsverlag.ch
Alle Rechte vorbehalten
Verwendung der Karte auf der Umschlaginnenseite mit freundlicher
Genehmigung des Reise Know-How Verlags, Bielefeld.
Reihengestaltung: Heinz Unternährer
Umschlaggestaltung: Peter Löffelholz, Zürich
Umschlagfoto: Claudio Giovanni Colombo
Druck und Bindung: CPI – Clausen & Bosse, Leck
ISBN 978-3-293-20474-4

Inhalt

Stendhal · Wenn Kunst krank macht – das Staunen
über Florenz   7
Rafael Chirbes · Die Grenzen des Menschen –
ein florentinischer Traum   18
Giovanni Boccaccio · In Florenz wütet die Pest   29
Ross King · Zwischen Himmel und Erde – Brunelleschis
Meisterwerk   40
Dmitri Sergejewitsch Mereschkowski · Raub der
Flammen – Leonardos Leda auf dem Scheiterhaufen   66
Antonio Forcellino · Ein Mann für die Ewigkeit –
Michelangelos *David*   75
Iris Origo · Das betuchte Prato im Mittelalter   85
Michel de Montaigne · Laster und Labsal –
ein Franzose auf Reisen   102
Heinrich Heine · Düsteres Lucca und heitere Begegnung   119
Hermann Hesse · Das schiefe Wunder – Pisas Campanile   132
D. H. Lawrence · Eine Stadt wie Alabaster – Volterra
und die Etrusker   136
Carlo Fruttero und Franco Lucentini · Die Ekstase
des Palio – Reiterspiele in Siena   155
Kety Quadrino · Hitzköpfe unter der Sonne –
die Giostra von Arezzo   166
Clemens Amelunxen · Napoleon – Fürst von Elba   172
Frances Mayes · Grünes Öl – vom Geheimnis der Oliven   198

Nachwort   209
Worterklärungen   213
Autorinnen und Autoren   216
Bildnachweis   222

Wenn Kunst krank macht – das Staunen über Florenz
Stendhal

Pietra Mala

19. Januar. Die Straße nach Florenz folgt, wenn man Bologna verlässt, zunächst einem reizenden, fast ebenen Tale. Nach einer Stunde Fahrt steigt sie durch kleine Kastanienwälder allmählich empor, um den Apennin zu durchqueren. In Loiano angelangt, hatten wir einen herrlichen Blick nach Norden. Das Auge überschaut die berühmte lombardische Tiefebene, die sich von Turin bis Venedig erstreckt. Man denkt sich das freilich mehr, als man es sieht; doch es macht Freude, so viele berühmte Städte inmitten dieser ungeheuren Ebene zu suchen, die baumreich ist wie ein Wald … Dem Auge näher liegt der Apennin, seine zahlreichen Gipfel machen den Eindruck eines wogenden Meeres von Bergen. Ich danke Gott, dass ich kein Gelehrter bin; während dieses Bergmeer auf mich heute Morgen einen recht starken Eindruck machte, sah mein Reisegefährte darin nur das Für und Wider im Streit der geologischen Meinungen … Besäße ich die geringsten meteorologischen Kenntnisse, so machte es mir nicht so viel Vergnügen, die Wolken dahineilen zu sehen und sie mir in meiner Einbildungskraft als prächtige Paläste oder riesige Ungeheuer auszumalen. Ich sah einmal einen Schweizer Senn drei Stunden lang mit verschränkten Armen die Schneegipfel

der Jungfraukette betrachten. Sie waren für ihn Musik. Meine Unwissenheit bringt mich dem Seelenzustand dieses Hirten oft nahe.

Wir machten einen Gang von zehn Minuten zu einem mit kleinen Steinen gefüllten Loch, aus dem ein fast stets brennendes Gas strömt. Wir warfen eine Wasserflasche auf die Steine, und sofort flammte das Gas doppelt stark auf, was mir eine Erklärung von einer Stunde eintrug. Hätte ich zugehört, so wäre der schöne Berg für mich zu einem chemischen Laboratorium geworden. Endlich schwieg mein Gelehrter still, und ich konnte mit den Bauern plaudern, die um das Herdfeuer des Bergwirtshauses saßen ... Folgende Geschichte erfuhr ich an dem riesigen Kamin der Herberge von Pietra Mala.

Vor fast zwei Jahren bemerkte man in Florenz und Bologna mit Schrecken, dass die Reisenden auf der Straße, auf der wir fahren, verschwanden. Die Nachforschungen der beiden kraftlosen Regierungen stellten nur das eine sicher, dass man in den Bergen des Apennin niemals Überbleibsel der Verschwundenen fand. Eines Abends zwang ein Unwetter einen Spanier und seine Frau, in einer elenden Herberge von Pietra Mala abzusteigen. Nichts war schmutziger und widerlicher, und doch trug die Wirtin, die ein abstoßendes Gesicht hatte, Diamantringe an den Fingern. Diese Frau sagte zu den Reisenden, sie wolle zum Pfarrer drei *miglien* von hier gehen und sich weiße Betttücher leihen.

Die junge Spanierin war zu Tode erschrocken über das finstere Aussehen der Herberge; ihr Gatte geht unter dem Vorwand, ein Taschentuch zu holen, zum Wagen, macht dem *vetturino* ein Zeichen und spricht ungesehen mit ihm. Dieser hatte schon vom Verschwinden von Reisenden gehört und fürchtete sich fast noch mehr, so wurden sie sich denn bald einig. In Gegenwart der Wirtin befahl ihm der Spanier, sie spätestens um fünf Uhr morgens zu wecken. Der Reisende und seine Frau erklärten sich für krank, aßen nur sehr wenig zu Abend und begaben sich dann auf ihr Zimmer. Dort lauschten sie, vor Furcht halb tot, auf jedes Geräusch. Als im Haus alles still geworden und es gegen ein Uhr war, machten sie sich aus dem Staube und bestiegen den Wagen, der schon ein paar Tausend Schritte vor dem Orte hielt.

Nach Florenz zurückgekehrt, erzählte der *vetturino* seinem Fuhrherrn, welche Angst er ausgestanden; und dieser, Herr Polastro, ein ehrlicher Mann, veranlasste die Polizei zu Nachforschungen. Mit großer Mühe gelang es ihr, einen verdächtigen Mann zu verhaften, der sich oft in der Herberge von Pietra Mala sehen ließ. Mit dem Tode bedroht, gestand er, dass der Pfarrer Biondi, bei dem sich die Wirtin weißes Bettzeug lieh, der Anführer ihrer Bande war und gegen zwei Uhr morgens nach der Herberge kam, wo man die Reisenden in tiefem Schlaf wähnte. In dem Weine, der beim Nachtmahl aufgetragen wurde, war stets Opium. Das Gesetz der Bande war, die Fremden und den *vetturino* zu töten. Hiernach setzten die Mörder die Leichen wieder in den Wagen und fuhren damit nach einer einsamen Gegend mitten im Apennin. Dort wurden auch die Pferde getötet, der Wagen und die Reiseeffekten verbrannt, nur das Geld und die Wertsachen behielt man.

Die Leichen und die Überreste des Wagens wurden sorgsam begraben, die Uhren und Juwelen in Genua verkauft. Durch dieses Geständnis endlich aufgerüttelt, überraschte die Polizei die ganze Bande bei einer großen Schmauserei in der Priesterwohnung des Biondi, darunter auch die würdige Wirtin, die durch das Schicken nach weißem Bettzeug der Bande das Zeichen gab, dass gute Beute in Gestalt von Fremden eingetroffen sei.

Florenz

22. Januar. Vorgestern, als wir den Apennin hinab nach Florenz fuhren, pochte mein Herz stark. Wie kindisch! An einer Wegebiegung fiel mein Blick endlich auf die Ebene, und ich erkannte von ferne die dunkle Masse des Domes mit seiner berühmten Kuppel von Brunelleschi. Dort lebten Dante, Michelangelo und Leonardo!, sagte ich mir. Das ist die edle Stadt, die Königin des Mittelalters! In diesen Mauern erstand die Kultur, dort hat Lorenzo Medici so gut den König gespielt und einen Hof gehalten, an dem zum ersten Mal seit Augustus das soldatische Verdienst nicht das Wichtigste war. Kurz, die Erinnerungen drängten sich in meinem Herzen, ich war außerstande, vernünftig zu denken, und überließ mich meinem Wahnsinn wie bei einer geliebten Frau. Als wir durch den hässlichen Triumphbogen der Porta San Gallo einfuhren, hätte ich dem ersten Florentiner, dem ich begegnete, um den Hals fallen mögen.

Auf die Gefahr hin, alle meine kleinen Reiseeffekten einzubüßen, verließ ich den Wagen, sobald die Passformalität erfüllt war. Ich habe so oft Bilder von Florenz gesehen, dass ich es im Voraus kenne. Ich ging ohne Führer und fragte nur zweimal Passanten nach dem Wege; sie antworteten mir mit französischer Höflichkeit und merkwürdigem Akzent. Endlich gelangte ich nach Santa Croce.

Dort, rechts vom Eingang, ruht Michelangelo; weiterhin erkenne ich die große Gestalt der Italia, das ist das Grab Alfieris von Canova. Dann erblicke ich Machiavellis Grabmal, und gegenüber von Michelangelo ruht Galilei. Was für Männer! Und die Toskana könnte ihnen noch Dante, Petrarca und Boccaccio beigesellen. Welch erstaunlicher Verein! Meine Bewegung ist so tief, dass sie fast religiös ist. Das feierliche Dunkel dieser Kirche, ihr schlichter, offener Dachstuhl, ihre unvollendete

Wenn Kunst krank macht – das Staunen über Florenz 11

Fassade, das alles spricht eindringlich zu meiner Seele. Ach, könnte ich doch vergessen ... Ein Mönch tritt an mich heran. Statt des gewohnten Widerwillens, der sich bis zum physischen Ekel steigert, empfand ich fast Freundschaft für ihn. Auch Fra Bartolomeo von San Marco war ja Mönch; dieser große Maler erfand das Helldunkel, lehrte es Raffael und war Correggios Vorläufer. Ich unterhielt mich mit diesem Mönch, der von ausgesuchter Höflichkeit war und sich sehr freute, einen Franzosen zu sehen. Ich bat ihn, mir die nordöstliche Seitenkapelle aufzuschließen, wo sich die Fresken von Volterrano befinden. Er führte mich hin und ließ mich allein. Dort setzte ich mich auf das Fußbrett eines Betpultes und lehnte den Kopf rückwärts an das Pult, um die Sibyllen von Volterrano an der Decke zu betrachten. Sie haben mir den größten Genuss bereitet, den mir je ein Gemälde gemacht hat. Ich befand mich in einer Art Ekstase bei dem Gedanken, in Florenz und den Gräbern so vieler Großer so nahe zu sein. Ich war in Bewunderung der erhabenen Schönheit versunken, ich sah sie aus nächster Nähe und berührte sie fast. Ich war auf dem Punkt der Begeisterung angelangt, wo sich die himmlischen Empfindungen, wie sie die Kunst bietet, mit leidenschaftlichen Gefühlen gatten. Als ich die Kirche verließ, klopfte mir das Herz – man nennt das in Berlin Nerven –, mein Lebensquell war versiegt, und ich fürchtete umzufallen.

23. Januar. Gestern verbrachte ich den ganzen Tag in düsterer, historischer Beschäftigung. Mein erster Gang war nach Maria del Carmine, wo sich die Fresken von Masaccio befinden. Dann besuchte ich, da ich mich nicht in der Stimmung fühlte, die Gemälde der Uffizien oder des Palazzo Pitti zu bewundern, die Mediziärgräber in San Lorenzo. Später streifte ich ziellos durch die Straßen und betrachtete mit tiefer und stummer Bewegtheit (mit weiten offenen Augen und unfähig zu reden) die Paläste, welche die Florentiner Kaufleute

um 1300 erbaut haben. Es sind Festungen. Ich betrachtete die elegant geschwungenen gotischen Arkaden rings um den riesigen Platz, in dessen Mitte der Dom (erbaut 1293) einsam aufragt. Leider hat man sie heute vermauert.

Ich schätzte mich glücklich, keine Seele zu kennen und nicht befürchten zu müssen, dass man mich anredete. Diese mittelalterliche Architektur hat meine ganze Seele ergriffen. Ich glaubte, mit Dante zu leben. Ich hatte heute vielleicht nicht zehn Gedanken, die ich nicht durch einen Vers dieses Großen hätte ausdrücken können. Ich schäme mich dieses Berichtes; man wird mich für einen Egotisten halten.

Man sieht es der soliden Bauart dieser Paläste an, die aus riesigen, nach der Straßenseite unbehauenen Quadersteinen aufgetürmt sind, wie oft die Gefahr diese Straßen bedrohte! Das Fehlen der Gefahr auf der Straße hat uns so klein gemacht. Ich stand wohl eine Stunde lang allein in dem kleinen finsteren Hofe des Palazzo Rusticucci in der Via larga, den Cosimo von Medici erbaut hat, der *pater patriae,* wie ihn die Toren nennen. Je weniger eine Architektur einen griechischen Tempel nachzuahmen trachtet, je mehr sie an ihre Erbauer und deren Bedürfnisse gemahnt, desto stärker wirkt sie auf mich. Doch um die düstere Illusion nicht zu zerstören, dank der ich den ganzen Tag lang von Castruccio Castracani, Ugucione della Faggiola und anderen träumte, als hätte ich ihnen an jeder Straßenecke begegnen können, vermied ich es, meine Blicke auf die kleinen schmächtigen Menschen herabzusenken, die diese erhabenen Straßen mit dem Gepräge der mittelalterlichen Leidenschaften bevölkern. Ach, die Florentiner Bürger von heute haben keine Leidenschaften mehr. Selbst ihr Geiz ist keine Leidenschaft, sondern nur eine der Folgen hochgespannter Eitelkeit in Verbindung mit großer Armut.

Florenz ist mit mächtigen, hellen, unregelmäßigen Steinplatten gepflastert und von großer Sauberkeit ... Sieht man

Wenn Kunst krank macht – das Staunen über Florenz 13

von einigen holländischen Städten ab, so ist Florenz wohl die reinlichste Stadt der Welt und sicherlich eine der elegantesten. Ihre neugotische Architektur besitzt die ganze Reinheit und Vollendung einer schönen Miniatur. Zum Glück für die Schönheit der Stadt verloren ihre Bürger mit der Freiheit auch die Energie, große Bauten aufzuführen. Infolgedessen wird das Auge hier nirgends durch unwürdige Häuserfronten verletzt, und nichts stört die schöne Harmonie dieser Straßen, denen das Schönheitsideal des Mittelalters aufgeprägt ist. An zwanzig Stellen in Florenz, zum Beispiel wenn man über den Ponte della Trinità geht und am Palazzo Strozzi vorbeikommt, kann man sich ins Jahr 1500 versetzt wähnen.

Doch bei all der seltenen Schönheit so vieler Straßenbilder voller Größe und Schwermut reicht nichts an den Palazzo Vecchio heran. Diese Burg, im Jahre 1298 durch freiwillige Gaben der Kaufleute errichtet, ragt stolz mit riesenhohen, zinnengeschmückten Mauerwänden, nicht etwa in einem einsamen Winkel, sondern mitten auf dem schönsten Platze der Stadt. Nach Süden stößt die schöne Galerie Vasaris (die Uffizien) daran; auf der Nordseite steht die Reiterstatue Cosimos I., vor ihr der *David* Michelangelos, der *Perseus* von Benvenuto Cellini in der reizenden Loggia dei Lanzi – kurz, alle Meisterwerke der Florentiner Kunst und die ganze Tatkraft seiner Kultur. Zum Glück ist dieser Platz unaufhörlich belebt. Welches Gebäude in griechischem Stil sagte uns ebenso viel wie diese mittelalterliche Burg, rau und kraftvoll wie ihre Zeit? Dort an jenem Nordfenster wurde der Erzbischof Pazzi in vollem Ornat aufgeknüpft ...

Die Härte des Mittelalters inmitten der Meisterwerke der Kunst und der bedeutungslosen modernen Adelsgeschlechter bildet den großartigsten und wahrsten Kontrast. Man sieht die Kunstwerke aus der Energie der Leidenschaften herauswachsen. Später, als der Sturm der Leidenschaften das Segel nicht mehr blähte, das die menschliche Seele vorwärtstreiben soll, wurde alles unbedeutend, klein, beschränkt. Die Seele ist so ohnmächtig, wenn sie leidenschaftslos, will heißen ohne Laster und Tugenden ist.

Heute Abend saß ich auf einem Rohrstuhl vor einem Café gegenüber dem Palazzo Vecchio. Die Menschen und die Kälte, beide wenig beachtenswert, hinderten mich nicht zu sehen, was auf diesem Platze vor sich gegangen ist. Ich wohnte gleichsam der Tragödie der Geschichte bei. Hier versuchte Florenz zwanzigmal, sich frei zu machen, und das Blut floss für eine unmögliche Konstitution. Unmerklich begann der aufgehende Mond den großen Schatten des Palazzo Vecchio auf den sauberen Platz zu werfen und die Säulengänge der Uffizien, über denen man die erleuchteten Häuser jenseits des Arno erblickte, mit dem Zauber des Geheimnisvollen zu umkleiden.

Es schlug sieben Uhr auf dem Turm des Palastes. Ich fürchtete, keinen Platz mehr im Theater zu bekommen, und so musste ich mich von diesem düsteren Anblick trennen. Ich eilte ins Theater Hohomero – so spricht man hier das Wort *cocomero* aus. Die viel gerühmte Florentiner Sprache hat mich furchtbar verletzt. Im ersten Moment glaubte ich, man spräche Arabisch. Die Vorstellung beginnt, ich finde meinen liebenswürdigen Rossini wieder. Ich erkannte ihn nach drei Takten. Es ist der *Barbier von Sevilla*. Als wahres Genie hat er sich erkühnt, den Gegenstand von Neuem zu behandeln, der Paisiello so berühmt gemacht hat. Die Rosine singt Signora Giorgi, die Gattin eines Richters zur Franzosenzeit. In Bologna sah ich einen jungen Kavallerieoffizier als *primo buffo*. In Italien bringt etwas Vernünftiges nie Schande, dieses Land ist vom monarchischen Ehrbegriff noch wenig verdorben …

24. Januar. Ich bewundere den *Barbier* mehr und mehr. Er ist wie ein Bild von Guido Reni. Er ist die Nachlässigkeit eines großen Meisters; nirgends spürt man Ermüdung und Technik.

Es ist ein höchst geistreicher Mensch ohne jede Erziehung. Was vollbrächte ein Beethoven mit solchen Ideen! ... Ein junger englischer Komponist, der mir einen ziemlich geistlosen Eindruck machte, war empört über die Keckheit Rossinis, an ein Werk von Paisiello zu rühren ...

Alles ist armselig im Florentiner Theater: Kostüme, Dekorationen, Sänger; es ist wie in einer französischen Stadt dritten Ranges. Ballett gibt es nur zur Karnevalszeit. Alles in allem genießt Florenz, in einem engen Tal inmitten von Bergen gelegen, einen unberechtigten Ruf. Bologna ist mir hundertmal lieber, selbst was die Bilder betrifft; überdies hat Bologna Charakter und Geist. In Florenz trägt man schöne Livreen und hält lange Reden.

Nach den Physiognomien zu schließen und nach meinen Beobachtungen an der Table d'hôte von Madame Imbert ist der Florentiner im Café und im Theater der höflichste und sorgsamste Mensch, der zäh an seinen kleinen Sparsamkeits- und Konvenienzberechnungen festhält. Auf der Straße sieht er aus wie ein Schreiber mit 1800 Franken Gehalt, der sich seinen Rock abgebürstet und sich selbst die Stiefel geputzt hat und nun nach seinem Büro strebt, um pünktlich zur Stelle zu sein. Er hat seinen Regenschirm nicht vergessen, denn das Wetter ist unsicher, und nichts verdirbt den Hut so wie ein Regenschauer. Kommt man aus Bologna, dieser Heimat der Leidenschaften, so fällt einem die Nüchternheit und Beschränktheit in diesen Köpfen auf. Dafür sind freilich einige Frauen von erlesener Schönheit, ungleich schöner als die Pariserinnen.

28. Januar. Mein musikalischer Instinkt ließ mich vom ersten Tag meines Hierseins an etwas Begeisterungsunfähiges in all diesen Gesichtern erkennen, und ich war am Abend keineswegs erstaunt, dass sie den *Barbier von Sevilla* so sittsam und zurückhaltend aufnahmen ... Die Folge solcher sozialer Gewohnheiten, die meines Erachtens dem Glücke wenig för-

derlich sind, ist die große Macht der Pfaffen. Über kurz oder lang wird hier kein Mensch mehr ohne Beichtzettel auskommen. Die starken Geister wundern sich hierzulande noch heute über die Kühnheiten, die Dante sich vor fünfhundert Jahren gegen das Papsttum erlaubte. Die Florentiner Liberalen erscheinen mir wie manche englische Peers, die im Übrigen sehr ehrbare Leute sind, sich aber allen Ernstes berechtigt glauben, die übrige Nation in ihrem Interesse zu beherrschen (Korngesetze). Ich hätte diesen Missgriff verstanden, bevor Amerika gezeigt hat, dass man auch ohne Aristokratie leben kann. Die hiesige ist übrigens sehr sanft. Was gibt es auch Schöneres, als die Vorteile der Selbstsucht mit den Freuden des Edelmutes zu paaren? Die Florentiner Liberalen scheinen zu glauben, dass ein Adliger andere Rechte hat als ein schlichter Bürgersmann, und würden gerne Gesetze bewilligen, um die Starken zu schützen …

Vor der Porta di Livorno sitzend, wo ich manche Stunde verbringe, sah ich bei den Frauen vom Lande sehr schöne Augen, doch in diesen Gesichtern liegt nichts von der sanften Wollust und der Leidenschaftsfähigkeit der Lombardinnen. Nie findet man in Toskana den Ausdruck der Begeisterung, dagegen Geist, Stolz, Verstand, etwas klug Herausforderndes. Nichts ist so schön wie der Blick der jungen Bäuerinnen, denen der kleine Männerhut mit der nickenden schwarzen Feder so gut steht. Doch diese lebhaften, durchdringenden Augen scheinen mehr geneigt, einen zu kritisieren als zu lieben. Stets lese ich in ihnen den Gedanken an Vernunft und nie die Möglichkeit, Liebestorheiten zu begehen.

Die toskanischen Bauern bilden, dessen bin ich sicher, die eigenartigste und klügste Bevölkerung von ganz Italien. In ihrem Stande sind sie vielleicht die Zivilisiertesten auf Erden. In ihren Augen ist die Religion weniger ein Glaube als eine soziale Konvenienz, gegen die zu verstoßen unmanierlich wäre, und die Höllenfurcht ist ihnen unbekannt. Auf der moralischen Stufenleiter stehen sie weit über den borniertenSpießbürgern mit 4000 Franken Rente, welche die Salons der französischen Unterpräfekten zieren. Nur die Aushebung erregte bei uns nicht die gleiche Verzweiflung wie in Toskana. Die Mütter folgten ihren Söhnen mit Wehgeschrei bis in die Straßen von Florenz, ein wirklich abstoßendes Schauspiel.

Mailand ist eine runde Stadt ohne Fluss, inmitten einer flachen Niederung, die von hundert Wasserläufen durchschnitten wird. Florenz dagegen ist in einem ziemlich engen, von kahlen Bergen eingefassten Tal erbaut und tritt im Süden dicht an die es begrenzenden Höhen heran. In der Anlage der Straßen ähnelt es Paris und liegt am Arno wie dieses an der Seine. Auch die Richtung beider Flüsse ist ostwestlich. Der Arno wird durch ein Mühlenwehr gestaut, sodass er unter den Brücken von Florenz wie ein Strom dahinfließt. Steigt man zu den Pitti-Gärten am Südufer hinan und umgeht von dort die Mauern bis zur Straße nach Arezzo, so bekommt man einen Begriff von der Unzahl kleiner Höhen, aus denen Toskana besteht. Sie sind mit Ölbäumen, Weingärten und kleinen Getreidefeldern bebaut wie ein Garten. In der Tat entspricht der Ackerbau dem friedlichen, sparsamen Geist der Toskaner. Wie auf den Bildern Peruginos und den ältesten Bildern Raffaels ist die Perspektive oft durch dunklen Baumschlag begrenzt, der sich vom reinen Himmelsblau absetzt.

Die berühmten Cascinen, die Promenade der vornehmen Welt, liegen wie die Champs-Elysées. Was mir an ihnen missfällt, ist, dass sie von Russen und Engländern wimmeln. *Florenz ist nur noch ein Museum voller Fremder,* die ihre Gewohnheiten mitbringen.

Die Grenzen des Menschen – ein florentinischer Traum
Rafael Chirbes

Gut möglich, dass der eilig Reisende sich mit Florenz vertut und eine Stadt besucht, die es gar nicht gibt. Dass ihn an einem Regentag wie diesem die Touristenherden unter bunten Schirmen irreführen. Dass er sich täuschen lässt von dem Anblick Abertausender Japaner, Deutscher, Amerikaner, Franzosen oder Spanier, die, in Plastikmäntel gehüllt, in langen Schlangen vor den Toren des Doms stehen und die Wind- und Regenböen geduldig ertragen oder sich geordnet unter den Arkaden der Uffizien anstellen und darauf warten, dass der Portier einen neuen Schwung Begünstigter einlässt. Dann treten sie in den überwältigenden Speicher des Schönen, als sei er ein Heiligtum. Der Reisende wird abgelenkt durch das Geschrei, Lachen und aufgeregte Geschubse der Jugendlichen aus aller Welt, die sich vor den Türen des Baptisteriums drängeln (die Türen sind ein weiteres Heiligtum; Florenz hat davon mehrere) und damit erneut die Initiationsriten der Jahrhundertwende zelebrieren, zu denen eine Schillerfahrt nach Italien gehört. Ohne es zu wissen, schreiben sie damit die lange Geschichte der Faszination des Südens fort (wo, wie Goethe sagt, die Zitronen blühen), eine Geschichte, in der schon Attila auftaucht, aber auch Byron und Shelley, Goethe und Stendhal, Thomas Mann und so viele andere.

Die Grenzen des Menschen – ein florentinischer Traum 19

Wahrscheinlich wird der Florenzreisende als Folge all des äußeren Trubels und seiner eigenen touristischen Erwartungen am Ende eine Stadt betrachten, die nicht diejenige ist, die er vor Augen hat. Und das nicht nur, weil Florenz im Gegensatz zu vielen anderen Kunststädten immer noch ein lebendiger Raum ist, den man jenseits der Steine entdecken sollte, sondern auch, weil es sich nicht auf das Format einer Postkarte bannen lässt. Florenz – und deshalb sollte sich der Reisende nicht täuschen – ist eben keine Postkarte des Arno (»Paris, Postkarte der Seine«, formulierte Blas de Otero), leicht mit dem Auge zu erfassen, es ist vielmehr eine Stadt, die eine Anstrengung des Geistes erfordert, um verstanden zu werden, und die nicht nur wegen der Dimensionen von Brunelleschis Kuppel, dem polychromen Reiz des Marmors oder der überbordenden Fülle seiner Museen bewundert werden will. Auch wenn die tief im Tal des Arno liegende Stadt von den Hügeln, etwa von den Treppen San Miniatos aus, in den Worten von Hippolyte Taine wie »ein Kunstfigürchen inmitten einer weiträumigen Amphore« wirken mag, zeigt sie doch – in ihrer Kunst, nicht in ihren Menschen – einen gewissen barschen Hochmut, der den Reisenden demütigen mag; ein Hochmut, der ihn zuweilen lähmt, wehrlos macht, ihn dann wieder in Erregung versetzt, will er doch etwas erkennen, das wegen seiner Großartigkeit einfach nicht fassbar ist, zumindest nicht in der kurzen Spanne, die ein Menschenleben währt. Maupassant, mit dem der Reisende mehr ethische und ästhetische Maßstäbe teilt als mit Taine, sagte einmal, man verlasse Florenz gebeugt von dem Gewicht der Stadt, so wie den glücklichen Jäger die Last der erlegten Beute beugt.

Von dem bevorzugten Aussichtspunkt San Miniato aus gesehen, ordnen sich die Häuser an den Ufern des Arno, drängen sich zuhauf und ergeben ein freundliches Panorama, voller Zauber und gefälligem Lokalkolorit: die Postkarte. Die Bäume, vom Herbst gelblich getupft, die Hänge, auf zivilisierte Weise mediterran bewachsen, Kuppeln und Türme, die über die rötliche Kruste der Ziegeldächer hervorragen, lenken ab von der Härte der Steinrippen an den Fassaden, die, auf Augenhöhe gesehen, an manchen verwitterten Mauern eher an geologische Prozesse denn an Architektur erinnern, während man anderswo an den Panzer einer Schildkröte denkt oder, noch besser, an die mit Schilden bedeckten Heere auf römischen Reliefs, eine Kriegstechnik, die eben wegen ihrer Ähnlichkeit mit dem Schildkrötenpanzer unter dem lateinischen Namen *testudo* (Schildkröte) bekannt war.

Felix de Azúa zeigte sich in einem vor fünfzehn Jahren geschriebenen Text der Täuschung weniger zugänglich als Taine, weniger bereit, sich den Blick verstellen zu lassen von der gefälligen Postkartenstadt, so wie sie sich von den sanften Hängen aus darbietet, wo Oliven, Steineichen, Orangen- und Zitronenbäume wachsen, zwischen denen die Vertikalen der Zypressen und die romantischen Turmruinen der einstigen Stadtmauer hervorblitzen. Azúa sprach, nicht ohne Grund, von einer herkuleischen Stadt. Obwohl sich in unserer Wahrnehmung das Urmeter aus iridiertem Platin im Laufe der letzten Jahrhunderte verzogen und der Maßlosigkeit der Wolkenkratzer von New York und Hongkong angepasst hat, merkt jeder, der sich eine gewisse historische Sensibilität bewahrt hat, sogleich, dass die florentinischen Bauten keinem menschlichen Maß gehorchen. Ein halbes Jahrtausend nachdem das Geld der Patrone und die Geschicklichkeit der angestellten Künstler sie errichteten, überwältigen sie mit ihrem ehrgeizigen Anspruch und dem Mangel an zweckdienlicher Logik immer noch die Touristen, die jeden Morgen in die Stadt am Arno einfallen. Der Campanile von Giotto und die Kuppel von Brunelleschi am Duomo, die Türme der Signoria und des Bargello (so heißt der Palast des Volkstribuns) sind an die

Die Grenzen des Menschen – ein florentinischer Traum

hundert Meter hoch. Das ist nicht gerade eine menschliche Dimension. Auch von den Statuen, die willkürlich und ohne Ordnungsprinzip auf der Piazza de la Signoria stehen, kann man eigentlich nicht sagen, dass sie Menschen darstellen: Die Körper dieser mehrere Meter hohen, mit Muskeln und virilen Attributen bepackten Steingestalten sind die von Heroen oder Göttern, nicht die von Menschen, wie fälschlicherweise die Lehrbücher glauben machten, die uns Schülern von ihnen erzählten. Nein, der Tourist, der neugierige, betrachtet diese Figuren aus Stein nicht als Abbilder seiner selbst, sondern als Ideale, die er nie wird erreichen können. Sie bestätigen den Betrachter nicht, wie Narziss von seinem Spiegelbild im Wasser bestätigt wird, sondern versetzen ihn in Staunen, schüchtern ein, wie eben Heroen ob ihrer Kraft und Götter ob ihrer Macht und ihrer willkürlich wechselnden Launen einschüchtern.

Florenz von oben betrachtend, beschrieb Azúa die beiden Linien, die das Stadtbild definieren: die Linie der Stadtmauer, die zwar fast ganz verschwunden ist, deren Spur aber, einer Gießform gleich, den einstigen Verlauf bewahrt, und die Linie des Arno – das Ganze bestimmbar als spannungsreiches Zusammenspiel von Bogensehnen und kraftvollen Pfeilen. Derart sachlich sah der Schriftsteller eine Stadt, die als angestrengte Nachfahrin des Herkules begriffen wurde. Es handelt sich zweifellos um eine weniger tröstliche, aber der Geschichte angemessenere Sicht als die von Taine, mit der uns meistens die Reiseführer beglücken. Im Übrigen mildern die Meisterwerke der Schönheit und Vernunft, die Florenz unter seinem steinernen Panzer versammelt, nicht die Gewalt der Stadt, sie streichen sie vielmehr heraus, da sie dem verzagten Reisenden nicht nur die physischen Kräfte vor Augen führen, sondern auch das, was die Theologen die Seelenmächte nannten. Florenz als Metapher der Kraft und der Schönheit, aber auch als Metapher der komplexen Beziehungen zwischen der Kunst und den niederträchtigsten und grausamsten Praktiken der Macht. Wagt man sich unter den Panzer der florentinischen Schildkröte, wird man verletzt von so viel hereinbrechender Schönheit: Die Empfindungsfähigkeit des Subjekts, das sich noch nicht allzu weit von den Primaten entfernt hat, ist dem nicht gewachsen. Dem Reisenden wird klar, dass Intelligenz, Sensibilität, Geld und Macht hier Synonyme sind, und er ist am Ende, nach der Jagd, wie Maupassant sagte, gebeugt vom Gewicht der Beute.

Aber wir sind bereits von San Miniato herabgestiegen. Und haben festgestellt, dass Florenz auf Augenhöhe – sieht man einmal von dem mehrfarbigen Marmor ab, der manche der großen Gebäude wie Geschenkpapier umhüllt – keine Postkarte ist. Zur Postkarte passen nicht die ungewöhnlich großen Kirchenschiffe, die riesigen Säulen und die Skulpturen, die sich an ihren Mauern drängen, ein dissonantes Konzert, bei dem alle Künstler – Della Robbia, Donatello, Michelangelo – wie Autisten bestrebt sind, ihr Bestes zu geben, sogar gegen die elementarsten Regeln der Harmonie und des Zusammenlebens. Zur Postkarte passt auch nicht die spröde Gleichförmigkeit, mit der die Steine an den meisten Fassaden angeordnet sind, nicht die engen mittelalterlichen Gassen, in denen sich die Geschlechtertürme erheben, hoheitsvoll noch immer, obwohl sie einst gekappt worden sind; oder die noblen Straßen, in denen sich dunkle Paläste aneinanderreihen, die dem Spaziergänger nur die gepanzerte Brust oder die despektierliche Rückseite darbieten, während sie die Höflichkeit offener Türen in ihrem Inneren verbergen. Wer diese Kirchen von auftrumpfenden Proportionen und Reichtümern betrachtet, die herkuleischen Paläste (noch düsterer in der Einsamkeit der Nacht), verspürt ein beklemmendes Gefühl der Schutzlosigkeit, Verletzbarkeit. Es verstärkt im Reisenden das Bewusstsein, ein jämmerlicher Nachfahre der Primaten zu sein.

Nein, Florenz ist nicht die Stadt, die den Besucher zu betören sucht, auch wenn sie ihm einige schöne Ausblicke und freundliche Winkel bietet; es ist auch nicht das Paris der Tuilerien, der Champs-Élysées oder des Montmartre, obwohl sich die Stadt an bestimmten Stellen öffnet, etwa zu den überwältigenden Piazzi: Bella Signoria, L'Annunziata, Santa Croce, Santa Maria Novella. Sieht man einmal von den Lücken ab, die durch Eingriffe der Stadtplaner im vergangenen Jahrhundert oder durch die ebenso unseligen wie brachialen Aktionen der Nazis bei ihrem Rückzug zu Kriegsende entstanden sind, als sie stupide und sinnlos Brücken und damit einen Teil der mittelalterlichen Anlage sprengten, handelt es sich bei diesen offenen Räumen nicht um solche, die, wie in Paris oder Rom, eine Szenerie entstehen lassen. Es sind Lücken, die dem Utilitarismus bestimmter sozialer Sektoren der Stadt geschuldet sind. Tatsächlich befindet sich die Mehrzahl der florentinischen Plätze an der Grenze des einst durch die Stadtmauer umschlossenen Bezirks und öffnet sich vor den Klöstern, die von den großen Ordensgemeinschaften in den *borghi* oder Vororten zur Versorgung der Bedürftigsten gegründet wurden. Denn in dieser Stadt der Kaufleute wurde das arbeitende Volk immer wieder von Epidemien und anderen Plagen des Elends heimgesucht. Man darf nicht vergessen, dass Boccaccios *Decamerone,* ein Höhepunkt florentinischer Erzählkunst, vom Treffen privilegierter Stadtbewohner erzählt, die in einer der schönen Villen in der gesunden Umgebung Zuflucht vor der schrecklichen Pest des Jahres 1348 gesucht hatten. Die Plätze vor den Klöstern dienten dazu, die Gläubigen zu den Predigten und den großen kirchlichen Zeremonien zu versammeln. Es waren Orte des Trostes und der moralischen Agitation. Aber zurück zu unserem Thema. Man versteht nichts von dieser Stadt, wenn man vergisst, dass ihre glanzvolle Schönheit dem Mehrwert geschuldet ist, den Handwerk und Handel in ihrer Blütezeit vom 13. bis 16. Jahrhundert erwirtschafteten, und dass im urbanen Raum das Private über das staatlich Öffentliche gebot, wobei das Private durch das Zunftwesen repräsentiert wurde. Diese Lebensform hat das Stadtbild geprägt. Es waren die mächtigen Zünfte, die einige der wichtigsten Bauten ausführten (die Kirche Orsanmichele, ursprünglich die Getreidebörse, ist nur ein Beispiel). Der Reichtum von Florenz erwuchs aus dem Geschick seiner Kaufleute, Wolle in Nordeuropa aufzukaufen, sie in der Stadt wie sonst nirgends zu verarbeiten und dann über die ganze bekannte Welt zu verkaufen. So ist die Geschichte von Florenz schließlich und endlich die eines großen Mittelmeerhafens. Und seine urbane Topografie entspricht der anderer Städte, die am Ufer desselben Meeres entstanden sind: Gässchen, die sich innerhalb der Stadtmauern drängen, sich jeweils mit einer erneuten Biegung vor Wind und Feuchtigkeit schützen und streckenweise, wie bei einem Palimpsest, die von der alten römischen Gründung hinterlassenen Spuren durchscheinen lassen. Natürlich war Florenz immer ein Hafen ohne Meer. Der Arno hat als Atrium für einen Hafen gedient, den Florenz sich abwechselnd in Livorno und in Pisa suchen musste. Das Streben, diese beiden Städte zu kontrollieren, die Allianzen, die eingegangen werden mussten, um sie zu verführen oder zu erobern, erklären einen Großteil der Wechselfälle, der Geschlechterfehden und der Kriege in der Stadtgeschichte.

Die Geschichte der florentinischen Renaissance erzählt, wie der Handel (und seine extreme Ausprägung, der Krieg) sich in eine Schale der Eitelkeit warf, die Kunst genannt wird, wenn er nicht Werke hervorbrachte, die unmittelbar mit den erforderlichen Strategien zur Eroberung der Macht (Machiavelli) oder der Welt (Galilei, Amerigo Vespucci) zu tun hatten. In gewisser Weise war selbst Savonarola, dieser große Unduldsame, der am Ende zur Fackel für die Unduldsamkeit anderer

Die Grenzen des Menschen – ein florentinischer Traum

wurde, nichts anderes als ein Vorreiter der Vision einer bürgerlichen Sparkultur, die schließlich in Genf und Zürich zünden sollte, in der unerbittlichen Ethik von Calvin und Zwingli. Savonarola geißelte den Luxus und die Verschwendung einer florentinischen Oligarchie, die einfach die Legionen von Armen auf den Straßen und Plätzen der Stadt vergaß. Im Spiel der Bündnisse und der gegensätzlichen Interessen in einer Stadt, die nach Reichtum und Macht gierte, hatte Florenz, noch bevor es *Il Principe* von Machiavelli inspirierte, bereits Dantes *Divina Commedia* mit einer von politischen Rivalen bevölkerten Hölle hervorgebracht. Dante selbst wurde Opfer dieses unversöhnlichen Spiels und erlebte die Trostlosigkeit des Exils. Guelfen und Ghibellinen gerieten innerhalb der Stadtmauern aneinander, weil sie außerhalb unterschiedliche Bündnisse knüpften.

So viele Jahrhunderte später überrascht immer noch, welch maßlose Macht eine Stadt konzentrieren konnte, die nur einen marginalen Ort im Netz der See- und Landwege behauptete, und es fasziniert die Entdeckung, dass über viele Jahrzehnte hinweg aus so viel Grausamkeit so viel Feinsinniges entstehen konnte: Giotto, Cimabue, Fra Angelico, Brunelleschi, Botticelli, Ghiberti, Michelangelo, Leonardo, Raffael. Die Liste ist endlos, verfolgt man die Resultate einer zweifelhaften Mischung aus persönlicher Gier und der Notwendigkeit, den gesellschaftlichen Erfolg in ein öffentliches Ornament zu verwandeln, das wie ein Siegel der Macht vor den Mitbürgern ausgestellt wurde und überdies noch ewige Dauer versprach. Die Großartigkeit der von Michelangelo gehauenen Gräber der Medici überwältigt, es bezaubert die Natürlichkeit, mit der Masaccio in der Brancacci-Kapelle von Santa Maria del Carmine und Benozzo Gozzoli in der Cappella dei Magi im Palazzo Medici-Riccardi Welten gemalt haben, die in einem unerhörten Balanceakt realistische Lebendigkeit mit den Idealen des Schönen und des Glücks vereinen, denen eine Schicht huldigte, die von sich selbst überzeugt war (ich nenne nicht Botticelli, weil bei ihm wie bei Garcilaso oder Petrarca das Idealische schwerer wiegt und die Waage sich zur einen Seite neigt). Vor allem aber erschüttert, dass so viel innere Ruhe hinter dem harten Schutzpanzer aus Blut und Gold gedeihen konnte.

Das Mittelmeerische an Florenz erklärt auch, warum das urbane Geflecht nicht von Gärten oder Parks unterbrochen wird, eine Eigenart, ein Mangel, der die Nordeuropäer schon immer überrascht und irritiert hat. Sie wunderten sich darüber, dass im Süden ihrer Sehnsucht Gärten und Nutzgärten bei der Landwirtschaft angesiedelt sind und, wenn es sie denn in der Stadt gibt, zum privaten Raum familiärer Erholung gehören: der Brunnen im Innenhof, der Gemüsegarten hinter dem Haus, der Kreuzgang im Kloster, der gedämpftes Licht in die Zellen der Nonnen bringt und ihre Augen beruhigt. Florenz – mediterraner Hafen im Landesinneren – ist, wie das alte Genua, wie Neapel, Marseille, Barcelona, Palma oder Valencia, ein sprödes Labyrinth aus nacktem Stein ohne Pflanzenschmuck. Die mediterrane Stadt ist als Bollwerk gegen das Land gebaut worden. Viele Florenzreisende waren außerstande, diese harte Schale zu durchdringen, die so typisch für die Orte am Mittelmeer ist. Daher zählt Florenz – dieser Gipfel all dessen, was der Mensch erreichen und erfinden kann – fast ebenso viele Verächter wie Bewunderer, was man den Anthologien, die Texte von Besuchern versammeln, ablesen kann. Es überrascht, dass einige Dichter und Denker nicht zu schätzen wussten, was Bauern und Ungebildete jahrhundertelang überwältigt hat. Als Brunelleschi die Kuppel über Santa Maria del Fiore errichtete, sollen die Bauern aus den nahen Dörfern massenweise in die Stadt gekommen sein; sie wollten die majestätische Konstruktion sehen, die über der Stadt schwebte, über ihr zu fliegen schien. Es heißt auch, eine begeisterte Menge habe geklatscht, als Michelangelo die imposante Davidstatue aus seiner Werkstatt schaffen ließ, damit sie auf der Piazza della Signoria aufgestellt würde. Und auch ganz arme, schlichte Menschen reisten von weit her an, um sie zu betrachten. Dagegen haben viele Künstler und hoch kultivierte Besucher diese Stadt gering geschätzt, die jetzt alljährlich von Millionen Touristen als Paradigma der Schönheit bewundert wird, als bestgelungenes Gesamtwerk von Kunst und Intelligenz, das der Mensch im Laufe seiner Geschichte geschaffen hat.

Die Brüder Goncourt haben versucht, die alte Faszination der Engländer für Florenz mit einem Vergleich zum düsteren London zu erklären. »Eine durch und durch englische Stadt, wo die Paläste fast im Londoner Schwarz gehalten sind, eine Stadt, in der drei Viertel der Straßen stinken und wo die Frauen Strohhüte tragen; das Wasser des Arno, wenn er denn welches führt, hat die Farbe von Milchkaffee, die *lungarni* [Uferstreifen] sind eine öffentliche Latrine, es herrscht eine tödliche Feuchtigkeit, und das einzig Gute, das die Stadt zu bieten hat, sind die niedrigen Lebenshaltungskosten und die wundervollen Uffizien.« Das ist nur ein Beispiel von vielen. Casanova hasste die Stadt. Er hielt sie für unbekömmlich und beklagte sich ebenfalls über den hässlichen Fluss, der im Sommer austrocknet. Der große Unmoralische regte sich sogar über die Hingabe auf, mit der die Florentiner in der Oper den Stimmen der *castrati* lauschten. Natürlich haben sich viele andere Autoren – die Liste wäre endlos – Florenz bedingungslos ergeben.

Den Reisenden, der sie zu Herbstanfang besuchte, erdrückte die Stadt zunächst mit ihren Reichtümern und erfüllte ihn dann mit Melancholie, als ihm klar wurde, dass er sie verlassen musste, ohne viele der Kunstwerke, die er gern betrachtet hätte, gesehen zu haben; auch weil er andere in Eile hatte anschauen müssen, nachdem er zuvor stundenlang vor den Baudenkmälern oder Museen Schlange gestanden hatte. Kurz vor seiner

28 Die Grenzen des Menschen – ein florentinischer Traum

Abreise dachte er an die Werke, die ihn berührt hatten, an denen er aber hastig hatte vorübergehen müssen: die Sklaven von Michelangelo, die Gemälde Botticellis, eine Madonna von Raffael, der Christus von Cimabue, der beim letzten Hochwasser des Arno irreparabel beschädigt wurde und durch diese Versehrung noch anrührender wirkte, die Fresken in der Cappella dei Magi. Er rief sich diese Bilder ins Gedächtnis, hatte den Wunsch, sie erneut zu betrachten, dachte zugleich, dass er einige von ihnen wohl nie wiedersehen würde. Wie sollte er bei einer neuen Reise Schritt für Schritt die gleichen Rundgänge absolvieren? Und wann? Florenz hatte, so könnte man sagen, den Reisenden mit dem Begehren nach Maßlosigkeit angesteckt und in ihm eine Sehnsucht nach der Zeit der Götter geweckt, einer Zeit, die, wie Cemuda sagen würde, mit ihrem lang schwingenden, ausgedehnten Rhythmus nicht mit unserem kläglichen menschlichen Rhythmus, der kurz und schwach ist, in Einklang zu bringen ist. Zum Kummer des Reisenden werden viele dieser Florenzbilder für ihn nur noch in der Erinnerung existieren, zunehmend unscharf und entstellt oder verblassend in den Illustrationen eines Buches.

In Florenz wütet die Pest
Giovanni Boccaccio

Sooft ich, holde Damen, in meinen Gedanken erwäge, wie mitleidig ihr alle von Natur aus seid, erkenne ich auch, dass eurer Meinung nach dies Werk einen betrübten und bitteren Anfang haben wird, da es an seiner Stirn die schmerzliche Erwähnung jener verderblichen Pestseuche trägt, die vor Kurzem jeden, der sie sah oder sonst kennenlernte, in Trauer versetzte.

Doch wünsche ich, dass ihr euch nicht vom Weiterlesen in dem Glauben abschrecken lasset, ihr müsstet immer zwischen Seufzern und Tränen lesend weiterwandeln. Dieser schreckensreiche Anfang soll euch nicht anders sein wie den Wanderern ein steiler und rauer Berg, jenseits dessen eine schöne und anmutige Ebene liegt, die ihnen umso wohlgefälliger scheint, je größer die Anstrengung des Hinauf- und Hinabsteigens war. Und wie der Schmerz sich an das Übermaß der Lust anreiht, so wird auch das Elend von der hinzutretenden Freude beschlossen. Dieser kurzen Trauer – kurz nenne ich sie, weil sie in wenigen Zeilen enthalten ist – folgen alsbald die Lust und die Süßigkeit, die ich euch oben versprochen habe und die man nach einem solchen Anfang ohne ausdrückliche Versicherung vielleicht nicht erwartete. In der Tat, hätte ich füglich vermocht, euch auf einem anderen und minder rauen Pfade als diesem dahin zu führen, wohin ich es wünsche, so hätte ich es gern getan. Weil aber ohne diese Erwähnung nicht berichtet werden konnte, warum das geschah, was weiterhin zu lesen ist, entschließe ich mich gewissermaßen notgedrungen zu dieser Beschreibung.

Ich sage also, dass seit der Heil bringenden Menschwerdung des Gottessohnes 1348 Jahre vergangen waren, als in die herrliche Stadt Florenz, die vor allen andern in Italien schön ist, das tödliche Pestübel gelangte, welches – entweder durch Einwirkung der Himmelskörper entstanden oder im gerechten Zorn über unseren sündlichen Wandel von Gott als Strafe über den Menschen verhängt – einige Jahre früher in den Morgenlanden begonnen, dort eine unzählbare Menge von Menschen getötet hatte und dann, ohne anzuhalten, von Ort zu Ort sich verbreitend, Jammer bringend nach dem Abendlande vorgedrungen war.

Gegen dieses Übel half keine Klugheit oder Vorkehrung, obgleich man es daran nicht fehlen und die Stadt durch eigens dazu ernannte Beamte von allem Unrat reinigen ließ, auch jedem Kranken den Eintritt verwehrte und manchen Ratschlag über die Bewahrung der Gesundheit erteilte. Ebenso wenig nützten die demütigen Gebete, die von den Frommen nicht ein, sondern viele Male in feierlichen Bittgängen und auf andere Weise Gott vorgetragen wurden.

Etwa zu Frühlingsanfang des genannten Jahres begann die Krankheit schrecklich und erstaunlich ihre verheerenden Wirkungen zu zeigen. Dabei war aber nicht wie im Orient das Nasenbluten ein offenbares Zeichen unvermeidlichen Todes, sondern es kamen zu Anfang der Krankheit gleichermaßen bei Mann und Weib an den Leisten oder in den Achselhöhlen gewisse Geschwülste zum Vorschein, die manchmal so groß wie ein gewöhnlicher Apfel, manchmal wie ein Ei wurden, bei den einen sich in größerer, bei den andern in geringerer Anzahl zeigten und schlechtweg Pestbeulen genannt wurden.

Später aber gewann die Krankheit eine neue Gestalt, und viele bekamen auf den Armen, den Lenden und allen übrigen Teilen des Körpers schwarze und bräunliche Flecken, die bei einigen groß und gering an Zahl, bei andern aber klein und dicht waren. Und so wie früher die Pestbeule ein sicheres Zeichen unvermeidlichen Todes gewesen und bei manchen noch war, so waren es nun diese Flecken für alle, bei denen sie sich zeigten.

Dabei schien es, als ob zur Heilung dieses Übels kein ärztlicher Rat und die Kraft keiner Arznei wirksam oder förderlich wäre. Sei es, dass die Art dieser Seuche es nicht zuließ oder dass die Unwissenheit der Ärzte (deren Zahl in dieser Zeit außer den wissenschaftlich gebildeten noch durch Männer und Frauen, die nie die geringste ärztliche Unterweisung genossen hatten, übermäßig groß geworden war) den rechten Grund der Krankheit nicht zu erkennen und daher ihr auch kein wirksames Heilmittel entgegenzusetzen vermochte, genug, die wenigsten genasen, und fast alle starben innerhalb dreier Tage nach dem Erscheinen der beschriebenen Zeichen; der eine ein wenig früher, der andere etwas später, die meisten aber ohne alles Fieber oder sonstige Zufälle.

Die Seuche gewann umso größere Kraft, da sie durch den Verkehr von den Kranken auf die Gesunden überging, wie das Feuer trockene oder brennbare Stoffe ergreift, wenn sie ihm nahe gebracht werden. Ja, so weit erstreckte sich dies Übel, dass nicht allein der Umgang die Gesunden ansteckte und den Keim des gemeinsamen Todes in sie legte; schon die Berührung der Kleider oder anderer Dinge, die ein Kranker gebraucht oder angefasst hatte, schien die Krankheit dem Berührenden mitzuteilen.

Unglaublich scheint, was ich jetzt zu sagen habe, und wenn es nicht die Augen vieler sowie die meinigen gesehen hätten, so würde ich mich nicht getrauen, es zu glauben, hätte ich es auch von glaubwürdigen Leuten gehört. Ich sage nämlich, dass die ansteckende Kraft dieser Seuche mit solcher Gewalt von einem auf den anderen übersprang, dass sie nicht allein vom Menschen dem Menschen mitgeteilt ward, sondern dass auch, was viel mehr sagen will, häufig und unverkennbar andere Geschöpfe außer dem Menschengeschlecht, wenn sie Dinge berührten, die einem an der Pest Leidenden oder an ihr Gestorbenen gehört hatten, von der Krankheit befallen wurden und an diesem Übel starben. Davon habe ich unter anderm eines Tages mit eigenen Augen folgendes Beispiel gesehen: Man hatte die Lumpen eines armen Mannes, der an dieser Seuche gestorben war, auf die offene Straße geworfen, und dort fanden sie zwei Schweine, welche sie nach der Art dieser Tiere anfangs lange mit dem Rüssel durchwühlten, dann aber mit den Zähnen ergriffen und hin und her schüttelten. Nach kurzer Zeit aber fielen sie beide, als hätten sie Gift gefressen, unter einigen Zuckungen tot auf die Lumpen hin, die sie zu ihrem Unheil erwischt hatten. Aus diesen und vielen anderen ähnlichen und schlimmeren Ereignissen entstand ein allgemeiner Schrecken, und mancherlei Vorkehrungen wurden von denen getroffen, die noch am Leben waren. Fast alle strebten zu ein und demselben grausamen Ziele hin, nämlich die Kranken und was zu ihnen gehörte zu vermeiden und zu fliehen, in der Hoffnung, sich auf solche Weise selbst zu retten. Einige waren der Meinung, ein mäßiges Leben frei von jeder Üppigkeit vermöge die Widerstandskraft besonders zu stärken. Diese taten sich in kleineren Kreisen zusammen und lebten getrennt von den Übrigen in ihren Häusern, wo sich kein Kranker befand, beieinander. Hier genossen sie die feinsten Speisen und die ausgewähltesten Weine mit großer Mäßigkeit und ergötzten sich, jede Ausschweifung vermeidend, mit Musik und anderen Vergnügungen, die ihnen zu Gebote standen, ohne sich dabei von jemand sprechen zu lassen oder sich um etwas, das außerhalb ihrer Wohnung vorging, um Krankheit oder Tod zu kümmern.

In Florenz wütet die Pest 33

Andere aber waren der entgegengesetzten Meinung zugetan und versicherten, viel zu trinken, gut zu leben, mit Gesang und Scherz umherzugehen, in allen Dingen, soweit es sich tun ließe, seine Lust zu befriedigen und über jedes Ereignis zu lachen und zu spaßen, sei das sicherste Heilmittel für ein solches Übel. Diese verwirklichten denn auch ihre Reden nach Kräften. Bei Nacht wie bei Tag zogen sie bald in diese, bald in jene Schänke, tranken ohne Maß und Ziel und taten dies alles in fremden Häusern noch weit ärger, ohne dabei nach etwas anderem zu fragen als, ob dort zu finden sei, was ihnen zu Lust und Genuss dienen konnte. Dies wurde ihnen auch leicht gemacht, denn als wäre sein Tod gewiss, so hatte jeder sich und alles, was ihm gehörte, aufgegeben. Dadurch waren die meisten Häuser herrenlos geworden, und der Fremde bediente sich ihrer, wenn er sie zufällig betrat, ganz wie es der Eigentümer selbst getan hätte.

Wie sehr aber auch die, welche so dachten, ihrem viehischen Vorhaben nachgingen, so vermieden sie doch auf das Sorgfältigste, den Kranken zu begegnen. In solchem Jammer und in solcher Betrübnis der Stadt war auch das ehrwürdige Ansehen der göttlichen und menschlichen Gesetze fast ganz gesunken und zerstört; denn ihre Diener und Vollstrecker waren gleich den übrigen Einwohnern alle krank oder tot oder hatten so wenig Gehilfen behalten, dass sie keine Amtshandlungen mehr vornehmen konnten. Darum konnte sich jeder erlauben, was er immer wollte.

Viele andere indes schlugen einen Mittelweg zwischen den beiden oben genannten ein und beschränkten sich weder im Gebrauch der Speisen so sehr wie die Ersten, noch hielten sie im Trinken und in anderen Ausschweifungen so wenig Maß wie die Zweiten. Vielmehr bedienten sie sich der Speise und des Tranks nach Lust und schlossen sich auch nicht ein, sondern gingen umher und hielten Blumen, duftende Kräuter oder sonstige Spezereien in den Händen und rochen häufig daran, überzeugt, es sei besonders heilsam, durch solchen Duft das Gehirn zu erquicken, denn die ganze Luft schien von den Ausdünstungen der toten Körper, von den Krankheiten und Arzneien stinkend und beklemmend.

Andere aber waren grausameren Sinnes – obgleich sie vermutlich sicherer gingen – und erklärten, gegen die Seuche sei kein Mittel so wirksam und zuverlässig wie die Flucht. In dieser Überzeugung verließen viele, Männer wie Frauen, ohne sich durch irgendeine Rücksicht halten zu lassen, allein auf die eigene Rettung bedacht, ihre Vaterstadt, ihre Wohnungen, ihre Verwandten und ihr Vermögen und flüchteten auf ihren eigenen oder gar einen fremden Landsitz, als ob der Zorn Gottes, der durch diese Seuche die Ruchlosigkeit der Menschen bestrafen wollte, sie nicht überall gleichmäßig erreichte, sondern nur diejenigen vernichtete, die sich innerhalb der Stadtmauern antreffen ließen, oder als ob niemand mehr in der Stadt verweilen solle und deren letzte Stunde gekommen sei.

Obgleich diese Leute mit den also verschiedenen Meinungen nicht alle starben, so kamen sie doch auch nicht alle davon, sondern viele von den Anhängern jeder Meinung erkrankten, wo immer sie sich befanden, und verschmachteten fast ganz verlassen, wie sie das Beispiel dazu, solange sie gesund gewesen waren, denen gegeben hatten, die gesund blieben. Wir wollen davon schweigen, dass ein Mitbürger den andern mied, dass der Nachbar fast nie den Nachbarn pflegte und die Verwandten einander selten oder nie besuchten. Aber mit solchem Schrecken hatte dieses Elend die Brust der Männer wie der Frauen erfüllt, dass ein Bruder den andern im Stich ließ, der Oheim seinen Neffen, die Schwester den Bruder und oft die Frau den Mann, ja, was das Schrecklichste ist und kaum glaublich scheint: Vater und Mutter weigerten sich, ihre Kinder zu besuchen und zu pflegen, als wären es nicht die ihrigen.

In dieser allgemeinen Entfremdung blieb den erkrankten Männern und Frauen – und ihre Zahl war unermesslich – keine Hilfe außer dem Mitleid der wenigen Freunde, die sie nicht verließen, oder dem Geiz der Wärter, die sich durch einen unverhältnismäßig hohen Lohn zu Dienstleistungen bewegen ließen. Aber auch der Letzteren waren nicht viele zu finden, und die sich dazu hergaben, waren Männer oder Weiber von geringer Einsicht, die meist auch zu solchen Dienstleistungen gar kein Geschick hatten und kaum etwas anderes taten, als dass sie den Kranken dies oder jenes reichten, was sie gerade verlangten, oder zusahen, wenn sie starben. Dennoch gereichte ihnen oft ihr Gewinn bei solchem Dienste zum Verderben.

Weil die Kranken von ihren Nachbarn, Verwandten und Freunden verlassen wurden und nicht leicht Diener finden konnten, bürgerte sich ein Brauch ein, von dem man nie zuvor gehört hatte: dass nämlich Damen, wie vornehm, sittsam und schön sie auch waren, sich, wenn sie erkrankten, durchaus nicht scheuten, von Männern, mochten diese jung oder alt sein, bedient zu werden und vor ihnen, ganz als ob es Frauenzimmer wären, ohne alle Scham jeden Teil ihres Körpers zu entblößen, sobald die Bedürfnisse der Krankheit es erforderten. Vielleicht hat dieser Brauch bei manchen, die wieder genasen, in späterer Zeit einen Mangel an Keuschheit veranlasst. Überdies starben aber auch viele, die vermutlich am Leben geblieben wären, hätte man ihnen Hilfe gebracht.

So war denn, teils wegen des Mangels gehöriger Pflege, teils wegen der Heftigkeit der Seuche, die Zahl der bei Tag und Nacht in der Stadt Gestorbenen so groß, dass man sich entsetzte, wenn man sie erfuhr, geschweige denn, wenn man das Elend selbst mit ansah. Daraus entstand fast unvermeidlich unter denen, die am Leben blieben, manche Unregelmäßigkeit, die den früheren bürgerlichen Sitten widersprach. So war es früher üblich gewesen – wie wir es auch heute noch sehen –, dass die Nachbarinnen und die weiblichen Verwandten mit den nächsten Angehörigen eines Verstorbenen in dessen Hause zusammenkamen und klagten, während sich die männlichen Mitglieder der Familie sowie Nachbarn und andere Bürger vor seiner Tür in Menge versammelten. Auch kam die Geistlichkeit dazu, je nach dem Stande des Verstorbenen, und dann wurde die Leiche auf den Schultern seiner Genossen bei angezündeten Wachskerzen mit Gesang und anderen Begräbniszeremonien zu der Kirche getragen, die jener noch vor seinem Tode bestimmt hatte. Als indessen die Heftigkeit der Seuche zunahm, hörten alle diese Bräuche ganz oder teilweise auf, und neue traten an ihre Stelle. Denn nicht nur starben die meisten, ohne dass viele Frauen zusammengekommen wären, sondern gar manche verließen dieses Leben ohne die Gegenwart eines einzigen Zeugen, und nur wenigen wurden die mitleidigen Klagen und die bittern Tränen ihrer Angehörigen vergönnt. Statt dieser hörte man nun meist geselliges Lachen, Scherze und Gespött, eine Weise, welche die Frauen, ihr weibliches Mitleid großenteils verleugnend, um sich gegen die Krankheit zu wahren, meisterlich gelernt hatten. Es kam selten vor, dass eine Leiche von mehr als zehn oder zwölf Nachbarn zur Kirche geleitet wurde. Dabei trugen nicht achtbare und befreundete Bürger die Bahre, sondern eine Art Totengräber, die sich aus dem niederen Volk zusammengefunden hatten und Pestknechte genannt wurden, gingen eilfertig mit dem Sarge und vier oder sechs Geistlichen nicht in die vom Verstorbenen vorher bestimmte Kirche, sondern in die nächstbeste, manchmal mit wenigen Lichtern, zuweilen aber auch mit keinem. Hier ließen die Geistlichen mithilfe der Pestknechte den Toten in die erstbeste Gruft legen, die sie offen fanden, ohne sich zu langen Feierlichkeiten Zeit zu nehmen.

Die Lage der kleinen Leute und wohl auch der meisten aus dem Mittelstand war noch viel elender, da sie entweder von der Hoffnung oder von der Armut in ihren Häusern zurückgehalten wurden, mit den Nachbarn verkehrten und daher täglich zu Tausenden erkrankten und bei dem vollständigen Mangel an Pflege und Hilfe rettungslos starben. Es gab viele, die bei Tag oder Nacht auf offener Straße verschieden, viele, die ihren Geist in den Häusern aufgaben und ihren Nachbarn erst durch den Gestank, der aus ihren faulenden Leichen aufstieg, Kunde von ihrem Tode brachten. So war von den einen wie von den andern alles voll, denn überall starben Menschen. Dann verfuhren die Nachbarn meist auf die gleiche Art, zu welcher sie ebenso sehr aus Furcht, dass die Fäulnis der Leichname ihnen schaden werde, als aus Mitleid für die Verstorbenen bewogen wurden. Sie schleppten nämlich entweder selbst oder mithilfe einiger Träger, wenn sie solche bekommen konnten, die Körper der Toten aus ihren Wohnungen und legten sie vor den Türen nieder. So hätte, wer – zumal am Morgen – durch die Stadt gegangen wäre, der Leichen unzählige liegen sehen. Dann ließen sie Bahren kommen oder legten, wenn es an diesen gebrach, ihre Toten auf ein bloßes Brett. Auch geschah es, dass auf einer Bahre zwei oder drei davongetragen wurden, und nicht einmal, sondern viele Male hätte man zählen können, wo dieselbe Bahre die Leichen des Mannes und der Frau oder zweier und dreier Brüder oder des Vaters und seines Kindes trug.

Oft ereignete es sich auch, dass, wenn ein paar Geistliche vor einer Bahre mit dem Kreuz hergingen, sich gleich drei oder vier weitere anschlossen und die Priester, die einen Toten begraben zu sollen glaubten, nun deren sechs, acht und zuweilen noch mehr hatten. Dabei wurden dann die Verstorbenen mit keiner Kerze, Träne oder Begleitung geehrt, vielmehr war es so weit gekommen, dass man sich nicht mehr darum kümmerte, wenn Menschen starben, als man es jetzt um den Tod einer Geiß täte. Woraus denn gar deutlich wird, dass ein geduldiges Hinnehmen der Ereignisse, welches der gewöhnliche Lauf der Welt durch kleines und seltenes Unglück auch den Weisen nicht zu lehren vermag, durch die Größe des Elends auch den Einfältigen mitgeteilt werden kann.

Da für die große Menge Leichen, die in jeder Kirche täglich und fast stündlich zusammengetragen wurden, der geweihte Boden nicht ausreichte, besonders wenn man nach alter Sitte jedem Toten eine besondere Grabstätte hätte einräumen wollen, so machte man statt der kirchlichen Gottesäcker, weil diese bereits überfüllt waren, sehr tiefe Gruben und warf die neu Hinzukommenden in diese zu Hunderten. Hier wurden die Leichen aufgehäuft wie die Waren in einem Schiff und von Schicht zu Schicht mit ein wenig Erde bedeckt, bis die Grube bis zum Rand voll war.

Um aber alles Elend, das unsere Stadt betroffen hat, nicht weiter in seinen Einzelheiten auszuspinnen, sage ich, dass, während ein so feindliches Geschick in ihr hauste, die umliegende Landschaft deshalb nicht um das Mindeste mehr verschont blieb. Ich schweige von den Burgflecken, die in kleinerem Maßstab den gleichen Anblick boten wie die Stadt. Auf den zerstreuten Landgütern und Meierhöfen jedoch starben die armen, unglücklichen Landleute mit den Ihrigen ohne allen ärztlichen Beistand und ohne Pflege eines Dieners auf Straßen und Feldern wie in ihren Häusern, ohne Unterschied bei Tag und Nacht, nicht wie Menschen, sondern fast wie das Vieh. Darum wurden sie ebenso wie die Städter ausschweifend in ihren Sitten und kümmerten sich nicht mehr um ihren Besitz oder ihre Arbeit. Sie dachten nicht daran, die Früchte ihres früheren Schweißes, ihrer Ländereien und ihres Viehstandes für die Zukunft zu pflegen und zu vermehren, sondern bemühten sich mit allem Scharfsinn einzig und allein darum, die vorhandenen zu verzehren, als erwarteten sie den Tod an demselben Tage, den sie hatten anbrechen sehen.

Daher geschah es denn, dass Ochsen, Esel, Schafe, Ziegen, Schweine, Hühner, ja selbst Hunde, die dem Menschen doch am treuesten sind, von den Häusern, denen sie zugehört, verjagt, nach Gefallen auf den Feldern umherliefen, wo das Getreide verlassen stand und weder geerntet noch geschnitten wurde. Manche dieser Hunde kehrten, ohne von einem Hirten angetrieben zu werden, als ob sie mit Vernunft begabt gewesen wären, am Abend gesättigt zu ihren Häusern zurück, nachdem sie den Tag über Nahrung gesucht hatten.

Was kann ich Stärkeres sagen, wenn ich mich nun wieder vom Lande zur Stadt zurückwende, als dass die Härte des Himmels und vielleicht auch die der Menschen so groß war, dass man mit Gewissheit glaubt, vom März bis zum nächsten Juli seien, teils von der Gewalt dieser bösartigen Krankheit, teils wegen des Mangels an Hilfe, den manche der Kranken erleiden mussten, weil die Gesunden sie aus Furcht vor der Ansteckung in ihrer Not verließen, über hunderttausend Menschen innerhalb der Mauern von Florenz dem Leben entrissen worden, während man vor diesem verheerenden Ereignis der Stadt vielleicht kaum so viele Einwohner zugeschrieben hätte. Ach, wie viele große Paläste, wie viele schöne Häuser und vornehme Wohnungen, die einst voll glänzender Dienerschaft, voll edler Herren und Damen gewesen waren, standen jetzt bis auf den geringsten Stallknecht leer! Wie viele denkwürdige Geschlechter blieben ohne Stammhalter, wie viele umfassende Verlassenschaften und berühmte Reichtümer ohne Erben! Wie viele rüstige Männer, schöne Frauen und blühende Jünglinge, denen, von andern zu schweigen, selbst Galen, Hippokrates und Äskulap das Zeugnis blühender Gesundheit ausgestellt hätten, aßen noch am Morgen mit ihren Verwandten, Gespielen und Freunden, um am Abend des gleichen Tages in einer andern Welt mit ihren Vorfahren das Nachtmahl zu halten!

Zwischen Himmel und Erde – Brunelleschis Meisterwerk
Ross King

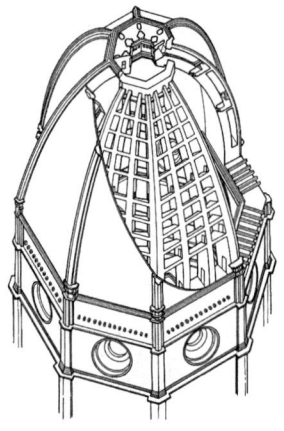

Bleich wie der Tod – in den Marmorbrüchen von Carrara

Im Frühjahr 1428 schienen die Arbeiten an der Kuppel reibungslos voranzugehen. In weniger als acht Jahren hatte die *cupola* sich mehr als zwanzig Meter über den Tambour erhoben, und weil der Durchmesser nun geringer wurde, konnte man damit rechnen, dass die Kuppel in den kommenden Jahren noch schneller wuchs. Doch 1428 wurde das Jahr, in dem Filippo Brunelleschi seinen ersten wirklichen Rückschlag erlitt, seit er die Arbeit an der *cupola* übernommen hatte. Doch der Grund für das Unglück, das Filippo ereilte, war ein Missgeschick, das im Vergleich zu den Problemen, die er beim Bau der Kuppel bereits gelöst hatte, unbedeutend erschien.

Mehr als hundert Jahre zuvor hatte man beschlossen, jeden Quadratzentimeter der Außenflächen der Santa Maria del Fiore – die mit Ziegeln bedeckten Teile natürlich ausgenommen – mit Marmorplatten zu verkleiden. Marmor war das charakteristische Baumaterial der Antike; doch in Florenz hatte man es nur in geringem Maße benutzt, weil die Gebäude der Stadt, vorwiegend aus Sandstein errichtet wurden. So verzichtete auch Filippo bei den Gebäuden, für die er als Architekt verantwortlich zeichnete, auf die Verwendung von

Zwischen Himmel und Erde – Brunelleschis Meisterwerk 41

Marmor; nur Teile der Kuppel der Santa Maria del Fiore bildeten hier eine Ausnahme. Überdies kommt Marmor im Unterschied zu Sandstein in der Gegend um Florenz selten vor, und den Marmor über große Entfernungen heranzuschaffen, ohne den Stein zu beschädigen, war schwierig und kostspielig. Doch unbeeindruckt von diesen Problemen hatten die Baumeister, die im Jahrhundert zuvor die Kirche entworfen hatten, eine Verkleidung des Domes mit Stein in drei verschiedenen Farben vorgegeben: mit dem schwarzgrünen *verde di Prato,* dem roten *marmum rubeum* und schließlich einem spröden weißen Marmor, der als *bianchi marmi* bezeichnet wurde. Mit dem *bianchi marmi* wurden später die acht gewaltigen Rippen der *cupola* bedeckt; es sind die weißen Marmorrippen vor dem Hintergrund der roten Ziegel, die sich bis hinauf zur ebenfalls marmornen Laterne emporschwingen. Im Juni 1425 unterschrieb die *Opera del Duomo* einen Liefervertrag über fünfhundertsechzig Tonnen weißen Marmor.

Der *bianchi marmi* stammte aus den Steinbrüchen von Carrara, ungefähr hundert Kilometer nordwestlich von Florenz. Der Marmor aus dieser Gegend hat eine lange und ruhmreiche Geschichte. Zuerst wurde er von den antiken Römern gewonnen, die ihn beispielsweise für den Apollo von Belvedere (der 1455 in Frascati ausgegraben wurde) oder beim Triumphbogen des Konstantin benutzt hatten. Später schuf Michelangelo einige seiner berühmtesten Statuen aus diesem weißen Marmor, darunter den *David* und die *Pietà*. Der Künstler verbrachte sogar mehrere Monate in den steilen weißen Bergen in der Gegend um Carrara, drang in alte römische Stollen ein, schaute sich antike Steinbrüche an und stellte sich vor, riesige Skulpturen in die Berghänge zu meißeln.

Carrara-Marmor war zu Recht der begehrteste in ganz Europa: Hart, gut zu bearbeiten und von einem strahlenden, reinen Weiß, war er wie geschaffen für die Bildhauerei und für Verzierungen. Allerdings war er außerordentlich teuer. Dennoch hatte die Opera diesen Marmor seit mehr als hundert Jahren nach Florenz bringen lassen und ihn beispielsweise bei der Außenverkleidung von Giottos *campanile* benutzt. Bei diesem Unternehmen waren die Bürger der Republik sozusagen dienstverpflichtet worden: 1319 hatte die Opera verfügt, dass die Florentiner immer zur Hand gehen mussten, wenn eine Lieferung Marmor für den neuen Dom per Schiff über den Arno in die Stadt gebracht wurde. Alle, die Schiffe oder Boote besaßen, Fischer, aber auch renaiuoli – die sich einen kümmerlichen Lebensunterhalt verdienten, indem sie an den zahlreichen Sandbänken des Arno Kies für die Baufirmen gewannen –, mussten Marmor transportieren. Mit dem Erlass von 1319 hatte die Opera offenbar versucht, eine ähnliche Hilfsbereitschaft zu entfachen wie im Frankreich des 12. Jahrhunderts, als die von religiöser Hysterie angetriebene Bevölkerung half, die Karren mit den Steinen für die Errichtung der Kathedralen von den Steinbrüchen zu den Baustellen zu ziehen.

Die Gewinnung und Bearbeitung des Carrara-Marmors war eine schwierige und manchmal auch gefährliche Angelegenheit. Der Abbau der Steine ging auf ähnliche Weise vonstatten wie beim Sandstein in den Steinbrüchen von Trassinaia. Die Marmorblöcke wurden zuerst aus ihrem steinernen Bett geschlagen, wobei die Männer zu diesem Zweck ein ganzes Arsenal verschiedener Werkzeuge benutzten: Spitzhacken, Hämmer, Brechstangen, Keile, sogar schwere Äxte. Die Männer, die diese Arbeit erledigten, benötigten nicht nur Körperkraft, sondern auch Kenntnisse über die Körnung und die Schichtenlage des Gesteins; überdies mussten sie in der Lage sein, den Marmor sowohl in Körnungsrichtung als auch gegen die Körnung zu behauen. Nachdem ein Block von den Hauern grob in Form gebracht war, wurde er von einem geschickteren Handwerker in die erwünschte Größe und Gestalt gemeißelt, die durch Schablonen vorgegeben war. Anschließend kam ein noch größeres Sortiment von Werkzeugen – allesamt aus gehärtetem Eisen – zum Einsatz, um dem weißen Marmor, der bekanntermaßen schwer zu bearbeiten war, den Feinschliff zu geben. Mit einem sehr scharfen und spitzen Werkzeug, der *subbia,* wurde der Block bis auf wenige Zentimeter Abweichung von der *penultima pelle,* der vorletzten Haut, zurechtgemeißelt. Schließlich wurden mit einem Meißel, der in der Mitte der Schneide eingekerbt war, und zum Schluss mit der *lima raspa,* der Schruppfeile, die es in verschiedenen Größen und Stärken gab, die letzten gröberen Arbeiten geleistet.

Nachdem der BIock mithilfe dieser Werkzeuge in die gewünschte geometrische Form gebracht worden war, wurde die Oberfläche drei- oder viermal geschliffen. Beim ersten Schleifvorgang benutzte der Arbeiter eine eiserne Platte, mit deren Hilfe er groben, scharfkantigen Sand über den Marmor rieb, um auf diese Weise die gröbsten Unregelmäßigkeiten von der Oberfläche zu entfernen. Beim zweiten Schleifvorgang wurde feinerer Sand benutzt, manchmal auch der Staub eines Wetzsteins; beim dritten und letzten Feinschliff schließlich verwendete man als Schmirgel ein spezielles rotes Kalksteinpulver, das als *tripoli* bezeichnet wurde. Abschließend polierte ein Arbeiter den Marmorstein mit Zinnasche. Nach diesen Schleif- und Poliervorgängen war der Marmor so glatt wie Glas.

Die Marmorblöcke bereits im Steinbruch behauen, schleifen und polieren zu lassen, senkte die Transportkosten, weil auf diese Weise ausschließlich fertige Steine nach Florenz verschifft wurden und nicht die unhandlicheren und schwereren, grob behauenen Blöcke. Dennoch stellte es eine erhebliche

Schwierigkeit dar, die Steine unversehrt über große Entfernungen und unebenes Gelände zu transportieren. Nachdem die Blöcke noch im Steinbruch überprüft worden waren, wurden sie mithilfe von Flaschenzügen auf Karren geladen und über gewundene, oft mangelhaft befestigte Straßen gefahren – beides heikle Unternehmungen –, bis sie die geschäftige Stadt Carrara erreichten, deren bedeutendste Gebäude wie die Kathedrale im Glanz des *bianchi marmi* erstrahlten. Nachdem die Ausfuhrsteuern bezahlt waren, wurden die Karren mit den Marmorblöcken weiter ins mehrere Kilometer entfernte Luni gefahren, eine alte römische Hafenstadt an der malariaverseuchten Küste. Hier wurden die Blöcke mittels hölzerner Rollen von den Karren geladen und über den Strand bis ans Ufer gerollt, wo sie von Kränen, die durch Tretwerke betrieben wurden, an Bord der Schaluppen gehoben wurden, die sie übers Ligurische Meer transportierten. Dieser Abschnitt der Reise war besonders gefährlich, wie man beispielsweise im Jahre 1421 feststellen musste, als eines dieser Schiffe bei einem Unwetter mitsamt seiner Fracht sank, einer Ladung *bianchi marmi*, die für das Gesims an der Regenabflussrinne der Kuppel vorgesehen war. Nach einer vierzig Kilometer langen Seereise fuhren die Schiffe schließlich in die Mündung des Arno ein; dann ging es flussaufwärts an Sandbänken und Untiefen vorbei in Richtung Florenz.

Die Domopera finanzierte den Transport des Marmors von Carrara zur Dombaustelle, indem sie einige Blöcke als Grabsteine an die wohlhabenden Florentiner Familien verkaufte. Manchmal aber geschah es, dass der Marmor, der ursprünglich für edle Grabsteine vorgesehen war, die den Ruhm verstorbener Magistraten und Wollhändler noch heller erstrahlen lassen sollten, stattdessen Teil der Kuppel wurde. Im Juli 1426 kam es aufgrund der immensen Transportkosten zu einer Marmorknappheit, sodass die Domopera befahl,

Zwischen Himmel und Erde – Brunelleschis Meisterwerk

als Baumaterial jenen Marmor zu verwenden, der bereits zu Grabsteinen gehauen war, angeblich aber noch im Vorratslager ruhte und nicht schon die Gräber zierte.

Die Laterne

Seit der Renaissance werden die meisten Kuppelbauten von Laternen gekrönt, die auf der Spitze der Kuppel angebracht sind. Für gewöhnlich dienen sie sowohl dekorativen als auch praktischen Zwecken; durch sie dringen Licht und Luft ins Innere der Kuppel. Bereits das Kuppelmodell von Neri di Fioravanti aus dem Jahr 1367 besaß eine Laterne, wie auch Filippos Modell von 1418, doch nachdem beide Modelle vernichtet worden waren (das Ziegelsteinmodell Filippos wurde ein Jahr nach dem Modell Neris abgerissen), verfügten die *operai* über keine Vorlage mehr, was das Aussehen der Laterne anging.

Filippo war der Überzeugung, dass er und niemand anders den Auftrag für den Entwurf der Laterne erhalten würde. Doch wie immer schrieb die Opera del Duomo auch diesmal einen Wettbewerb aus. Also machte Brunelleschi sich im Sommer 1436 daran, ein Modell der Laterne zu bauen – wie auch Lorenzo Ghiberti und drei andere Mitbewerber. Man kann sich Filippos Zorn unschwer vorstellen: Natürlich wusste er, dass Lorenzo, nachdem er die Arbeiten an den Türen des Baptisteriums San Giovanni im Jahre 1424 abgeschlossen hatte, von der Opera umgehend einen Anschlussauftrag für zwei weitere Bronzetüren am Baptisterium erhalten hatte – die »Pforten des Paradieses« –, nur dass Lorenzo sich zuvor keinem weiteren Wettbewerb hatte stellen müssen. Sicher wurden der Zorn, die Enttäuschung und das Gefühl der Beleidigung, die Filippo zweifellos empfand, dadurch noch größer, dass einer seiner Mitkonkurrenten beim Entwurf der Laterne ein schlichter Bleigießer war. Ein anderer war – noch provokanter – eine Frau.

Über die Größe und Gestalt der Laterne war bereits seit mehreren Jahren diskutiert worden. Zu einem großen Teil hingen die Entscheidungen davon ab, wie der Unterbau der Laterne beschaffen war – also die vierte Sandsteinkette beziehungsweise der Schlussring an der Spitze der Kuppel. Man hatte sich über diese Kette lange und gründlich Gedanken gemacht, bevor sie 1435 vollendet wurde. Bereits drei Jahre zuvor, im Juni 1432, war von der Domopera ein Holzmodell für den Schlussring in Auftrag gegeben worden; dieses Modell sollte bei der Lösung der beiden Hauptprobleme helfen, nämlich wie groß die Kette sein musste und ob sie oktogonal (wie die erste Sandsteinkette) oder rund (wie die Horizontalbögen) gestaltet werden sollte. Zwei Monate später konnten die *operai* das bestellte Modell studieren. Sie entschieden sich für die oktogonale Form des Schlussringes, beschlossen aber auch, den Durchmesser des Ringes von zwölf *braccia* auf zehn (knapp sechs Meter) zu verringern. Ein Jahr später wurde der Durchmesser ein zweites Mal verringert, diesmal auf etwas weniger als zehn *braccia*. Giovanni da Prato wird mit diesen zunehmend kleineren Dimensionen nicht sehr glücklich gewesen sein, denn je kleiner der Schlussring, umso kleiner die Laterne, und umso weniger Licht fiel ins Innere der Kuppel.

Mithilfe eines einunddreißigjährigen Zimmermanns namens Antonio di Ciaccheri Manetti machte Filippo sich an den Bau seines Laternenmodells. Antonio (nicht mit Filippos Biograf Antonio di Tuccio Manetti zu verwechseln) war dem *capomaestro* bereits gut bekannt; er hatte 1432 beim Bau des Holzmodells für den Schlussring wie auch bei Filippos Entwurf für den Chor mitgearbeitet. Der *capomaestro* fertigte drei Skizzen der Laterne an und schickte sie in Antonios Schreinerwerkstatt unweit des Domes. Doch sehr bald schon sollte Filippo bereuen, sich gerade diesen Helfer ausgesucht zu haben. In Manettis *Leben des Brunelleschi* heißt es, Filippo sei ein besserer Architekt als Menschenkenner gewesen, was in diesem Fall zutraf, denn Antonio hinterging seinen Auftraggeber, indem er ein eigenes Modell konstruierte, wobei er sich, was seinen Entwurf anging, bedenkenlos bei Filippos Vorlagen bediente – ein Beispiel für genau jene Art von Diebstahl geistigen Eigentums, vor dem der *capomaestro* sich seit Beginn seiner Karriere gefürchtet hatte. Doch in diesem Fall konnte er nichts unternehmen. Antonios Modell wurde zusammen mit dem Filippos, dem Lorenzo Ghibertis und zwei weiteren Vorschlägen der Domopera zur Begutachtung vorgestellt.

Am letzten Tag des Jahres 1436 befanden die *operai* über die fünf Laternenmodelle. Offensichtlich fiel ihnen die Entscheidung nicht leicht, denn sie holten sich bei den verschiedensten Gelehrten Rat. Magister der Theologie, Doktoren der Naturwissenschaften, Maurer, Goldschmiede, Maler, ein Mathematiker, einflussreiche Bürger der Stadt, darunter Cosimo de' Medici – sie alle wurden herbeigerufen, um ihre Meinung abzugeben. Sie sprachen sich schließlich für Filippos Entwurf aus und erklärten, die von ihm entworfene Laterne sei die stabilste und am besten ausgeleuchtete und auch besser als die anderen geeignet, dem Einfluss von Wind und Regen zu trotzen. Doch nachdem die *operai* sich für Filippos Modell entschieden hatten, fügten sie ihren Bestimmungen eine bedeutsame Klausel hinzu und verlangten von Filippo, »alle Verbitterung beiseitezuschieben, die noch in ihm ist« (offensichtlich kannten sie ihn gut), und baten sich aus, dass er mehrere Veränderungen seines Entwurfs akzeptierte, wie unbedeutend sie auch erscheinen mochten. Der Grund für diese seltsame Bitte war der, dass Antonio die *operai* gebeten hatte, ihm den Bau eines weiteren Laternenmodells zu erlauben. Offensichtlich beeindruckt von Antonio, erklärten die Herren sich einverstanden.

Wieder machte der Zimmermann sich an die Arbeit und fertigte diesmal ein Modell an, das ein noch dreisteres Plagiat von Filippos Entwurf darstellte. Trotzdem wurde es von den *operai* zurückgewiesen, worauf Filippo ihnen angeblich erklärte: »Fategliene fare un altro e farà el mio«, was so viel bedeutet wie: »Lasst ihn noch einen Entwurf machen, und er wird euch den meinen zeigen.« Dass die Beziehung zwischen Filippo und Antonio daraufhin in die Brüche ging, wird wohl niemanden verwundern; ihr Verhältnis wurde feindselig und gipfelte (wie so oft bei Filippos privaten Schlachten) in einem Austausch beleidigender Sonette. In seinem Zorn vergaß der Baumeister, dass er gerade erst geschworen hatte, persönliche Verletzungen zu verzeihen und allen Hass abzulegen. Leider sind die Sonette, zu denen dieser Streit ihn inspiriert hat, verloren gegangen; bestimmt waren es geistreiche und spöttische Zeilen, die von Gift und Galle sprühten. Und es ist eine traurige Ironie des Schicksals, dass Filippo mit seinem Laternenentwurf zwar den Sieg davontrug, Antonio aber als Letzter lachte: 1452 wurde er zum *capomaestro* der Santa Maria del Fiore ernannt und führte die Aufsicht beim Bau der Laterne, die dabei eine Reihe von Änderungen erfuhr, für die Antonio verantwortlich zeichnete.

Die achteckige Laterne steht auf einer Plattform aus Marmor, die wiederum vom Schlussring getragen wird. Die acht Strebepfeiler bilden harmonische Verlängerungen der acht weißen Marmorrippen der *cupola* und stützen die fast zehn Meter hohen Pilaster mit korinthischen Kapitellen. Zwischen den Pilastern befinden sich acht Fenster, von denen jedes ebenfalls knapp zehn Meter hoch ist. Das Innere bildet eine kleine Kuppel, über welcher sich der sieben Meter hohe Turm erhebt, der von einer bronzenen Kugel und einem Kreuz gekrönt wird. In einem der Strebepfeiler (die allesamt hohl sind, um das Gewicht der Laterne zu verringern) führt eine Treppe zu mehreren Leitern, die durch den Turm bis hinauf in die bronzene Kugel führen. Diese gewaltige Kugel besitzt ein kleines Klappfenster, das in hundertfünf Metern Höhe das erhabenste Panorama von Florenz bietet.

Insgesamt mussten mehr als fünfhundert Tonnen Baumaterial bis zur Spitze der *cupola* gehoben werden. Da die Kathedrale nun für Gottesdienste benutzt wurde, war es unmöglich, eine große Hebevorrichtung auf Bodenniveau zu bauen. Dies bedeutete, dass ein Lastenaufzug oder Kran dort errichtet werden musste, wohin die Lasten transportiert wurden: auf der Spitze der Kuppel. Ein solches Gerät konnte aber naturgemäß nur mit Menschenkraft bedient werden, und es musste möglichst klein sein, um den Arbeitern auf dem ohnehin beengten Kuppeldach ausreichend Bewegungsfreiheit zu lassen. Andererseits sollte das Gerät Marmorblöcke von bis zu zwei Tonnen Gewicht zur Spitze der Kuppel heben.

Also schrieb die Domopera nur wenige Tage nach der Einsegnung der Kuppel einen weiteren Wettbewerb aus, bei dem Modelle für Apparaturen entworfen werden sollten, die Lasten auf die große *cupola* heben konnten. Wie immer nahm Filippo diese Herausforderung an. Nachdem er sein Modell für einen neuen Lastenaufzug vorgestellt hatte, erhielt er umgehend den Auftrag sowie einen Preis in Höhe von hundert Florinen – die gleiche Summe, die ihm viele Jahre zuvor für seinen Entwurf des mit Ochsenkraft betriebenen Materialaufzugs gewährt worden war. Im Sommer 1442 begann Filippo mit der Arbeit an dem neuen Gerät, die er im Jahr darauf beendete.

Dieser neue Materialaufzug wurde später von Lorenzo Ghibertis Enkel Buonaccorso gezeichnet. Die Maschine ist nicht ganz so kompliziert wie der mit Ochsenkraft betriebene große Materialaufzug, aber nichtsdestoweniger ist sie eine geniale Apparatur, die aus einem System von Flaschenzügen, einem Kontergewicht und einem Bremssystem besteht. Auf

Buonaccorsos Skizze ist überdies ein verschlüsselter Text zu sehen, wenngleich der Code ziemlich primitiv ist. Bei diesem Code (der als »Cäsar-Alphabet« bekannt ist) wird jeder Buchstabe des Alphabets durch den vorherigen ersetzt: B durch A, D durch C, und so weiter. Der entschlüsselte Text Buonaccorsos beschreibt die Funktionsweise verschiedener Teile von Filippos Lastenaufzug. Seinem Naturell entsprechend, hat auch Filippo wahrscheinlich versucht, die Geheimnisse dieser Apparatur zu wahren, besonders nach seiner bitteren Erfahrung mit dem Zimmermann Antonio di Ciaccheri.

Der interessanteste Teil des Aufzugs war sein Bremssystem. Da die Männer, die den Lastenaufzug bedienten, auch mit vereinten Kräften natürlich nicht annähernd die Ausdauer und Kraft eines der Ochsen besaßen, die Filippo bei seinem großen Materialaufzug aus dem Jahre 1421 einsetzen konnte, musste er ein System erfinden, das es möglich machte, die Last und das Kontergewicht während des Hebevorgangs für einige Zeit zum Stillstand zu bringen, damit die Männer ausruhen konnten. Deshalb wurde der Rotor – die vertikale Antriebswelle – mit einem Sperrrad und einem Sperrhaken versehen, die von der Bedienungsmannschaft eingerastet werden konnten, sodass die Last in einer bestimmten Höhe zum Stillstand gebracht werden konnte. Außerdem waren die Antriebswellen und Zahnräder viel kleiner als bei dem großen Materialaufzug; der Hebevorgang nahm also entsprechend mehr Zeit in Anspruch.

Doch die Arbeit an der Laterne verzögerte sich aufgrund eines altbekannten Problems: Es war nicht möglich, ausreichende Mengen *bianchi marmi* zu beschaffen. Im nahen Campiglia und in Carrara wurden die Steinbrüche in Augenschein genommen. Campiglia schied aus, denn die Stadt konnte Filippos Männern keine Arbeitsmöglichkeiten beschaffen. Schließlich musste man bis zum Sommer 1443 warten, ehe der Marmor für die Laterne endlich aus Carrara angeliefert wurde; er wurde auf dem Seeweg, dem Landweg und auf dem Arno nach Florenz gebracht. Fünfzehn Jahre nach der Havarie von Il Badalone wollte der inzwischen sechsundsechzigjährige Filippo mit diesem Thema offenbar nichts mehr zu tun haben; er überließ es Antonio di Ciaccheri, einen speziellen Karren zu bauen, auf dem der Marmor von Signa nach Florenz transportiert wurde. Doch der Baumeister sorgte immerhin dafür, dass die Marmorblöcke, nachdem sie an der Baustelle eingetroffen waren, durch besondere Holzabdeckungen vor Kratzern und Schlägen geschützt wurden, bevor sie mit dem neuen Lastenaufzug zur Kuppelspitze gehoben wurden.

Während der nächsten Jahre häuften sich so viele Marmorblöcke auf der Piazza del Duomo – von denen einige mehr als zweieinhalb Tonnen wogen –, dass die Einwohner von Florenz es mit der Angst bekamen. Sollten diese Berge aus Marmor wirklich auf das Kuppeldach gehoben werden? Forderte man nicht das Schicksal heraus, wenn man die *cupola* mit einem solch gewaltigen Gewicht belastete? Doch Filippo zerstreute diese Ängste mit der Behauptung, die *lanterna* würde die Kuppel nur stabiler machen, indem sie die Eck- und Zwischenpfeiler als Schlussstein verkeilte.

Waren die Marmorblöcke erst einmal auf das Kuppeldach gehoben, mussten sie an der jeweils für sie vorgesehenen Stelle platziert werden – ein Vorgang, der den Einsatz eines weiteren Geräts erforderlich machte. Deshalb war 1445 mit dem Bau eines Krans begonnen worden, der sich auf einen weiteren Entwurf Brunelleschis stützte; allerdings dauerte es noch zwei Jahre, bis dieser Kran einsatzbereit war. Ungefähr sechs Meter hoch und ebenso breit, war er ein wenig zu groß, als dass man ihn mit dem neuen Lastenaufzug auf die *cupola* heben und durch den *oculus* – der gut fünfeinhalb Meter im Durchmesser maß – hätte hindurchziehen können; daher musste der Kran in Einzelteilen hinaufgezogen werden. Diese Einzelteile – Walnussholzstämme, Balken aus Fichte, Bolzen aus Bronze und vieles andere – wurden auf das Dach der *cupola* gehoben und dort zusammengebaut. Wenngleich die Montage unter der Leitung von Antonio di Ciaccheri vorgenommen wurde, der sich für die Domopera immer unentbehrlicher machte, war auch dieser Kran – wie sämtliche anderen Maschinen und Geräte, die beim Bau der Kuppel benutzt wurden – ein Produkt von Filippos Erfindungsgabe.

Als die Laterne Gestalt annahm, wurde deutlich, dass sie ein ästhetischer Triumph war. Sie wurde ein Vorbild für spätere Modelle – darunter die Lichtquelle auf der Kuppel des Petersdomes in Rom –, die sich stilistisch eng an das Florentiner Vorbild lehnten. Doch Filippos Laterne hinterließ ein weiteres, unerwartetes Erbe.

Architektonische Wunder wie Filippos *cupola* werden häufig zu Stätten wissenschaftlicher Forschung, weil ihre einzigartigen Strukturen und Dimensionen als Prüffeld für neue Theorien und Technologien dienen können. 1590 ließ Galilei Kanonenkugeln vom Schiefen Turm in Pisa fallen, um den sichtbaren Beweis zu liefern, dass die Fallgeschwindigkeit bei sämtlichen Körpern gleich ist, unabhängig von Masse und Größe. Drei Jahrhunderte später wurde ein nicht minder berühmtes Bauwerk zum Schauplatz einer Reihe anderer Experimente: Gustave Eiffel führte auf der Spitze des von ihm konstruierten Turmes (wo ständig Windgeschwindigkeiten von über hundertsechzig Stundenkilometern herrschen) Experimente auf dem Gebiet der Aerodynamik durch und erbrachte den Beweis, dass die Saugwirkung der Luft an der Oberseite einer Tragfläche für die Flugfähigkeit wichtiger ist als der Druck, der sich unter der Tragfläche bildet. Auf ähnliche Weise diente die Kuppel der Santa Maria del Fiore wissenschaftlichen Studien, nur dass im Fall der *cupola* die Erkenntnisse, die dabei gewonnen wurden, dem Schiffsbau zugute kamen, nicht dem Flugzeugbau.

Paolo Toscanelli zählte zu den bedeutendsten Mathematikern und Astronomen des 15. Jahrhunderts. Vermutlich hat er Filippo um das Jahr 1425 kennengelernt; später bezeichnete er die Freundschaft mit dem *capomaestro* als die »großartigste Verbindung« seines Lebens. Wie Filippo war auch Toscanelli ein Mann von unansehnlichem Äußeren und blieb sein Leben lang Junggeselle; er hatte wulstige Lippen, eine Hakennase und ein fliehendes Kinn. Wenngleich er ein wohlhabender Mann war, verzichtete Toscanelli auf sämtlichen Luxus und lebte wie ein Mönch; er schlief auf einem Brett neben seinem Schreibpult und ernährte sich kärglich und rein vegetarisch. Er hatte in Padua Medizin studiert, verbrachte den größten Teil seiner Zeit jedoch mit Himmelsbeobachtungen und komplexen mathematischen Berechnungen. Toscanelli lehrte Filippo die euklidische Geometrie – eine Gefälligkeit, für die der *capomaestro* sich später (wenngleich unwissentlich) revanchierte, indem er Toscanelli bei dessen Himmelsbeobachtungen half. Denn im Jahre 1475 stieg Toscanelli, von der gewaltigen Höhe der Kuppel verlockt, bis zur Spitze hinauf, wo er mit Genehmigung der Opera del Duomo am Fuß der Laterne eine bronzene Platte anbrachte, die so konstruiert war, dass die Sonnenstrahlen durch eine Öffnung im Zentrum dieser Platte fielen und neunzig Meter tiefer auf ein speziell konstruiertes Eichmaß im Oktogon trafen – einen Messstein, der in den Fußboden der Kreuzkapelle eingelassen war. Auf diese Weise verwandelte Toscanelli die Santa Maria del Fiore in eine riesige Sonnenuhr.

Diese Vorrichtung wurde zu einem Meilenstein in der Geschichte der Astronomie. Die Höhe und Stabilität der Kuppel erlaubten es Toscanelli, neue Erkenntnisse über die Bewegungen der Sonne zu gewinnen (genauer gesagt, über die Umläufe der Erde um die Sonne). Daher konnte er mit sehr viel größerer Genauigkeit als jeder Mathematiker und Astronom vor ihm den genauen Zeitpunkt der Sommersonnenwende und des Frühlingsäquinoktiums berechnen. Diese Berechnungen dienten auch religiösen Zwecken, denn sie erlaubten eine sorgfältigere Datierung kirchlicher Feiertage wie beispielsweise des Osterfestes.

Doch die Auswirkungen waren noch viel weitreichender. Zu Toscanellis Zeiten wurden nicht nur der Himmel, sondern auch die Meere eingehend erforscht.

Von entscheidender Bedeutung war dabei das Astrolabium, ein Instrument, das von Astronomen benutzt wurde, um die Stellung von Sonne und Sternen im Verhältnis zum Horizont zu bestimmen.

Diese Messung war sehr einfach; allerdings blieb das Problem bestehen, dass die Position der Sonne – wie die des Polarsterns – nicht mit dem Himmelspol übereinstimmte. Mit anderen Worten: Weder der Polarstern noch die Sonne, noch sonst einer der Leitsterne bei der Navigation nach den Gestirnen befindet sich unmittelbar an der gedachten verlängerten Linie der Erdachse vom Nordpol aus. Deshalb war es erforderlich, die gemessenen Winkel zwischen dem Horizont und den angepeilten Himmelskörpern zu korrigieren, um den Breitengrad eines bestimmten Gebiets ermitteln zu können. Zu diesem Zweck wurden bereits seit längerer Zeit sogenannte Deklinationstafeln benutzt, die von Astronomen erstellt worden waren; die bekanntesten waren die Alfonsinischen Planetentafeln, die jüdische Astronomen im Jahre 1252 in Spanien im Auftrag von Alfons X. erstellt hatten. Diese Tafeln ermöglichten es den Astronomen und Seeleuten, die Position der Sonne und des Polarsterns zu den verschiedenen Jahreszeiten zu ermitteln, Mond- und Sonnenfinsternisse zu berechnen und die Koordinaten eines jeden Planeten für jeden beliebigen

Zeitpunkt zu bestimmen. Doch zwei Jahrhunderte nachdem diese Tafeln erstellt worden waren, enthielten sie noch immer eine Reihe von Ungenauigkeiten, die bereinigt werden mussten. Toscanellis Beobachtungen der (scheinbaren) Bewegungen der Sonne – jene Beobachtungen also, die er mithilfe der Kupferplatte an der Laterne auf der *cupola* der Santa Maria del Fiore angestellt hatte – ermöglichten es ihm, die Alfonsinischen Planetentafeln zu korrigieren und zu verbessern und den Seefahrern und Kartografen ein präziseres Werkzeug zur Bestimmung geografischer Positionen in die Hand zu geben.

Ein Hort der Freuden

Morgen für Morgen trafen die Handwerker, die an der Kuppel der Santa Maria del Fiore arbeiteten, im Halbdunkel auf der Baustelle ein. Nachdem die Männer ihre Namen auf die Kreidetafel geschrieben hatten, begann ihr Arbeitstag, indem sie zuerst mehrere Hundert Steinstufen zu den Arbeitsplattformen hinaufstiegen. Ihre Schuhsohlen schabten über die Trittflächen aus Sandstein, wenn sie sich, das Werkzeug in der Hand, an diesen vertrauten, gleichwohl anstrengenden Aufstieg machten, wobei die Taschenflaschen mit dem Wein sowie die Lederbeutel mit dem Mittagessen an ihren Gürteln baumelten. Der Aufstieg im Inneren des Bauwerks wurde durch ein Beleuchtungssystem erhellt, das Filippo – stets auf die Sicherheit der Arbeiter bedacht – entworfen hatte, um zu verhindern, dass die Männer in den dunklen Treppenschächten stolperten oder stürzten.

Insgesamt gibt es vier Treppensysteme. Diese Treppen führen durch das Innere jedes der vier gewaltigen Pfeiler, auf denen die Kuppel ruht, bis hinauf zum Tambour; dann durch diesen hindurch und zwischen den beiden Kuppelschalen hinauf bis zur Laterne auf der Spitze der *cupola*. Während der Bauphase wurden zwei der vier Treppen für den Aufstieg, die beiden anderen für den Abstieg benutzt; auf diese Weise wurde vermieden, dass sich Maurer und andere Handwerker, die Material und Werkzeug mit sich trugen, auf den Treppen begegneten und sich in den beengten Schächten aneinander vorbeidrücken mussten. Eine gute körperliche Verfassung war unabdingbar für die Handwerker, denn seit 1430 hatten sie jeden Morgen einen Höhenunterschied zu überwinden, der dem eines vierzigstöckigen Gebäudes entsprach, bevor sie ihre Arbeit aufnehmen konnten. Kein Wunder, dass einige Männer versuchten, sich vom Materialaufzug nach oben ziehen zu lassen, wenn der Aufzug Lasten in die Höhe beförderte. Aber das wurde bald als zu gefährlich untersagt.

Anfangs hatte es Befürchtungen gegeben, die vier Säulen könnten durch die Treppensysteme in ihrem Inneren strukturell geschwächt werden, was katastrophale Folgen gezeitigt hätte, wenn man bedenkt, dass sie die gewaltige Masse der Kuppel tragen mussten, deren Gesamtgewicht auf 37 000 Tonnen geschätzt wurde. Aus diesem Grund hatte eine Gruppe von Maurermeistern um 1380 empfohlen, die Treppenschächte zuzumauern und nach einer anderen Möglichkeit zu suchen, wie die Maurer und Steinmetzen hinauf zu ihren Arbeitsstellen gelangen konnten. Doch die Befürchtungen, die Pfeiler könnten instabil sein, erwiesen sich als unbegründet, und glücklicherweise wurden sie nie zugemauert. So können wir heute noch dem Weg der Arbeiter folgen, die damals die Höhen der Kuppel erklommen.

Bis zum höchsten Punkt sind es 463 Stufen. Touristen beginnen den Aufstieg im südwestlichen Pfeiler; sie kommen zuerst durch die Porta dei Canonici und dann durch eine viel kleinere Tür, die ein Agnus Dei trägt, das Wappen der Zunft der Wollweber. Die ersten hundertfünfzig Stufen führen bis

Zwischen Himmel und Erde – Brunelleschis Meisterwerk 57

in die Spitze des Pfeilers; die Treppen verlaufen im Gegenuhrzeigersinn spiralförmig und erlauben einen Abstieg im Uhrzeigersinn. Übrigens waren es diese hundertfünfzig Stufen, die den alten *capomaestro* Giovanni d'Ambrogio (mit dem wohl jeder keuchende Tourist Mitleid hat) im Jahre 1418 »geschafft« haben: Giovanni wurde entlassen, weil er nicht mehr den Pfeiler hinaufsteigen und die Arbeiten inspizieren konnte.

Die Stufen im Inneren des Südwestpfeilers führen auf die Galerie, die um die Basis der Kuppel herum verläuft. In dieser Höhe nahmen die Maurer im Sommer 1420 ihr denkwürdiges Frühstück ein – Brot, Melonen und Wein aus Trebbiano –, bevor sie die Arbeit an der *cupola* begannen. Von diesem Aussichtspunkt muss ihnen deutlich geworden sein, welch gewaltige Aufgabe vor ihnen lag, denn nirgendwo sonst ist die Spanne der Kuppel größer als hier, wo man über den riesigen, gähnenden Abgrund hinwegschauen kann. Der gigantische leere Raum der Kuppel, die über dem Betrachter aufragt, ist mit einem der größten Fresken der Welt verziert, Vasaris *Das Jüngste Gericht,* mit seinen gestikulierenden Skeletten und riesigen, Heugabeln schwingenden Dämonen. Filippo rechnete mit der Ausführung eines solchen Freskos; deshalb sind eiserne Ringe an der Innenseite der inneren Kuppelschale befestigt, an die Arbeitsgerüste gehängt werden konnten. Außerdem befinden sich in der Schale eine Vielzahl kleiner Fenster, durch die ein Maler auf die angehängten Gerüste und Arbeitsplattformen klettern und sich mit seinen Pinseln ans Werk machen konnte.

Von der inneren Galerie aus führt eine kleine Tür in die Kuppel selbst, genauer gesagt, in den sich immer mehr verengenden Raum zwischen der inneren und der äußeren Kuppelschale, zwischen denen sich weitere Treppen nach oben winden; diese Treppen wurden gleichzeitig mit der Kuppel erbaut und bestehen aus Sandsteinbalken, die aus dem Steinbruch in Trassinaia stammen. Wenngleich die Treppen seit mehr als fünf Jahrhunderten in Gebrauch sind, zeigen sie erstaunlich wenig Abnutzungsspuren. Rechts von der Treppe ist die verputzte, sanft nach innen geneigte Außenfläche der inneren Kuppelschale zu sehen, während die äußere Schale sich in einem parallelen Bogen über dem Kopf des Betrachters wölbt. Zwischen den beiden Kuppelwänden befindet sich ein verwirrendes Labyrinth niedriger Türen, schmaler Durchgänge und unregelmäßig ansteigender, sinnverwirrender Treppen, sodass der Aufstieg den Eindruck erweckt, man würde sich in einem Gebilde voranbewegen, wie sie auf den Lithografien Eschers zu sehen sind. Es erscheint einem wie eine Ironie, dass dieses erste Bauwerk im Renaissancestil – die *cupola,* die von außen so harmonisch und anmutig erscheint – im Inneren ein solch kompliziertes Labyrinth verstaubter Gänge ist.

Doch in diesem verwirrenden und beengten Raum zwischen den beiden Kuppelschalen kann man endlich ganz aus der Nähe jene Techniken studieren, die Filippo und seine Maurer benutzten. An den Stellen, wo der Verputz sich vom Mauerwerk gelöst hat, ist das Fischgrätmuster der Ziegel zu sehen; die Oberfläche ist von Tausenden von Händen, die im Laufe vieler Jahre darüberrieben, so glatt wie Glas geworden. An anderen Stellen erkennt man die Sandstein-Querbalken der steinernen Ketten; wie dicke Träger ragen sie aus der Kuppelwand hervor. Auch Balken der hölzernen Kette sind zu sehen; sie befinden sich in so geringer Höhe, dass der heutige Besucher sie berühren kann. Die ursprünglichen Balken aus Kastanienholz mussten im 18. Jahrhundert ausgetauscht werden, weil das Holz zu verrotten begann.

Zu den erstaunlichsten baulichen Besonderheiten, die man im Verlauf des Aufstiegs zu sehen bekommt, zählt die Reihe kleiner runder Fenster, die sich wie Bullaugen an der Außenschale der Kuppel befinden. Diese Öffnungen lassen Licht und Luft in die langen Gänge aus feuchtem Stein; außerdem gewähren sie flüchtige Blicke auf das Wirrwarr der Dächer von Florenz, die kleiner und kleiner werden. Diese Fenster – insgesamt gibt es zweiundsiebzig – sind Teil des Systems, das Filippo erdacht hat, um dafür zu sorgen, dass die Kuppel belüftet und windsicherer wird; denn die Fenster schützen das Bauwerk auf die gleiche Weise vor Höhenwinden, wie bei modernen Gebäuden die Gefahr von Orkanschäden zumindest verringert werden kann, indem man die Fenster und Türen öffnet. An stürmischen Tagen kann man hören, wie der Wind durch diese Fensteröffnungen der *cupola* heult.

Eine letzte Treppe schließlich führt auf die achteckige Aussichtsplattform, zur Laterne. Nachdem man sich zuvor durch halbdunkle, verwinkelte, hallende Gänge emporgearbeitet hat, ist es ein ziemlicher Schock, so plötzlich im Freien zu stehen, in der Sonne und dem Wind, hoch über den Dächern von Florenz, ein schwindelerregendes Panorama der Stadt und der umliegenden Hügellandschaft um sich herum. Die Strebepfeiler der Laterne ragen wie Baumstämme aus Marmor über dem Betrachter auf; erst jetzt, aus der Nähe, wird ihm die erstaunliche Größe der mehr als zwei Tonnen schweren Blöcke bewusst, wie auch die Präzision, mit welcher die Marmorteile behauen und zusammengefügt wurden. Tritt man näher an den Rand der Plattform, kann man die ziegelgedeckten Flanken der *cupola* sehen, die atemberaubend steil in die Tiefe abfallen. Und von diesem Aussichtspunkt wird neben der ästhetischen Schönheit ein weiterer Vorteil des *quintoacuto*-Profils erfahrbar: Die Steilheit der Kuppel gestattet einen direkten, beinahe senkrechten Blick auf die Piazza tief unten; umgekehrt erlaubt es das steile Profil, dass der größte Teil der Kuppel und sogar die Laterne vom Domplatz aus zu sehen sind.

Heutzutage verweilen die Touristen zehn, fünfzehn Minuten auf der Plattform, bevor sie sich an den Abstieg machen (manche von ihnen tragen die kuppelförmigen Schirme, die an den Marktständen von Florenz verkauft werden). Die Leute verbringen die Zeit mit Fotografieren, sie betrachten die Sehenswürdigkeiten der Stadt oder ritzen ihre Namen in die Strebepfeiler der Laterne, die inzwischen über und über mit Graffiti bedeckt sind. Für die meisten dieser Leute ist der Aufstieg bloß ein Mittel zum Zweck, eine Tortur, die man nun einmal auf sich nehmen muss, möchte man einen Rundblick über die Stadt genießen. Doch vor etwa viereinhalb Jahrhunderten unternahm eine Gruppe von Menschen diesen Aufstieg aus ernsthafteren Absichten.

In den späten Vierzigerjahren des 16. Jahrhunderts wurde dem leitenden Baumeister der Peterskirche in Rom, Michelangelo, der mittlerweile ein alter Mann war, und zwei seiner Assistenten die Erlaubnis erteilt, in die *cupola* hinaufzusteigen, um Brunelleschis Konstruktionsmethoden zu studieren, bevor sie mit dem Bau des Tambours und der Kuppel des Petersdomes begannen. Der stolze Michelangelo erklärte, er könne eine Kuppel bauen, die der Filippos zwar gleichkommen, sie aber nicht übertreffen könne. Die Kuppel von St. Peter übertraf die der Santa Maria del Fiore tatsächlich nicht, ja, sie kam ihr nicht einmal gleich, denn die 1590 in Rom vollendete Kuppel hat einen fast drei Meter geringeren Durchmesser als die *cupola* und ist weniger anmutig und beeindruckend.

Was den Durchmesser und die Höhe betrifft, wurde die *cupola* der Santa Maria del Fiore niemals übertroffen; sie ist noch heute die größte gemauerte Kuppel der Welt. Die von Sir Christopher Wien für die St. Paul's Cathedral in London entworfene Kuppel beispielsweise ist mit ihrem Durchmesser von vierunddreißig Metern etwa zehn Meter kleiner als die der Santa Maria del Fiore, und auch die Kuppel des Kapitols in Washington hat »nur« einen Durchmesser von etwa neunundzwanzig Metern, ist also weniger als zwei Drittel so groß wie die *cupola*. Erst im 20. Jahrhundert wurden Kuppeln mit größerem Durchmesser gebaut, allerdings ausschließlich unter Verwendung moderner Materialien wie Plastik, Flussstahl und Aluminium, die den Bau riesiger Gewölbe und Kuppeln erlaubten wie beispielsweise das Astrodom in Houston oder die leichten, geodätischen, vorgefertigten Kuppeln des Erfinders und Architekten Buckminster Fuller.

Es ist kein Zufall, dass Pier Luigi Nervi, der Meister gewaltiger, in Beton gegossener Gewölbe des 20. Jahrhunderts, in den Dreißigerjahren – wie einst Michelangelo – bauliche Untersuchungen an der *cupola* der Santa Maria del Fiore vornahm, bevor er jene Gewölbetechniken entwickelte, die er bei Bauwerken wie dem Audienzsaal des Vatikans und dem Palazzo dello Sport in Rom mit seiner Betonkuppel von sechzig Metern Durchmesser anwendete. Es ist nur recht und billig, dass die *cupola,* das Meisterwerk Brunelleschis – des »Schatzjägers«, der einst die Ruinen des antiken Rom vermaß –, zum Studienobjekt für spätere Architekten wurde.

Alberti hatte die optische Wirkung der Kuppel wortgewandt in *Della tranquillità dell' animo* beschrieben, seinem Dialog über die Seelenruhe. Wie erwähnt, lässt Alberti in diesem Werk den desillusionierten Politiker Agnolo Pandolfini – den Mann, dessen aufgewühlter Geist in Träumen von riesigen Lastenaufzügen und Kränen Ruhe findet – einen Vergleich zwischen dem Zustand geistiger Ruhe und dem friedlichen Inneren der Santa Maria del Fiore anstellen, durch die Agnolo mit seinem Begleiter Nicola de' Medici schlendert, dem bankrotten Bankier. Für Agnolo ist der Dom ein Beispiel dafür, auch in der Bedrängnis Anmut zu wahren; für die Fähigkeit, Schicksalsschlägen standzuhalten, die er am Beispiel unterschiedlichster Wettereinflüsse verdeutlicht: Hitze und Kälte, Wind und Regen, die gegen die Mauern der Kathedrale anstürmen, wobei das Innere jedoch heiter und friedlich bleibt:

Im Inneren atmet man die ewige Frische des Frühlings. Mag draußen Frost herrschen, Nebel oder Sturm – an diesem stillen Ort, vor jedem Wind geschützt, ist die Luft mild und ruhig. Welch angenehme Zufluchtsstätte vor dem heißen Hauch des Sommers und Herbstes hier doch ist! Und falls es zutrifft, dass die Freuden dort zu Hause sind, wo des Menschen Sinne all das erhalten, was sie von der Natur verlangen können, wie könnte man da zögern, dieses Gotteshaus einen Hort der Freuden zu nennen?

Doch trotz ihrer Pracht waren der Dom und die Kuppel nicht so unempfindlich gegenüber den Naturgewalten, wie man nach Agnolos Worten glauben könnte. Vasari behauptete, die Himmel seien neidisch auf die Kuppel, die Tag für Tag von Blitzen getroffen würde und ihnen trotze, aber tatsächlich haben die Blitzeinschläge über die Jahre hinweg erhebliche Schäden im Mauerwerk der Santa Maria del Fiore angerichtet. Zur damaligen Zeit kannte man noch keine technischen Mittel, Blitzeinschlägen entgegenzuwirken; erst in der zweiten Hälfte des 19. Jahrhunderts wurde an der Kathedrale ein System aus Blitzableitern installiert, nachdem nach schweren Unwetterschäden mehrmals größere Reparaturen an der Laterne vorgenommen werden mussten. Der dramatischste Vorfall dieser Art ereignete sich am 5. April 1492, als ein Blitz mehrere Tonnen Marmor aus der Laterne sprengte, die an der Nordseite der *cupola* in die Tiefe stürzten, in der Richtung, in der die Villa Careggi auf einem der Hügel in der Umgebung von Florenz steht. Diese Villa war der Landsitz von Lorenzo de' Medici, dem Enkel Cosimo de' Medicis und wie dieser der Herrscher von Florenz und ein großzügiger Förderer der Künste. Für Lorenzo, der in der Villa Careggi mit Fieber im Bett lag, war die Bedeutung dieses Vernichtungsschlages klar: »Ich bin ein toter Mann!«, rief er aus, als man ihm sagte, in welche Richtung

Zwischen Himmel und Erde – Brunelleschis Meisterwerk

die Marmortrümmer gefallen waren. Lorenzos Ärzte versuchten, dieses Schicksal abzuwenden; sie flößten ihm Tränke ein, die pulverisierte Perlen und Diamanten enthielten, und sie rieten ihm dringend, die Luft bei Sonnenuntergang zu meiden, die für einen Kranken in Lorenzos Zustand todbringend sei. Doch die Bemühungen der Ärzte waren vergebens, und wie er es selbst prophezeit hatte, starb Lorenzo drei Tage später, am Passionssonntag 1492.

Im Jahre 1639 erschienen auf der Innenseite der inneren Kuppelschale mehrere Risse, ähnlich denen, die fast zur gleichen Zeit an der Kuppel der Peterskirche auftraten. Diese Risse verlaufen vertikal vom *oculus* zum Tambour, ziehen sich durch Vasaris Fresko hindurch und folgen an vielen Stellen dem Verlauf des Fischgrätverbundes. Die Ursachen für diese Risse sind seit der Zeit ihres Auftretens so umstritten wie die Maßnahmen, ihnen entgegenzuwirken. Man bohrte mehrere Löcher in die innere Kuppelschale und brachte komplizierte thermische Messvorrichtungen darin an, um die Risse zu überwachen. 1970 stellte Rowland Mainstone die These auf, die Risse könnten aufgrund einer Ausdehnung der eisernen Klammern an den Sandsteinketten entstanden sein. Dass diese Klammern sich dehnten, erklärte Mainstone, sei zum einen auf die Temperaturveränderungen, zum anderen auf Feuchtigkeit zurückzuführen, die das Mauerwerk durchdrungen habe, sodass die Klammern gerostet seien. Jedenfalls seien die Risse nicht auf statische oder bauliche Fehler zurückzuführen – wie die Risse in der Kuppel des Petersdomes –, denn die benutzten Materialien könnten dem Seitendruck durchaus standhalten. Ein anderer Grund für die Entstehung der Risse, so Mainstone, könnte das erschreckend schwache Fundament der Kathedrale sein: In der Tat entdeckte in den Siebzigerjahren ein Hydrologe, dass unter der Südwestecke des Oktogons ein unterirdischer Strom fließt, genau unterhalb des Hauptpfeilers, in dem sich die Treppe befindet, auf der die Touristen in der heutigen Zeit ihren Aufstieg zur *cupola* beginnen. Mit anderen Worten: Das Oktogon und die Kuppel wurden auf einem unterirdischen Fluss erbaut.

Kurz nachdem Mainstone seine Theorien aufgestellt hatte, machte eine 1976 von der italienischen Regierung einberufene Kommission die alarmierende Entdeckung, dass die Risse in der Kuppel länger und breiter wurden. Diese Feststellung war bereits ein paar Monate zuvor auf dramatische Weise verdeutlicht worden, als ein großes Stück von Vasaris Fresko von der Decke gestürzt war. Den Grund für diese Entwicklung sah man in einer physikalischen Beanspruchung, die Filippo bei all seinem Genie unmöglich hatte voraussehen können: dem dichten Verkehr. Umgehend wurden Pkws und Busse aus der näheren Umgebung des Domes verbannt, und auch heute noch ist es nur den Lastwagen der Müllabfuhr gestattet, ihre frühmorgendlichen Runden über die Piazza del Duomo zu drehen. Filippos Kuppel, die so lange Zeit den Launen des Wetters getrotzt hat, ist nun auch vor den Gefahren durch den Massenverkehr geschützt.

Mittlerweile beherrscht das steinerne Gebirge des Domes und der Kuppel seit mehr als fünfhundert Jahren das Stadtbild von Florenz. Die Santa Maria del Fiore ragt über den schmalen Straßen empor, wenn man sie entlangschlendert, oder taucht unerwartet vor einem auf, wenn man um eine Straßenecke biegt oder eine Piazza betritt. Sie kann von den Eingangstreppen anderer Kirchen aus betrachtet werden, wie der San Miniato al Monte, oder man kann sie vom Balkon eines Hotels aus beobachten, wie Lucy Honeychurch in E. M. Forsters *Zimmer mit Aussicht*. Auch von den Terrassen vieler Cafés aus kann man sie bewundern. An klaren Tagen ist die Kuppel sogar von Pistoia aus zu sehen, fünfundzwanzig Kilometer im Westen, wo die Einwohner im 15. Jahrhundert eine der Straßen in

Zwischen Himmel und Erde – Brunelleschis Meisterwerk 65

Via dell' Apparenza umgetauft haben, die Straße der Erscheinung, als wäre die Kuppel nicht bloß ein Gebilde aus Ziegeln, Sandstein und Marmor und das Ergebnis einer einzigartigen Leistung auf dem Gebiet der Architektur, sondern eine wundersame Erscheinung übernatürlicher Art: ein Werk, das Gott selbst oder seine Engel schufen und das gleichsam über Nacht in der Ferne, über dem Tal des Arno, Gestalt angenommen hat wie das Fresko im Kloster Santissima Annunziata, von dem die Florentiner glaubten, es sei von einem Engel gemalt worden. Und tatsächlich hat der Anblick der Kuppel etwas Überirdisches, egal aus welcher Richtung man sie betrachtet, ob von nah oder fern. Dass die *cupola* von Menschen erbaut wurde – inmitten von Kriegen und Intrigen und mit nur beschränktem Wissen über die Kräfte der Natur –, macht sie zu einem umso größeren Wunder.

Raub der Flammen – Leonardos Leda auf dem Scheiterhaufen

Dmitri Sergejewitsch Mereschkowski

Vor dem dunklen, schlanken Turme des Palazzo Vecchio, der Loggia dell' Orcagna gegenüber, war ein großer Scheiterhaufen errichtet. Es war eine aus Brettern zusammengefügte, achteckige Pyramide mit fünfzehn Stufen, dreißig Ellen hoch und hundertundzwanzig Ellen im Durchmesser. Auf der ersten, untersten Stufe lagen Masken, Narrenkappen, Anzüge, Perücken, falsche Bärte und viel anderer fastnachtlicher Plunder; auf den drei folgenden freidenkerische Bücher von Anakreon und Ovid bis zu dem *Dekameron* des Boccaccio; über den Büchern lagen Weiberputz und Toilettenkram: Salben, wohlriechende Essenzen, Spiegel, Puderquasten, Nagelfeilen, Brennscheren, kleine Zangen zum Ausreißen der Haare, noch höher Noten, Lauten, Mandolinen, Karten, Schachbretter, Kegel, Bälle – alles Spiele, mit denen die Menschen den Teufel erfreuen; dann folgten verführerische Bilder, Zeichnungen, Porträts schöner Frauen; hoch oben an der Spitze der Pyramide die aus bemaltem Wachs und Holz angefertigten Büsten der heidnischen Götter, Helden und Philosophen. Alles aber überragte eine riesige, mit Schwefel und Pulver gefüllte Figur. Sie sollte den Teufel darstellen, den Urheber alles »weltlichen Tandes«. Sie war grässlich angemalt, und man hatte auch die haarigen Bocksbeine nicht vergessen, wie der heidnische Pan sie gehabt hatte.

Es dämmerte bereits; die Luft war kalt, klar und rein; die ersten Sterne leuchteten am Himmel auf. Eine riesige Volksmenge füllte den Platz. Dennoch war es still wie in einer Kirche; die Leute wagten nur zu flüstern. Jetzt ertönten die geistlichen Hymnen der Schüler Savonarolas, der sogenannten »Greiner«. Die Reime, die Melodie und das Versmaß waren die alten karnevalistischen geblieben, nur die Worte waren geändert. Giovanni lauschte dem Gesang, und der Gegensatz des traurigen Textes mit der lustigen Melodie erschien ihm so roh, dass ein unbezwingliches Gefühl des Ekels in ihm aufstieg.

Nimm drei gute Unzen Hoffnung,
Drei des Glaubens, sechs der Liebe.
Zwei der Reue auch vergiss nicht.
Stell drei Stunden dann die Mischung
An das Feuer des Gebetes.
Füg ein Quäntlein von Betrübnis,
Von Zerknirschung bei und Demut,
G'rade, dass aus dem Gebräue
Gottes große Weisheit werde.

Ein Mann mit eiserner Brille, lederner Schürze, einem Riemen um die dünnen, fettigen Haarflechten und mit schwieligen Händen predigte vor einem Haufen Handwerker, die anscheinend ebensolche »Greiner« waren wie er selbst.

»Ich, Roberto, nicht Sere und auch nicht Messere, ein einfacher Florentiner Schneider«, schrie er und schlug sich mit der Faust vor die Brust, »ich verkünde euch, meinen Brüdern, dass Jesus, der König von Florenz, mir in vielen Offenbarungen aufs Allergenaueste eine neue, Gott wohlgefällige Ordnung und Gesetzgebung verkündet hat. Wollt ihr, dass es weder Arme noch Reiche, weder Geringe noch Vornehme gibt – dass alle gleich sind?«

»Ja! Das wollen wir, das wollen wir! Weiter, Roberto! Weiter! Wie kann man das denn machen?«

»Wenn ihr den richtigen Glauben habt, dann ist das ganz leicht. Eins – zwei und fertig! Erstens« – er bog den Daumen seiner linken Hand mit dem Zeigefinger der rechten ein – »eine Einkommenssteuer, die der ›staffelförmige Zehnte‹ heißt; zweitens« – er bog den zweiten Finger ein – »ein allgemeines Parlament unter Gottes Vorsitz …«

Dann hielt er inne, nahm seine Brille ab, wischte sie ab, setzte sie wieder auf, räusperte sich bedächtig und fuhr mit eintöniger Stimme und mit dem sichtlichen Ausdruck eigensinniger Selbstgefälligkeit auf dem hässlichen Gesicht fort, seinen Zuhörern zu erklären, worin die staffelförmige Einkommenssteuer und das Parlament unter Gottes Vorsitz eigentlich bestünden.

Giovanni hörte lange zu. Er fühlte sich angewidert und ging ans andere Ende des Platzes. Hier huschten in der abendlichen Dämmerung die Mönche wie Schatten umher und trafen die letzten Vorbereitungen. Ein älterer Mann, der offenbar einen Schlaganfall erlitten hatte und mühsam an Krücken humpelte, trat mit zitternden Gliedern und starrem Blick an Frater Domenico Buonvicini heran, der die Oberaufsicht führte; ein krampfhaftes Zucken, ähnlich den letzten Zuckungen eines angeschossenen Vogels, lief über sein Gesicht. Er übergab dem Mönche eine große Rolle. »Was ist das?«, fragte Domenico. »Wieder Zeichnungen?«

»Anatomie. Ich hatte sie vergessen. Gestern im Traume vernahm ich eine Stimme: ›Sandro, auf dem Dachboden deiner Wohnung hast du noch von dem weltlichen Tande und dem der Vernichtung Geweihten in einem Koffer liegen!‹ Ich stand auf, stieg nach oben und holte diese Zeichnungen nackter Körper.«

Der Mönch nahm ihm die Rolle aus der Hand und sagte mit heiterer Miene: »Ein hübsches Feuerchen werden wir heute machen, Messer Filipepi!«

Der Gelähmte blickte auf die Pyramide des weltlichen Tandes und seufzte: »Herr, Herr, sei uns armen Sündern gnädig! Wenn der Frater Girolamo nicht wäre, wir würden sterben, ohne Buße getan und uns von unseren Sünden gereinigt zu haben. Wir wissen ja auch noch nicht einmal, ob wir gerettet werden, ob wir Zeit haben werden, alles zu bereuen und Abbitte zu leisten!«

Er bekreuzigte sich und murmelte Gebete, wobei er die Perlen seines Rosenkranzes durch die Finger gleiten ließ.

»Wer ist das?«, fragte Giovanni einen neben ihm stehenden Mönch.

»Sandro Botticelli, der Sohn des Gerbers Filipepi«, lautete die Antwort.

Als es ganz dunkel geworden war, ging ein Raunen durch die Volksmenge: »Sie kommen, sie kommen!«

Schweigend, ohne Hymnen, ohne Fackeln, zogen die weiß gekleideten Kinderinquisitoren in der Dämmerung heran; vor ihnen her wurde ein Bildnis des Christuskindes getragen; mit der einen Hand zeigte es auf die Dornenkrone, die auf seinem Haupte lag, die andere streckte es segnend empor. Hinter den Kindern schritten die Mönche, die Geistlichen, die Gonfalonieri, die Mitglieder des Rates der Zwölf, die Kanoniker, die Doktoren und die Magister der Theologie, die Wächter des Kapitäns Bargello, Trompeter, Pfeifer und Hellebardenträger. Auf dem Platze war es still, wie bei einer Hinrichtung. Savonarola trat auf die Ringhiera, die Plattform vor dem Palazzo Vecchio, hob das Kruzifix hoch empor und rief mit feierlicher, weitschallender Stimme: »Im Namen des Vaters, des Sohnes und des Heiligen Geistes – zündet an!«

Vier Mönche mit brennenden Fackeln traten an den Scheiterhaufen und steckten ihn an vier Ecken in Brand.

Die Flammen leckten empor, grauer Rauch quoll auf, der allmählich tiefschwarz wurde. Fanfaren erklangen. Die Mönche stimmten das Te Deum an, und die Kinder fielen mit ihren hellen Stimmen ein: »Lumen ad revelationem gentium et gloriam plebis Israel!« Auf dem Turme des Palazzo Vecchio wurde die Glocke geläutet, und in ihren dumpfen, kupfernen Klang fielen die Glocken sämtlicher Kirchen von Florenz ein.

Immer heller loderten die Flammen auf. Die zarten Blätter der alten Pergamentbücher kräuselten sich, als ob sie lebten, und wurden zu Asche. Von der untersten Stufe, wo die Fastnachtsmasken lagen, flog plötzlich ein brennender falscher Bart in die Höhe. Das Volk jauchzte und lachte. Die einen beteten, andere weinten; Einzelne lachten, sprangen wie Kinder und schwenkten die Hüte; wieder andere wahrsagten.

»Singet, singet dem Herrn ein neues Lied!«, schrie ein lahmer Schuhmacher mit blödem Gesichtsausdruck. »Alles wird einstürzen, meine Brüder, alles wird verbrennen, bis auf den Grund verbrennen, wie dieser Tand im reinigenden Feuer – alles, alles, alles – die Kirche, die Gesetze, die Obrigkeit, die Künste und Wissenschaften – es wird kein Stein auf dem anderen bleiben – und es wird ein neuer Himmel, eine neue Erde geschaffen werden! Gott wird unsere Tränen wegwischen; es wird weder Tod noch Weinen, noch Kummer, noch Krankheit geben. Komm, Herr Jesus!«

Eine junge, schwangere Frau mit hageren, leidenden Gesichtszügen, anscheinend die Frau eines Handwerkers, fiel auf die Knie, streckte ihre Arme den Flammen entgegen, als ob sie Christum selbst darin sähe, zerriss ihre Kleider, schluchzte wie eine Besessene und rief: »Komm, Herr Jesus! Amen! Amen! Komm, Herr Jesus!«

Leonardos Leda auf dem Scheiterhaufen 71

Giovanni sah auf dem Scheiterhaufen ein von den Flammen grell beleuchtetes, aber noch unberührtes Gemälde: ein Werk Leonardo da Vincis.

An dem von der untergehenden Sonne beleuchteten Wasser eines Gebirgssees stand die nackte, weiße Leda; ein riesiger Schwan hielt ihren Leib mit einem seiner Flügel umschlungen und reckte seinen langen Hals weit vor. Er schien Himmel und Erde mit dem Triumphlied erfüllter Liebe zu erschüttern. Zu Ledas Füßen zwischen Wasserpflanzen, allerlei Tieren und Insekten, zwischen aufbrechenden Samen, Larven und Puppen krochen im Dämmerlicht in der schwülen Feuchte die neugeborenen Zwillinge, Kastor und Pollux, halb Götter, halb Menschen, die sich eben der aufplatzenden Schale eines riesigen Eis entwanden. Nackt bis in die geheimsten Furchen ihres schönen Körpers stand Leda voll leuchtender Freude über ihre Kinder. Sie umarmte den Hals des Schwanes mit einem keuschen und zugleich wollüstigen Lächeln.

Giovanni verfolgte mit seinen Blicken, wie die Flamme immer näher und näher kam – sein Herz erstarrte vor Schreck.

Indessen errichteten die Mönche mitten auf dem Platze ein großes, schwarzes Kreuz, reichten sich die Hände, bildeten drei Kreise zu Ehren der Dreieinigkeit und fingen zu tanzen an. Ihr Tanz, der der Freude aller Gläubigen über die Verbrennung des weltlichen Tandes Ausdruck verleihen sollte, begann erst langsam und wurde dann immer schneller; zuletzt rasten sie wie ein Wirbelwind um das Kreuz herum und sangen:

Tanzt! Tanzt alle! Ehrt den Herrn!
Schämt euch nicht, er sieht es gern.
König David tanzte so,
Darum jeder eifrig sehe,
Dass auch niemand abseitsstehe.

Tanzt und hebt die Kutten froh!
Tanzt! Wir sind der Liebe voll.
Zu dem Blut, das einst entquoll
Uns'res Heilands bitt'ren Wunden.
Tanzt! Genießt die Freudenstunden!
Rast um Gottes süßen Lohn,
Unser Wahn ehrt Gottes Sohn!

Die Zuschauer erfasste Schwindel, Hände und Füße zuckten, und plötzlich fingen auch die Kinder, Greise und Frauen rasend zu tanzen an. Ein glatzköpfiger, dicker Mönch mit pickligem Gesicht, der einem alten Faun ähnlich sah, glitt bei einem ungeschickten Sprunge aus, fiel und schlug sich den Kopf blutig; mit Mühe konnte man ihn aus der Menge herausziehen, er wäre sonst totgetreten worden.

Der blutrote, flackernde Feuerschein beleuchtete die verzerrten Gesichter.

Das Kruzifix, der unbewegliche Mittelpunkt der wie wahnsinnig kreischenden Menge, warf einen riesigen Schatten.

Uns're Kreuze wild wir schwingen,
Tanzend Freudenopfer bringen.
Lasst alle uns zum Tanze gehn,
Wie David uns im Kreise drehn.
Tanzt und dreht euch, singt und lacht.
Feiert mit die Fastennacht.
Weg mit aller Weisheit Sünden,
Die uns die Gelehrten künden.
Lasst uns auf die Weisheit spei'n!
Kinder woll'n wir, Narren sein.
Lasst in Einfalt uns verharren,
Toren sein und Christi Narren.

Jetzt ergriffen die Flammen Leonardos Bild und leckten mit ihrer roten Zunge gierig an Ledas nacktem, weißem Leib empor. Ein süßer, rosiger Schein verbreitete sich über ihr Fleisch und ließ es noch lebensvoller, noch schöner und geheimnisvoller erscheinen. Bebend, blass bis in die Lippen, sah Giovanni die blühende Frauengestalt an.

Leda lächelte ihn zum letzten Mal an, dann loderte sie auf, verging im Feuer wie eine Wolke im Abendrot und verschwand für ewig.

Der gewaltige Balg des Satans auf der Spitze des Scheiterhaufens fing Feuer. Sein mit Pulver gefüllter Bauch explodierte mit betäubendem Knall. Die Feuersäule reckte sich bis in den Himmel. Die Puppe schwankte auf ihrem Thron, sank, stürzte zusammen und zerfiel in einen Funken sprühenden Haufen.

Wieder erklangen Pauken und Trompeten. Alle Glocken wurden geläutet. Die Menge stimmte ein Siegesgeheul an, als ob der Teufel in Person mit aller Lüge, aller Qual, mit aller Bosheit und allem Unrecht der Welt im heiligen Feuer des Scheiterhaufens umgekommen wäre.

Giovanni fasste sich an den Kopf und wollte fliehen. Da legte sich eine Hand auf seine Schulter. Er wandte sich um und sah in das ruhige Antlitz des Meisters. Leonardo nahm ihn bei der Hand und führte ihn aus der Menge heraus.

Von dem Platze, über dem Wolken stinkenden Rauches lagerten und immer noch die Glut des Scheiterhaufens leuchtete, gingen sie durch eine dunkle Seitengasse ans Ufer des Arno.

Hier war es still und einsam, nur der Fluss plätscherte. Die Mondsichel erleuchtete die friedlichen, silbern bereiften Gipfel der Hügel. Die Sterne blinkten streng und doch mild.

»Warum hast du mich verlassen, Giovanni?«, fragte Leonardo.

Der Schüler erhob seine Augen, wollte etwas sagen, aber seine Stimme versagte, seine Lippen zuckten, und er fing an zu weinen. »Verzeiht mir, Meister ...«

»Du hast in meinen Augen keine Schuld«, antwortete Leonardo.

»Ich wusste selbst nicht, was ich tat«, fuhr Boltraffio fort. »Mein Gott, wie konnte ich Euch nur verlassen!«

Er wollte seinem Meister seinen ganzen Wahn, seine Qualen, seine Zweifel über den Kelch des Herrn und den Kelch des Teufels, über Christus und den Antichrist beichten, aber er fühlte, wie damals vor dem Denkmal Sforzas, dass Leonardo ihn nicht verstehen würde. Mit hoffnungsloser, flehender Miene blickte er in die ruhigen, stillen Augen, die so wunderbar, so fremd und so vertraut schienen wie die Sterne.

Der Meister fragte ihn nichts weiter, als ob er alles erraten habe, und mit einem Lächeln innigsten Mitleids legte er ihm die Hand auf die Schulter und sagte: »Gott helfe dir, mein armer Junge! Du weißt, ich habe dich immer wie einen Sohn lieb gehabt. Wenn du wieder mein Schüler werden willst, so nehme ich dich mit Freuden auf.«

Und wie für sich selber, mit der rätselhaften Kürze, in die er für gewöhnlich seine geheimen Gedanken kleidete, fügte er kaum hörbar hinzu: »Wo das stärkste Gefühl ist, da ist auch das stärkste Leid. Ein großes Martyrium!« Der Klang der Glocken, die Gesänge der Mönche, der Lärm der wahnsinnigen Menge klangen verworren wie von weit herüber, doch störten sie nicht das tiefe Schweigen, das Meister und Schüler umfing.

Ein Mann für die Ewigkeit – Michelangelos *David*

Antonio Forcellino

Lange bevor Michelangelo seinen Meißel an den *David* ansetzte, war die Skulptur schon zu einem in der Florentiner Künstlergemeinde heiß diskutierten Fall geworden. Seit zweihundert Jahren waren die Florentiner bekannt dafür, dass sie auf allen Gebieten die Größten sein wollten. Und so kam es, dass die Mitglieder der Dombauhütte Andrea della Stufa und Jacopo Ugolini in einem Anfall von Größenwahn am 18. August 1464 bei Agostino di Duccio eine Monumentalfigur von sechs Metern Höhe bestellten, die sie auf einem der Podeste an der Außenfront des Domes aufstellen wollten: »Sie bestellten bei Aghostino Antonii Ghucci, Bildhauer und Bürger von Florenz, eine Figur aus weißem Carrara-Marmor von neun Ellen Höhe in Form eines Giganten, um sie auf den Podesten an der Fassade von Santa Maria del Fiore aufzustellen.« Da seit der Antike keine Monumentalstatuen mehr angefertigt worden waren, hatten die ehrgeizigen Auftraggeber in einem Aufflackern von Bescheidenheit festgelegt, dass die Statue aus vier Teilen zusammengesetzt werden sollte: ein Stück für »Kopf und Hals, zwei Teile für die Arme und ein Stück für den Rest«. Tatsächlich wäre es ziemlich schwierig gewesen, in den Apuanischen Alpen einen derart großen Block aufzutreiben und nach Florenz zu transportieren.

Anfangs schien das Glück Agostino di Duccio hold zu sein, denn dank der Hilfe des erfahrenen Steinbrechers Baccellino da Settignano gelang es ihm, anstelle von vier Blöcken einen einzigen Block aus dem Berg zu schneiden und nach Florenz zu bringen. Wenn man den Unterlagen Glauben schenkt, war es auch in diesem Fall so, dass Duccio selbst in den Steinbruch gegangen war und dort die Figur bossiert (also roh behauen) hatte, um das Transportgewicht zu verringern. Wie heikel dieses Bossieren war, belegt ein anderer, fast ebenso großer Steinkoloss, der Kouros von Melanes, der seit zweitausendfünfhundert Jahren auf der griechischen Insel Naxos in einem Steinbruch liegt. Auch im antiken Griechenland begaben sich die Bildhauer in den Steinbruch, um das Bossieren vor Ort vorzunehmen und mit einer Figur nach Hause zu gehen, die dem gewünschten Endprodukt schon sehr nahe kam. Damit ihnen kein Fehler unterlief, hielten sie sich streng an einen tradierten Formenkanon. Analog dazu handelte es sich bei der Bosse, von der in den Dokumenten die Rede ist, um jene nur wenige Zentimeter dicke Schicht, die die Figur umhüllt, bevor der Künstler die letzten Details der Außenhaut festlegt. Doch schließlich gab Agostino das Vorhaben auf, vielleicht weil es ihm zu lange dauerte oder weil ihm die Arbeit im Steinbruch zu beschwerlich war. Vermutlich hatte er sich selbst überschätzt, als er diesen Sonderauftrag annahm, und so blieb der riesige Steinblock in angefangenem Zustand auf der Baustelle von Santa Maria del Fiore liegen.

Doch die Verantwortlichen der Bauhütte gaben sich nicht geschlagen. Immerhin hatte es mit Brunelleschis tollkühner Kuppelkonstruktion auch geklappt – da wäre es doch gelacht, wenn sich nicht einer fände, der mit der angefangenen Riesenfigur fertig wurde; im Grunde war sie doch nur doppelt so groß wie die Krieger vom Montecavallo in Rom, die auch von Menschenhand und dazu noch von Heiden gemacht und nicht einmal durch den Glauben an Maria beflügelt worden waren, welcher der Dom und seine Bildwerke gewidmet waren. Am 6. Mai 1476 nahmen sie einen neuen Anlauf, diesmal erhielt Antonio Rossellino den Auftrag zur Fertigstellung des »Giganten aus Marmor, der zurzeit neben dem Fundament liegt« und auf den Außenpodesten der Fassade aufgestellt werden solle. Doch die Zeit war noch nicht reif, um sich mit den antiken Baumeistern zu messen; Michelangelo hing noch an der Brust seiner Amme in Settignano und hörte das Wiegenlied der klopfenden Meißel. Auch Antonio Rossellino musste aufgeben.

Am 2. Juli 1501 wurde schließlich der Entschluss gefasst, den Steinklotz aufzurichten, der schlecht behauen auf dem Bauplatz der Domhütte herumlag. Man wollte sehen, ob sich nicht doch jemand fände, der das Werk würdevoll zu Ende bringen könnte. Der Umstand, dass die Bearbeitung der Figur bereits relativ weit fortgeschritten war, machte die Sache nicht gerade einfacher, denn für die definitive Formgebung war die ursprüngliche Aufteilung des Blocks entscheidend, und es bestand die Gefahr, dass Teile herausgeschlagen wurden, die sich später als unverzichtbar erweisen konnten. Doch dieses Mal war die Zeit reif. Denn da gab es den jungen sechsundzwanzigjährigen Florentiner, der schon mit seiner *Pietà* Erstaunliches geleistet hatte, und keiner zweifelte daran, dass er der Richtige war, um das Werk erfolgreich zu vollenden. Zwar gab es noch andere Anwärter, einen gewissen Andrea Contucci aus Monte San Savino beispielsweise, der unter dem Namen Sansovino von sich reden machte, doch hatten sie von Anfang an keine Chance. Am 16. August 1501 wurde der würdige Meister Michelangelo di Ludovico Buonarroti, Bürger der Stadt Florenz, von der Dombauhütte mit dem Auftrag betraut. Die anfangs vereinbarte Bezahlung war eher mäßig: sechs Fiorini im Monat für die veranschlagten zwei Jahre Arbeitszeit. Doch sobald er gezeigt hatte, was er aus dem beinahe seit vierzig Jahren liegen gelassenen Marmorblock zu machen gedachte, verlangte Michelangelo eine Aufbesserung und erreichte, dass sein Honorar von den zunächst veranschlagten hundertfünfzig auf zweihundert Fiorini heraufgesetzt wurde.

Im September 1501 begann er mit der Arbeit. Um sich vor den neugierigen Blicken der Florentiner zu schützen, die bald kein anderes Gesprächsthema mehr kannten, ließ er um seinen Arbeitsplatz sogar eine Mauer errichten. Anhand der Monumentalplastik aus Naxos, die aufgrund des beim Transport abgebrochenen Beines keine Verwendung mehr fand, kann man sich ein relativ gutes Bild davon machen, in welchem Zustand sich der *David* befand, als Michelangelo seine Werkzeuge ansetzte. Sicherlich waren die Pose und die Höchstmaße wie Höhe, Breite und Durchmesser von vornherein vorgegeben. Vielleicht war die Figur des jungen Griechen aus Naxos, der so lange in seinem ländlichen Grab gelegen hatte, weiter fortgeschritten, weil die Oberfläche durch jahrtausendelangen Regen stark ausgewaschen war und weil sich die Bildhauer seinerzeit mit dem Bossieren weiter vorwagten, um Transportkosten zu sparen. Doch im Grunde war sein Zustand durchaus vergleichbar mit dem Block für den *David*. Kein Wunder also, dass die Zeitgenossen voll des Lobes waren, als Michelangelo eine Figur aus dem Block hervorzauberte, an dem sich die besten Bildhauer der letzten Generation die Zähne ausgebissen hatten. Kein Wunder, dass Pomponio Gaurico in seiner Abhandlung *De Sculptura* aus dem Jahre 1504 Michelangelo zu den besten Bildhauern rechnete, und selbst ein gemäßigter Mann wie Benedetto Varchi verkündete, mit dieser Statue habe Florenz das antike Rom in der Bildhauerei mindestens so weit übertroffen wie der Tiber mit seinen Wassermassen den Arno.

Mit dem *David*, der drei Jahre später der Stadt präsentiert wurde, als Michelangelo die Mauer abreißen ließ, wurde ein männliches Schönheitsideal kanonisiert, das fünfhundert Jahre nach seiner Entstehung nichts von seiner Gültigkeit verloren hat. Vielleicht aufgrund der eingeschränkten Möglichkeiten des bereits bearbeiteten Marmorblocks, möglicherweise aber auch um den Symbolcharakter der Figur für Florenz und die Republik gezielt hervorzuheben, nahm Michelangelo Abstand von der abstrakten Unbestimmtheit, wie er sie noch im *Bacchus* und weniger ausgeprägt bei der *Pietà* angestrebt hatte. Die reine Form, in der jede Laune der Natur ausgemerzt ist, war passé; stattdessen tritt uns ein wunderschöner Jüngling entgegen, der sich seiner Stärke und seines Mutes voll bewusst ist. Kein sagenumwobener Prophet, sondern ein schöner Jüngling, ein Dienstbote vielleicht, der gerade mit seinen Freunden im Arno baden war und nun grimmig dreinschaut, weil er beim Anziehen darüber nachdenkt, wie er sich für eine Beleidigung oder eine spöttische Bemerkung rächen kann, oder weil er gerade zugeschlagen hat.

Der biblische David ist ein junger Prophet, dem es allein durch Mut und Glaubenskraft gegen alle Erwartung gelingt, den scheinbar unbesiegbaren Riesen Goliath mit einem einzigen Stein aus seiner Schleuder niederzustrecken. Bei Michelangelos *David* hingegen wurzeln Mut und Stärke in dem Bewusstsein eines schönen Körpers, auch wenn er mit seinen zu großen Händen und dem großen Kopf nicht dem klassischen Ideal entsprach. Sein Mienenspiel ist theatralisch, die Stirn gerunzelt, über der Nasenwurzel stehen senkrechte Falten, und verächtlich verzieht er den Mund angesichts dessen, was er sieht oder getan hat. Wie in einem bewussten Rückbezug auf die Florentiner Tradition, in der die Umrisse stets durch starke Zeichnung hervorgehoben wurden, betonte Michelangelo die Konturen der Lippen und die spitze Nase und gab der Figur Augenlider, die wie in Metall getrieben aussehen. Der schmale Rücken und die leicht gebeugte Haltung könnten mit dem vorgefundenen Zustand des Marmorblocks zusammenhängen, der wohl schon so weit bossiert war, dass dort kein Raum mehr blieb für prall gemeißelte Muskeln, wie man sie angesichts der perfekten kraftvollen Hinterbacken eigentlich erwartet hätte.

Der restliche Körper kann es durchaus mit den schönsten Gaben aufnehmen, die die Natur bisweilen dem Menschen verleiht: Die rechte Hand umfasst die Schleuder, damit man die vollkommen geformten Finger, die breiten Fingernägel, die Michelangelo all seinen Figuren gab, und das leichte Pulsieren der Adern und Muskeln an Handgelenken und Armen sieht. Der Brustkorb verrät die wundersame Geschmeidigkeit des jugendlichen Körpers, der noch weit entfernt ist von der schweren Muskulatur des kampferprobten Kriegers. Auf der kaum angedeuteten Brust stehen übertrieben provokante Brustwarzen. Der heftig gedrehte Hals betont die Sehnen, die so naturgetreu in dem Schlüsselbein enden, wie man es weder in Florenz noch sonst wo auf der Welt jemals zuvor gesehen hatte. Unter dem Bauch, der durch das vorgeschobene linke Bein leicht angespannt wird, gibt der hochgezogene Beinansatz Raum für die Leisten und die verstörendste Darstellung des männlichen Geschlechts der Renaissanceplastik. Die leichte Schwellung an der Leiste, typisch für den jugendlichen Körper, der am Ansatz des Geschlechts weiche, fast weibliche Formen hat, rahmt ein fast zu auffälliges Haarbüschel, das sich von der naturalistischen Darstellung abhebt und den energiegeladenen Penis mit kraftvollen Hoden stützt. Gerade der graziöse Bauch des *David* spielt auf die Faszination durch das Androgyne an, die Vasari später schon dem in Rom entstandenen *Bacchus* zuschrieb. In dem noch unreifen Körper des Kriegers wirkt der geschmeidige Übergang von der Leiste in die kräftigen Beine, die fest im Boden verankert sind, wie eine Explosion von Weiblichkeit, insbesondere bei einer Betrachtung von unten, wie sie an der ursprünglich vorgesehenen Stelle draußen an der Fassade geplant war. Dieses neue, vor Energie strotzende Abbild männlicher Schönheit lief den antiken Schönheitssymbolen sogleich den Rang ab, sie waren einfach zu ätherisch, zu statisch, um eine derart starke Anziehungskraft auszuüben, wie sie Michelangelos Krieger seit fünfhundert Jahren ungebrochen ausstrahlt. Sogar der *Apoll von Belvedere,* den Giuliano Della Rovere, Kardinal von San Pietro in Vincoli, voller Stolz im Garten seiner Kirche ausstellte, wirkt im Vergleich zu dem angriffslustigen *David* Michelangelos statisch und unwirklich.

Sogleich wurde die Statue von seinen Mitbürgern als Meisterwerk gefeiert, allen voran von Piero Soderini, der die Arbeit aus der Nähe verfolgt hatte. Über den Gonfaloniere der Republik gab Vasari, wahrscheinlich um sich bei Cosimo I. einzuschmeicheln, eine wenig ruhmreiche Episode zum Besten. Während eines Besuchs bei Michelangelo, so Vasari, habe Soderini ihm geraten, die Nase des *David* zu verkleinern. Daraufhin habe Michelangelo sich einen Spaß gemacht und so getan, als ginge er darauf ein. Rasch habe er eine Handvoll Marmorstaub über die Nase geworfen und mit lautem Getöse den Meißel gerührt, ohne jedoch die Figur zu berühren. Als Soderini darüber seine Zufriedenheit äußerte, habe Michelangelo insgeheim nur mitleidig gelächelt über Leute, die sich den Anschein von Kunstkennern geben, obwohl sie gar nicht wissen, wovon sie reden.

Obwohl ursprünglich im Auftrag der Dombauhütte entstanden, war die Statue so einzigartig, dass sie bald einen symbolischen Wert annahm und zur Identifikationsfigur wurde. Denn der kleine David, der dem Riesen Goliath widerstanden hatte, war ein perfektes Symbol für das republikanische Florenz, dem es gerade zu dieser Zeit durch ein Abkommen mit dem französischen König gelungen war, die drohende Besetzung durch Cesare Borgia abzuwenden. Das war nur die letzte Etappe einer Reihe von Kämpfen, die die Stadt im vergangenen Jahrhundert hatte ausfechten müssen, um ihre Unabhängigkeit und ihre Werte zu bewahren, die jedem Bürger der Stadt, auch den Künstlern, eine relevante Rolle bei der Verwaltung des Gemeinwohls einräumten.

Mit ungeahnter Weitsicht beschloss die Signoria, den *David* zum Symbol der Stadt zu machen. Zu diesem Zweck sollte er an einem symbolträchtigen Ort aufgestellt werden. Die Auswahl eines angemessenen Standorts überließ sie einer Künstlerkommission und unterstrich damit implizit die politische Funktion der Kunst und, was noch ungewöhnlicher war, den Nutzen künstlerischer Begabung und Erfahrung für die gesamte Stadt. Auf Einladung der Dombauhütte kam am 25. Januar 1504 eine Künstlergruppe zusammen, um die wichtige Entscheidung zu fällen. Dazu gehörten die bedeutendsten, später weltberühmten Künstler der Stadt: Andrea della Robbia, Cosimo Rosselli, Francesco Granacci, Piero di Cosimo, Davide Ghirlandaio, Simone del Pollaiolo, Filippino Lippi, Sandro Botticelli, Antonio und Giuliano da Sangallo, Andrea Sansovino, Leonardo da Vinci, Pietro Perugino, Lorenzo di Credi. Die Künstler warfen alle Rivalitäten und persönlichen Ressentiments, die manch einer wie Sansovino diesem Werk gegenüber fraglos hegte, über Bord und bewiesen, dass sie der Aufgabe gewachsen waren und an die Republik glaubten, die ihnen so viele Vorzüge gewährte. Die politische Tragweite dieser Angelegenheit unterstrich der Herold der Signoria, Meister Francesco:

Ich habe lange über das Für und Wider nachgedacht. Es stehen zwei Orte zur Wahl, wo ihr die Statue aufstellen könnt: entweder, wo jetzt die Judith *[von Donatello, Anm. d. Verf.]*

steht, oder auf dem Hof, wo der David *steht; die* Judith *ist ein todbringendes Zeichen, passt ohnehin nicht zu Kreuz und Lilie, die wir als Wappen haben, und es ist nicht gut, wenn die Frau den Mann ermordet; außerdem wurde sie aufgestellt, als die Sterne schlecht standen, denn danach wurde alles schlimmer: wir verloren Pisa (...); deshalb schlage ich vor, die Statue an einem der beiden Orte aufzustellen, votiere aber für den Platz der* Judith.

Während der monatelangen Debatte wurden auch Probleme der Konservierung und der besseren Sichtbarkeit erörtert. Nach langem Hin und Her wurde schließlich beschlossen, den Vorschlag des Herolds anzunehmen und den *David* anstelle der *Judith* vor dem Rathaus aufzustellen. Blieb noch das Transportproblem, doch auch dafür wussten Künstler wie der praktische Simone del Pollaiolo Rat. Die Monumentalfigur wurde in ein Gerüst aus Holzbalken verpackt und langsam über gewachste Balken vorwärtsgeschoben wie ein Boot, das man an Land zieht. Für die kurze Strecke vom Dom bis zur Piazza della Signoria brauchte man auf diese Art vier Tage.

Am 14. Mai 1504 um Mitternacht verließ der *David* die Umfriedungsmauer, hinter der ihn sein Schöpfer versteckt gehalten hatte, und kam am 18. Mai um zwölf Uhr mittags an seinem Bestimmungsort an. Beim Transport musste jegliche Erschütterung vermieden werden, denn sonst hätte die riesige Figur vielleicht das gleiche Schicksal ereilt wie den Koloss aus Naxos, der kopfüber einen Hang hinuntergezogen wurde, wobei ein Bein abbrach, und der daraufhin erbarmungslos im Steinbruch zurückgelassen wurde. Deshalb wurde der *David* an einer Seilwinde aufgehängt, damit die Füße nicht den Boden berührten und eventuelle Stöße abgefedert wurden.

Nachdem die praktischen Probleme gelöst waren, blieben die viel gefährlicheren Anfeindungen der politischen Gegner.

Die Medici-Anhänger erkannten bald den politischen Nutzen der gefeierten Symbolfigur für die Republik. Daher attackierten sie sie nachts wie ein feindliches Heer, das man nur durch einen Überraschungsangriff besiegen kann. Die zeitgenössischen Chronisten berichten von dem Ereignis:

> *Man gab acht in der Nacht, wegen etwaiger Störer und Neider; schließlich wurden die Wachen von ein paar jungen Burschen attackiert, die Steine auf die Statue warfen, um sie zu zerstören, worauf sie, nachdem man sie erkannt hatte, am nächsten Tag von den Otto [acht Wachen] festgenommen und drei von ihnen (den Übeltätern) ins Gefängnis geworfen wurden.*

Noch bevor er öffentlich ausgestellt wurde, musste der *David* seiner Berühmtheit Tribut zollen. Schwerwiegender waren die Blessuren, die er anlässlich des republikanischen Aufstands im Jahre 1527 davontrug, als der linke Arm von einer Holzbank getroffen wurde, die jemand aus dem Rathaus geworfen hatte, und abbrach. Angesichts der revolutionären Unruhen traute sich niemand, die Trümmer aufzusammeln, sodass sie drei Tage liegen blieben. Schließlich fassten sich der junge Giorgio Vasari und Cecchino Salviati ein Herz, gingen nachts auf den Platz, sammelten die Trümmer ein und brachten sie bei Salviatis Vater in Sicherheit, der sie später an Cosimo I. weitergab. Erst im November 1543, als seine Herrschaft erneut gesichert war, ließ Cosimo I. den Arm wiederherstellen, weil er wusste, dass ihm diese großzügige Geste mehr Sympathie einbringen würde, als weiterhin die Liebe der Florentiner zu Michelangelo zu beleidigen.

Das betuchte Prato im Mittelalter
Iris Origo

Einst erzählte man sich in Prato, dass jedermann unter den Fundamenten der Stadtmauer ein Büschel Wolle finden könnte, wenn er nur einmal nachgraben würde. Tatsächlich steht und fällt der Wohlstand der Stadt seit dem 12. Jahrhundert mit dem Tuchhandel, obwohl die weite Flussebene, in der die Stadt liegt, sich gar nicht zur Schafzucht eignet und auch die Wolle der nahen Hügel um Pistoia ebenso rau und von schlechter Qualität ist wie die Weiden dort. Möglicherweise kam der erste Anstoß für die Tuchherstellung von den Langobarden in Lucca, die, einer alten Überlieferung zufolge, an der Stelle des heutigen Prato den kleinen *corte* Borgo al Cornio gründeten. Denn Lucca war die erste toskanische Stadt, in der die Arte della Lana, die Tuchmacherzunft, eine sehr wichtige Rolle spielte. Eine weitere Voraussetzung für die Tuchherstellung war, dass es in der Nähe, an den Hängen des Monteferrato, eine ganz dunkle Schlammerde gab, die sich zum Walken von Tuch eignete. Sicher ist jedenfalls, dass es schon 1108, siebzig Jahre nach der ersten urkundlichen Erwähnung der *terra di Prato,* am Ufer des Bisenzio eine Walkmühle gab – die damit etwa fünfzig Jahre älter als die erste Walkmühle in Florenz ist.

Zu dieser Zeit bestand die kleine Stadt aus zwei Ortskernen: Der eine gruppierte sich um den alten befestigten Hof von

Borgo al Cornio, der andere um einen großen Anger *(prato)*, von dem die Stadt ihren Namen bekam. Besonders charakteristisch für Prato war schon immer sein Reichtum an Wasser. Das hat sich bis heute nicht geändert und war wahrscheinlich ein ganz wichtiger Faktor für die Entwicklung seines bedeutendsten Gewerbes. Im 12. Jahrhundert leitete man das Wasser des Bisenzio in einem Netz von kleinen Kanälen durch die ganze Stadt. So bekam man Wasser für die Walkmühlen und Färbereien. Die Namen der engen Gassen verraten noch heute das Gewerbe ihrer ehemaligen Bewohner: Via dei Lanaiuoli (Tuchmacher), dei Cimatori (Tuchscherer), dei Tintori (Färber) und ganz in der Nähe die Via dei Giudei (Juden), die sich immer dort niederließen, wo es voraussichtlich Bedarf an schnell verfügbarem Geld gab. Kleine Gruppen von qualifizierten Wollfacharbeitern aus Verona und aus der Lombardei ließen sich in Prato nieder und brachten ihre Berufsgeheimnisse mit, wie zum Beispiel auch die Umiliati in Florenz. Das *panno pratese* bezeichnete mit der Zeit eine ganz bestimmte Stoffart, so wie das Florentiner Tuch oder das lombardische. Gegen Anfang des 14. Jahrhunderts hatte die Arte di Calimala, die Zunft der Tuchveredler, ebenfalls eine eigene Straße, hinter der am Bisenzio-Ufer ein Marktplatz angelegt wurde, die Piazza di Mercatale. Dort wurden die *tiratoi dell'Arte* aufgestellt, große Holzrahmen, auf denen das Tuch gespannt und gefärbt wurde. In den Laubengängen und kleinen Läden um den Platz herum wurden Tuch und Wolle ausgestellt und verkauft. Am 8. September, dem Fest der Madonna della Cintola, das auch heute noch jedes Jahr gefeiert wird, zog ein großer Jahrmarkt Woll- und Tuchhändler aus ganz Europa nach Prato. Die Arte della Lana errichtete am Hauptplatz eine eigene Zunfthalle, gleich neben der Kirche ihres Schutzheiligen Johannes, dessen Attribut, das Lamm, genau wie in Florenz das Wahrzeichen der Wollhändler war. Als ein paar Jahre vor Francesco di Marcos Geburt die älteste Kirche der Stadt, die Pfarrkirche von Santo Stefano, erweitert wurde, da stiftete die Tuchergilde das Chorgewölbe, das mit ihrem Wappen geschmückt wurde.

Die beiden mächtigen Nachbarn, die Prioren von Florenz und der Bischof von Pistoia, hatten ein begehrliches Auge auf Prato mit seinem blühenden Handel und seinem fruchtbaren, wasserreichen Umland geworfen. Trotzdem konnte Prato sich bis zum Ende des 13. Jahrhunderts seine Unabhängigkeit bewahren und war, sozusagen direkt vor den Toren von Florenz, noch eine freie, selbstständige Kommune.

Doch das änderte sich zu Anfang des Jahrhunderts, in dem Francesco geboren wurde. S. Nicastro schreibt darüber: »Die Geschichte Pratos ist in der ersten Hälfte des 14. Jahrhunderts ein langsamer Todeskampf, der Todeskampf der Freiheit.« Das Jahrhundert begann damit, dass die Florentiner die alte Veste der Stadt, das Castello dell' imperatore, einnahmen. Ihr Vorwand war, sie dadurch »im Interesse der Kommune von Prato zu sichern«. Von da an geriet die kleine Stadt faktisch, wenn auch nicht de jure, unter die Herrschaft der größeren Nachbarstadt. Auf Verlangen von Florenz waren die Prateser gezwungen, ihre Stadt auf eigene Kosten zu befestigen; Beamte anzuerkennen, die von den Priori von Florenz eingesetzt wurden; Männer, Waffen und Geld für Kriege bereitzustellen, die Florenz führte; ihre Tore für florentinische Waren zollfrei zu öffnen; und schließlich wurden sie auch noch weitgehend von florentinischen Kaufherren abhängig, wenn sie ihre eigenen Waren absetzen wollten. Das Prateser Tuch wurde zum größten Teil in Florenz selbst verkauft beziehungsweise an anderen Orten durch Florentiner Kaufleute vertrieben. Salz wiederum konnte Prato nur aus Florenz und Pistoia beziehen, sodass es völlig von diesen Städten abhängig war.

1312, nachdem Kaiser Heinrich VII. nach Italien gezogen war, unterstellten sich die Prateser dem Schutz des Haupts der

Welfenpartei in Italien, des Königs von Neapel, Robert von Anjou. Sie hofften, in ihm einen starken Protektor zu finden, aber schon bald zeigte sich, dass sie nur unter ein noch härteres Regiment geraten waren. Nach dem Tod König Roberts verkaufte seine Enkelin und Erbin, Königin Johanna von Neapel, 1351 auf Betreiben ihres Großkämmerers, des florentinischen Kaufmanns Niccolò Acciaiuoli, die ganze Stadt Prato samt Umland an Florenz für die lächerliche Summe von 17 500 Gulden. Doch schon bevor die Stadt auf diese Weise in Florentiner Besitz überging, hatte Florenz an der Porta San Marco eine neue Festung errichtet und sie mit der alten durch einen doppelten Mauerzug, den *cassero,* verbunden, von wo aus die Florentiner die Stadt beherrschen konnten. Diese Maueranlage war gerade erst im Bau, als Francesco di Marco nach Avignon aufbrach. Als er dann dreißig Jahre später zurückkehrte, stellte er fest, dass seine Mitbürger inzwischen vollkommen unter die Gesetzes- und Steuerhoheit der Stadt Florenz geraten waren und ihre Tuchindustrie ebenfalls Gefahr lief, von der reichen Nachbarstadt vereinnahmt zu werden. Außerdem hatten die Florentiner (die selber nicht genügend qualifizierte Facharbeiter in der Textilbranche besaßen) den Pratesern besondere Privilegien angeboten, sodass viele der aktivsten unter ihnen begannen, ihre Läden und Webstühle hinüber in die größere Stadt zu verlegen.

Was für einen Anblick bot seine Heimatstadt Francesco nun, als er nach dreißigjähriger Abwesenheit über die Hügel von Pistoia heruntergeritten kam und sie zum ersten Mal wiedersah? Zuerst erblickte er zwei große miteinander verbundene Festungen, die alte und die neue. Zwei Mauerringe umschlossen die Stadt, die *cerchia antica* des 12. Jahrhunderts und dazu die neuen Befestigungsanlagen der Florentiner, bewehrt mit Wachtürmen und großen steinernen Toranlagen. Nach diesen wurden die verschiedenen Stadtviertel benannt: Porta

Fuia, Santa Trinita, Gualdimare, San Giovanni, Serraglio und Capo di Ponte. Die alte Pfarrkirche Santo Stefano, die Anfang des Jahrhunderts nach Entwürfen des berühmten Giovanni Pisano fertiggestellt und ausgeschmückt worden war, erhob sich im Zentrum der Stadt an einem Platz, der noch immer die unregelmäßige Form des ursprünglichen Angers verriet. Und ganz in der Nähe stand der Palazzo Pretorio, wo die Priori ihre Ratssitzungen abhielten. Dazu gab es zahlreiche andere prächtige Kirchen, Klöster und Hospize, in denen für das seelische und leibliche Wohl der Gläubigen gesorgt wurde.

Trotz seiner vornehmen öffentlichen Gebäude wirkte Prato aber nicht wie eine große Stadt, sondern eher wie ein befestigtes Dorf, ein zu groß gewordenes *castello*. Armselige schmale Häuser aus Backstein oder aus Holz drängten sich an dunklen, engen Gassen, dazwischen immer wieder grüne Kanäle, an denen die Walkmühlen und Färberbuden standen. Und fast die Hälfte der Fläche innerhalb der Stadtmauern bestand aus Nutz- und Ziergärten. Zwanzig Jahre nach Datinis Rückkehr wurde ein Verzeichnis seiner Prateser Besitzungen angefertigt, aus dem hervorgeht, dass es nicht nur bei seinem eigenen Wohnhaus einen schönen Garten mit Orangen- und Granatapfelbäumen gab, sondern dass auch zu fast jedem der zwanzig kleineren Häuser, die er besaß, ein *orto* oder *orticino* gehörte. Eines davon hatte einen Hof mit einigen Apfelbäumen, ein anderes eine Tenne und ein kleines Gärtchen, wieder ein anderes zwei Kanäle und einen Hof, in dem man Wein machen konnte, ein weiteres einen Hof und vier große Apfelsinenbäume und eine Pergola. Überall schob sich Ackerland in Form von kleinen Gemüsebeeten ins Stadtgebiet hinein, und Frühlingszwiebeln, Lauch, Bohnen wuchsen zu Füßen der Wehranlagen und zwischen den beiden Stadtmauern. Vor der Schänke spendete eine Weinlaube Schatten. Blumentöpfe mit Salbei, Minze und Petersilie, mit Basilikum und Rosmarin schmückten Fenstersimse und Treppenaufgänge. Dazu kamen zu den Stadttoren täglich die frischen Erzeugnisse des Landes in Hülle und Fülle herein, für die allerdings hoher Zoll gezahlt werden musste. Ganze Züge von Maultieren und Eseln schleppten sackweise Weizen, Gerste und Hafer sowie Mehl aus den Wassermühlen der Stadtkommune heran. In Körben brachten Bauersfrauen Obst und Gemüse herein, und in Eimern trugen die Fischer Karpfen und Schleien aus dem Fluss herbei und Aale aus den flachen Weihern. Und wann immer ein rundes Mönchlein oder eine runzlige alte Nonne die Tore passierte, hatten sie fast regelmäßig in den weiten Ärmeln oder unter dem losen Ordenskleid eine Handvoll Bohnen versteckt oder ein hübsch zusammengeschnürtes Stück Geflügel, um so den Stadtzoll zu umgehen. Im Herbst erfüllte der säuerliche Mostgeruch aus den Kellern und wenig später der strenge Geruch des jungen Öls die Straßen.

Die Wohnhäuser unterschieden sich im Aussehen stark von den Kirchen und öffentlichen Gebäuden. Viele waren noch aus Holz, aber auch die Backsteinhäuser waren architektonisch recht anspruchslos. Charakteristisch waren die steile Außentreppe und eine breite, niedrige Bogenöffnung gleich neben dem Eingang, durch die Licht in Laden und Werkstatt des Besitzers fallen konnte. Da es noch nicht lange gesetzlich erlaubt war, dass zwei Häuser eine gemeinsame Brandmauer hatten, gab es noch zwischen fast allen Häusern die *quintana*, einen schmalen Zwischenraum, der einfach als Abfallgrube oder Latrine diente. Daraus stank es so fürchterlich, dass der Ausdruck »stinken wie eine *quintana*« sprichwörtlich wurde. Die Hauptstraßen waren auf Kosten der Familien, die dort ihre Häuser hatten, gepflastert. Aber auch sie waren damals noch genauso eng wie in Siena oder in Florenz. Sacchetti erzählt in einer seiner Novellen, dass ein junger Edelmann – »ein stolzer Jüngling von geringer Artigkeit« – durch die Stadt ritt und dabei die Füße in den Steigbügeln so weit nach außen streckte, dass er fast die ganze Breite der Straße einnahm und ihm die Passanten so unfreiwillig die Spitzen seiner Schuhe putzten.

In diesen engen Gassen spielte sich damals das Leben – wie heute noch in vielen italienischen Kleinstädten – praktisch in aller Öffentlichkeit ab. Die Läden und Werkstätten waren zur Straße hin offen. Flickschuster, Sattler, Schneider, Goldschmied, Barbier gingen ihrem Gewerbe vor aller Augen nach. Die Weber hatten ihre Webstühle in den offenen Eingängen aufgestellt. Vor dem Metzgerladen wurde einem Schaf auf offener Straße die Kehle durchgeschnitten, während die Kunden danebenstanden und um den Preis der Koteletts feilschten. Obst- und Gemüsehändler hielten ihre Ware an offenen Ständen feil, ebenso die Fischhändler; und damit sie anderntags keinen verdorbenen Fisch vom Vortag verkaufen konnten, sorgten die Aufsichtsbeamten der Stadt dafür, dass bei Einbruch der Dunkelheit alles, was nicht verkauft war, auf den Boden geworfen wurde. Das durften dann die Armen aufklauben. An zahlreichen Buden bekam man auch fertige Gerichte wie zum Beispiel gebratene Tauben, Gänse, sogar Rebhühner, die sich allerdings nur die Reichen leisten konnten, dazu allerlei Sorten Fisch, vor allem Rotaugen, Schleien und Aale. An Markttagen drehte sich immer ein saftiges Schwein mit einem Rosmarinzweiglein im Rüssel am Spieß. Aus dem Gemeindebackofen holte der Bäcker die heißen Brotlaibe, in die der Stempel der Stadtkommune gedrückt war, damit man sah, dass die Steuer für die Benützung des Ofens auch bezahlt war. Die Gerber breiteten auf der Straße Häute zum Trocknen aus – nur in unmittelbarer Nähe von Brunnen und Quellen war das gesetzlich verboten. Die *tiratori* spannten ihr Tuch auf dem Marktplatz auf. Und wenn nicht gerade im Herbst alles saubere Wasser während der Weinlese zur Weinbereitung gebraucht wurde, spülten Walker und Färber Stoffe und Wolle in den Kanälen. Ein Statut schrieb ihnen allerdings vor, dass sie die Wollfasern mit einem Feinrechen zurückhalten mussten, der quer über den Kanal zu legen war, damit die Wasseradern nicht verstopften. Der öffentliche Ausrufer, *il banditore,* eilte von einer Straßenecke zur anderen und verbreitete die Neuigkeiten vom Tage: Geburten, Hochzeiten, Todesfälle, Konkurse, Freilassungen von Sklaven, Suchanzeigen für verloren gegangene Gegenstände und Tiere, ja sogar Stellenangebote für Ammen. Ein dreifaches Trompetensignal kündigte dagegen wichtigere amtliche Nachrichten an. Drei Herolde, deren Gewänder die Wappenfarben der Kommune trugen und die mit ihren Trompeten hoch zu Ross durch die Stadt ritten, gaben Gerichtsurteile bekannt wie Verbannungen, Geldstrafen, manchmal auch Todesurteile. Der Vollzug solcher Strafen war natürlich immer ein Schauspiel für das Volk: Diebe und Prostituierte wurden nackt durch die Straßen gepeitscht, Fälscher und Ketzer wurden am Schwanz eines Pferdes auf einen großen Platz geschleift und dort bei lebendigem Leib verbrannt.

Immer gab es irgendetwas zu begaffen, denn auch alle Feiern in der Stadt fanden in der Öffentlichkeit statt. Die ganz Reichen ließen gerade zu jener Zeit die großen *loggie* an die Schauseite ihrer Häuser bauen, wo sie ihre Feste feiern konnten. Als einer der Ersten hatte Datini so eine *loggia.* Jedenfalls konnte die ganze Stadt auch an den Freuden jedes Familienfestes teilnehmen. Zog ein Hochzeitszug feierlich durch die Stadt, wurden Braut und Bräutigam von der ganzen Verwandtschaft und all ihren Freunden geleitet, ja manchmal waren sogar Trompeter, Gaukler und fahrende Komödianten mit von der Partie. Wenn sie dann alle an den Stufen der Kirche anlangten, wartete dort bereits der Notar und las den Ehekontrakt öffentlich vor. Ein Begräbnis war aber ein nahezu ebenso sehenswertes Schauspiel. Nicht etwa im geschlossenen Sarg, sondern offen auf einer Bahre trugen in der Abenddämmerung Freunde den Toten in seinem besten Sonntagsstaat durch die Stadt. Im Widerschein der flackernden Fackeln schritten vermummte, in Kapuzen gehüllte Mitglieder der Bruderschaften psalmodierend und betend hinter dem Toten her durch die engen und dunklen Gassen.

Wurde ein Mitglied der vielen Gilden in den Ritterstand erhoben, fand diese Zeremonie ebenfalls im Freien statt. Das Ereignis wurde anschließend mit großen Festlichkeiten begangen, zu denen jedes Mitglied der Gilde einen Beitrag leistete und die manchmal eine ganze Woche dauerten. Zwar haben wir aus Prato selbst kein schriftliches Zeugnis, dass es dort bei den Handwerkern auch eine *brigata di divertimento* gab wie etwa die von San Frediano in Florenz; aber wir wissen definitiv, dass jedes Stadtviertel seinen eigenen Festausschuss hatte, der Schaugefechte auf den Plätzen der Stadt ausrichtete, und dass Francesco di Marco bald nach seiner Rückkehr zu einem der Hauptleute der Porta Fuia ernannt wurde.

Erhalten ist noch die Urkunde, die die »furchtlosen Kämpfer« *(non paurosi combattenti)* der Porta S. Trinita zusammen mit dem Fehdehandschuh als formelle Herausforderung schickten an »den edlen und vortrefflichen doctor Messer Piero de' Rinaldeschi und den berühmten und tugendhaften Kaufmann Francesco di Marco, Capomaestri der Männer der Porta Fuia«. Diese sollten zwanzig oder dreißig Leute ihrer Porta auswählen, »um ihre Stärke und ihre Tapferkeit unter Beweis zu stellen …«, gegen die »wir im Kampf nach den traditionellen Schlachtregeln anzutreten bereit sind.« – »Da konnte man Scharmützel, Retraiten, Hinterhalte, Kriegslisten und Finten sehen, die für Kinder gemacht waren und doch jedermann gefielen und ergötzten. Da wurden Burgen als Befestigungen errichtet mit allem, was dazugehörte: Wassergräben, Wachtürmen und einem Bergfried im Inneren. Eine Armee, die ihr Feldlager vor ihren Mauern aufgeschlagen hatte, griff sie dann an ... und Persönlichkeiten von Rang und Namen kamen, das Schauspiel zu sehen.«

Andere, grausamere Volksbelustigungen bereiteten dem Volk noch mehr Vergnügen. So wurde zum Beispiel auf einem der Plätze der Stadt ein Schwein in einen großen Pferch gesperrt und von bewaffneten Männern zu Tode geprügelt, während es »unter dem lauten Gelächter der Anwesenden« quiekend von einem zum anderen rannte. Oder eine Katze wurde bei lebendigem Leib an einen Pfahl genagelt, und »Männer, denen man die Köpfe kahl geschoren und die Hände auf dem Rücken zusammengebunden hatte, schlugen zum Klang der schmetternden Trompeten so lange mit dem Kopf gegen das Tier, das verzweifelt um sich biss und kratzte, bis es schließlich verendete«.

Solche Darbietungen mit Scherzen und Kraftmeierei, mit blutenden Rücken und angeschlagenen Köpfen, fanden jedoch nur selten statt. Dafür konnten sich Frauen und Maultiertreiber Tag für Tag stundenlang mit Schwatzen und Lachen vergnügen, wenn sie sich an den öffentlichen Brunnen und Waschplätzen trafen und dabei die nasse Wäsche klatschend auf die Steinblöcke schlugen. Und an den Sommerabenden saßen die Männer auf der *panca,* der langen Steinbank unten am Palazzo Pretorio – ein Brauch, aus dem das neue Verbum *pancheggiare* (schwatzen) entstand –, und ließen dem Stadtklatsch freien Lauf. Jedermann steckte seine Nase in die Angelegenheiten seines Nachbarn, alles ging alle an, besonders natürlich, wenn es sich um einen Mann wie Francesco di Marco handelte. Wenn eines seiner Schiffe vor der Küste Kataloniens sank oder eine seiner Mägde ein Kind zur Welt brachte, von dem man hinter vorgehaltener Hand erzählte, dass es von ihm sei, oder Messer Filippo Corsini aus Florenz zu Besuch kam, dann wusste es sogleich die ganze Stadt.

Die ganze Stadt – was hieß das damals eigentlich? Im

14. Jahrhundert wohnten in Prato innerhalb der Stadtmauern schätzungsweise 12 000 Menschen. Dazu kamen weitere 10 000 Bewohner der achtundvierzig Dörfer und Weiler des Umlands. Das war zwar für die damalige Zeit eine verhältnismäßig große Stadt, aber doch eine recht kleine Welt. Die wenigen Prateser, die sich auf dem Gebiet des Rechts, der Literatur und Philosophie oder innerhalb der kirchlichen Hierarchie einen Namen gemacht hatten, hatten alle ihrer Heimatstadt den Rücken gekehrt, um einen weiteren Wirkungskreis zu finden. Kardinal Niccolò da Prato und auch der große humanistische Gelehrte Convenevole, den Petrarca voller Stolz seinen Lehrer nannte, verbrachten den größten Teil ihres Lebens in Avignon. Zur Zeit von Francescos Rückkehr in seine Heimatstadt war der fähigste Mann dort der junge Rechtsgelehrte Messer Gimignano Inghirami, der später so berühmt wurde, dass *sentenza di Gimignano* zum festen Begriff wurde für ein Urteil in letzter Instanz, gegen das man keine Berufung mehr einlegen konnte. Aber auch er ging bald an die Gerichtshöfe von Paris, Bologna und Rom. So traf Francesco in der Stadt, in die er zurückkehrte, nur noch Bartolomeo Boccanera an, einen jungen Söldnerhauptmann, der 1397 vor den Mauern von Arezzo ein gewaltsames Ende fand, außerdem Giovanni di Gherardo, einen alten, verschrobenen Schriftsteller und Architekten, dazu eine Handvoll Rechtsgelehrter, Notare und Ärzte sowie mehrere blühende Ordensgemeinschaften.

Aber wie auch heute noch bestand der Großteil der Bevölkerung aus Kaufleuten und Handwerkern. Jeder Bürger trat, sobald er großjährig war und sofern er die Aufnahmegebühr von fünf *soldi* zahlen konnte, in eine der vierzehn Gilden der Stadt ein. Dabei musste er einen Eid ablegen, dass er ihre Statuten einhalten und seinen Zunftbrüdern jederzeit beistehen werde. Allein durch die Mitgliedschaft in einer dieser Gilden hatte man Aussicht, es zu Wohlstand zu bringen oder Einfluss in der Regierung der Stadt zu gewinnen. Denn das volle Bürgerrecht konnte man nur als Mitglied einer der Gilden erlangen. Keine von ihnen konnte es allerdings an Mitgliederzahl und an Reichtum mit der Tuchergilde, der Arte della Lana, aufnehmen.

Im 14. Jahrhundert war es daher geradezu ein Charakteristikum für Prato, dass durch den Tuchhandel Arm und Reich in einer engen Interessengemeinschaft verbunden waren. Nicht, dass alle den gleichen Wohlstand daraus hätten ziehen können, denn ein abgrundtiefer Unterschied klaffte zwischen dem reichen *lanaiuolo* und dem armen Spinner oder Weber; aber alle verfolgten doch dieselben Ziele und Interessen, und dadurch entstand unter ihnen eine große Vertraulichkeit im täglichen Umgang. Der bescheidenste Spinner, die kleine Spinnerin nannten den reichen *lanaiuolo* beim Vornamen, der Färbermeister arbeitete Seite an Seite mit seinem Lehrling am Bottich. Alle waren sie vor den Gesetzen ihrer Gilde gleich.

Das *liber privilegiorum* der Tuchergilde von Prato, das alle Dokumente enthält, die direkte oder indirekte Privilegien für die Gilde festlegen, beginnt mit einer ganz entscheidenden Konzession: Allen Mitgliedern der Gilde wurde im Jahr 1351, als Prato unter die Herrschaft von Florenz geriet, die bisherige Unabhängigkeit bei der Ausübung ihres Handwerks garantiert. Die Statuten der Gilde, die trotz dieser Unabhängigkeit stark an denen der Florentiner Arte della Lana orientiert waren, hatten für das Wohl der Stadt ebenso große Bedeutung wie die Gesetze der Stadtgemeinde. So wurden denn auch seit Anfang des 14. Jahrhunderts die vier Konsuln der Zunft, die Consoli dell'Arte della Lana, nicht mehr von ihren eigenen Zunftgenossen ernannt, sondern vom Rat der Stadt, dem Consiglio del Comune. Diese Konsuln legten bei Antritt ihres Amts den feierlichen Eid ab, stets Treu und Redlichkeit zu üben. Zu ihren Aufgaben gehörten das Verhängen von Bußen über jedes Gildenmitglied, das die Zunftregeln brach, die Schlichtung von Streitigkeiten unter Mitgliedern und die Wiederbeschaffung von gestohlener Ware. Zweimal in der Woche hielten sie in der großen Zunftstube eine Sitzung zur Untersuchung solcher Fälle ab und verkündeten dort ihre Urteile. Weitere Amtsträger der Gilde waren der Schatzmeister, ein Notar, mehrere Makler, vier *misuratori*, verantwortlich für Maße und Gewichte, und etliche Gutachter, zuständig für Reklamationen. Das Amt der Makler war es, für die Gilde den An- und Verkauf des Tuchs zu besorgen; die *misuratori* trugen die Verantwortung dafür, dass das Tuch korrekt an den städtischen Zollstöcken abgemessen wurde; und die Gutachter, die auch *ufficiali delle macchie e magagne* genannt wurden, prüften die Reklamationen von schlecht gewebtem beziehungsweise gefärbtem Tuch oder Garn oder von Wolle, die nicht dem Muster entsprach. Wenn ein Kaufmann von auswärts nach Prato kam, um dort Tuch einzukaufen, schrieb ihm die Gilde genau vor, wie er den Kauf zu tätigen hatte. Er durfte nicht etwa einfach bei der Firma seiner Wahl kaufen, sondern er musste erst die Konsuln der Gilde aufsuchen. In ihrer Gegenwart zog er aus einer Urne einen Zettel mit dem Namen eines Maklers. Der wieder führte ihn zu einem Händler, bei dem der Kauf dann vorgenommen wurde. Wenn das Geschäft schließlich abgeschlossen war, hielt dieser Makler Menge, Preis und Farbe des Tuchs schriftlich fest und versah es mit dem Siegel der Gilde.

Für alle Handwerker, die in den verschiedenen Produktionsstufen der Tuchherstellung arbeiteten, gab es in den Statuten eigene Klauseln. Da waren zunächst die Arbeiter, die die Wolle sortierten, wuschen, zupften (Wollschläger) und färbten; dann die Handwerker, die die Wolle kämmten, also Kammgarn von Streichgarn trennten, und sie auch fetteten und dann das Vlies zum Verspinnen auf die Rocken wickelten;

als Nächstes die Krempler, die die wirren Wollfasern zu einem Vlies ordneten; die Spinner und die Zettler, die die Breite des Tuchs durch die Zahl der Kettfäden festlegten, und schließlich die Tuchweber. Dann folgten endlich noch all die Facharbeiter, die auf die verschiedenen Arbeitsvorgänge der Tuchveredelung spezialisiert waren, nämlich das Noppen, Waschen, Walken, Spannen, Kardieren, Scheren, Färben, Rauen, das nochmalige Scheren, Mangeln und zuletzt das Zusammenfalten und Verpacken.

In den Anfängen der Arte della Lana waren viele dieser Handwerker in Prato und Florenz noch selbstständig, vor allem die Weber, die Kardierer, die Spinner und die Färber. Außerdem gab es damals noch Kleinunternehmer, die *lanivendoli* (Wollverkäufer), die als Zwischenhändler zwischen den Kaufleuten und den Handwerkern auftraten. Sie kauften die Rohwolle auf und verkauften sie an die *lanazuoli* (Tuchmacher) weiter. Auch gab es zu der Zeit noch unabhängige Garnhändler, die *stamatuoli;* sie kauften die Wolle vom *lanaiuolo*, verarbeiteten sie zu Garn und verkauften dieses wieder an ihn zurück. Aber zu Francescos Zeiten waren alle diese Zweige des Tuchhandels bereits in der Arte della Lana aufgegangen. Er wurde nunmehr mit rein kapitalistischen Methoden betrieben: Der *lanaiuolo* war jetzt ein Großunternehmer, der (manchmal zusammen mit Familienmitgliedern als Geschäftspartnern) viele verschiedene Handwerker beschäftigte. Unter diesen waren die Wäscher und die Wollschläger die Ärmsten und Abhängigsten, denn sie besaßen nicht einmal die Werkzeuge, mit denen sie ihren Beruf ausübten. Nach den Holzschuhen, die sie in den Waschhäusern und Schuppen trugen, wurden sie *i ciompi* genannt. Etwas über ihnen stand eine Gruppe von Handwerkern, die etwas unabhängiger waren, nämlich die Spinner, Zettler und Weber, zu einem großen Teil Frauen. Sie arbeiteten fast alle zu Hause an ihren eigenen

Spinnrocken, Zettelrahmen und Webstühlen, aber auch sie waren manchmal wirtschaftlichem und moralischem Druck ausgesetzt. Die Färber hatten zunächst noch eine selbstständige Zunft, die dann aber nach und nach von der Tuchergilde vereinnahmt wurde, sodass auch sie schließlich deren Zunftregeln anerkennen mussten. Nur die Tuchveredler, die das Tuch walkten, scherten, ausbesserten und zusammenfalteten, besaßen ihre eigenen Werkstätten und Werkzeuge und behielten so auch weiterhin eine gewisse Unabhängigkeit.

Letzten Endes aber kontrollierte doch immer der kapitalistische *lanaiuolo* mithilfe der Zunftregeln die Tuchherstellung und damit auch das Leben all der Menschen, die am Herstellungsprozess beteiligt waren. Wie weit diese Kontrolle ging, lässt sich an den Zunftregeln ablesen. So mussten manche Handwerker, besonders die Walker und die Tuchleger, zum Beispiel eine Kaution hinterlegen, bevor man ihnen das Tuch aushändigte. Die Färber wiederum, die einen gefährlichen Hang zur Unabhängigkeit an den Tag legten, wurden vorsichtshalber durch etliche Sonderregelungen in Schach gehalten. Sie mussten den Konsuln Treue und Gehorsam schwören, sich verpflichten, alles Tuch und Garn, das ihnen anvertraut wurde, auch wieder abzuliefern und ausschließlich Material zu färben, das der Gilde gehörte. Ja, die Gilde schrieb ihnen sogar vor, welche Farbstoffe sie benutzen und welche Tuchsorten sie schwarz oder mit Waid blau färben durften. Selbst die Art der Deckel für ihre Bottiche war genau festgelegt.

In zahlreichen Artikeln der Zunftregeln waren die Bußen festgelegt, die über diejenigen verhängt wurden, die die Statuten verletzten, zum Beispiel wenn einer einen Fremden (jemanden, der nicht Bürger von Prato war) als Partner ins Geschäft nahm, ja auch nur in seiner Werkstatt beschäftigte, wenn ein Mitglied der Gilde ein anderes Gildenmitglied schädigte, wenn ein Kaufmann einen Kaufvertrag nicht einhielt oder wenn ein Weber einen Stoff webte, »der nicht geschmeidig ist«, ein anderer Handwerker Tuch auf eigene Rechnung herstellte, ein Tuchspanner sein Tuch nicht straff genug spannte oder wenn jemand nicht pünktlich war. Die Leute in den Schuppen oder Waschhäusern hatten unter Androhung von fünf *soldi* Bußgeld zur Stelle zu sein, »bevor die Glocke zum dritten Mal schlug«. Wer einmal entlassen worden war, wurde nie wieder von einem Mitglied der Gilde eingestellt.

Schließlich waren in den Statuten die religiösen Pflichten ausdrücklich festgelegt. Heiligenfeste – und davon gab es weiß Gott genug nebst dem Sankt-Johannes-Tag, dem Fest des Schutzpatrons der Zunft – mussten gefeiert werden. An diesen Tagen musste nicht nur die Arbeit ruhen, sondern es durfte auch keine Ware verkauft oder auch nur ausgelegt werden. Und wenn schließlich ein Mitglied der Gilde nach einem Leben voller Mühe und Arbeit starb, so war es – wie in allen Gilden – für alle seine Zunftgenossen Pflicht, ihn im Leichenzug zur letzten Ruhe zu geleiten.

So war das Leben in Prato, in einer Gemeinschaft von fleißigen, gottesfürchtigen, gesetzestreuen und genügsamen Menschen, die ängstlich und vorsichtig waren und jegliches geistige oder materielle Risiko mieden. Ein Prateser, der in der großzügigeren Atmosphäre von Padua und Ferrara gelebt hatte, schrieb ein paar Jahre später bei seiner Heimkehr nach Prato: »Mir kommt es vor, als ob ich in eine Welt von Spießbürgern zurückgekommen sei. Hier ist alle Lebensfreude erstickt, und es scheint, als ob die, die hier leben, sich schämten, dass sie überhaupt leben.«

In diese Welt also kehrte Francesco di Marco zurück, nachdem er dreißig Jahre in Avignon, der weltoffenen Stadt voller Luxus, verbracht hatte. Die Prateser konnten sich nur noch an den ehrgeizigen fünfzehnjährigen Jungen erinnern. Jetzt war er ein arrivierter, würdevoller und selbstbewusster Kaufmann, der ein hübsches junges Weib hatte und dazu jähzornig und aufbrausend war. Seinen Erfolg respektierten die Prateser sofort – und meinten damit seinen Reichtum; für ihn selbst aber konnten sie, solange er lebte, keine Zuneigung empfinden.

Laster und Labsal – ein Franzose auf Reisen
Michel de Montaigne

Enttäuscht von all der Schönheit

Zwei, drei Stunden verbrachten wir in der Villa Pratolino, dann setzten wir unsere Reise fort. Über allerlei Höhen kamen wir schließlich nach Florenz, siebzehn Meilen. Die Stadt ist kleiner als Ferrara und liegt – von tausend niedrigen Bergen umkränzt, die reiche Bewirtschaftung zeigen – in einer Talsohle. Mitten hindurch fließt der Arno, über den etliche Brücken führen. Die Stadtmauern fanden wir ohne Gräben.

Herr de Montaigne schied an diesem Tag zwei Steine und viel Grieß aus, ohne mehr als einen leichten Schmerz im Unterleib zu verspüren.

Am gleichen Tag besuchten wir die Stallungen des Großherzogs; ihn selber trafen wir nicht an. In den riesigen Gewölben standen nur wenige wirklich wertvolle Pferde. Dafür entschädigte die Menagerie: Dort sahen wir etwa einen Hammel von recht seltsamer Gestalt, ein Kamel, Löwen und Bären, endlich ein schwarz-weiß gestreiftes Tier, das so groß war wie ein mächtiger Schäferhund, aber stark einer Raubkatze ähnelte – angeblich ein sogenannter Tiger.

Wir besichtigten die Kirche San Lorenzo, die noch mit Fahnen verhängt ist, die wir unter Marschall Strozzi in der Toskana verloren. Die Kirche birgt nicht nur viele schöne Fresken, sondern besitzt auch wunderbare Statuen, ein Meisterwerk des Michelangelo. Des Weiteren beschauten wir den Dom, eine Kirche von beträchtlicher Größe, und auch dessen Glockenturm, der ganz mit weißem und schwarzem Marmor verkleidet ist: eines der schönsten und prachtvollsten Gebäude der Welt.

Herr de Montaigne bekannte, er sei noch keinem Volk begegnet, das so wenig schöne Frauen habe wie das italienische.

Die Wirtshäuser fand Herr de Montaigne viel weniger gastlich als die deutschen oder französischen. Das Essen ist nicht halb so reichlich wie in Deutschland und zudem nicht so gut zubereitet. Die Deutschen spicken den Braten zwar ebenso wenig wie die Italiener, würzen ihn aber besser; zudem bieten sie größere Auswahl an Soßen und Suppen. Und bei der Unterbringung fallen die italienischen Quartiere erst recht zurück: Speisesäle sind unbekannt, die Fenster übergroß und ohne Glas; als Schließvorrichtung haben. Letztere nur hohe hölzerne Läden, die jedem, der sich vor Sonne oder Wind schützen will, zugleich auch das Tageslicht entziehen. Letzteres fand Herr de Montaigne weit schlimmer als das Fehlen von Bettvorhängen in Deutschland – dies war zwar ebenfalls ein Missstand, aber es ließ sich noch etwas dagegen tun. In den Zimmern steht meist nur ein einziges jämmerliches Rollbett; die Vorhänge rundum: schäbige Fetzen; wer nicht gern hart schläft, hat es sehr schlecht getroffen. Mit der Bettwäsche knausern die Italiener genauso oder schlimmer als die Deutschen. Die Weine halten keinem Vergleich stand; für jemanden, der fade Süße hasst, sind sie zu dieser Jahreszeit sogar ungenießbar. Nur die Preise zeigen sich, zugegeben, etwas niedriger; dabei hört man oft, Florenz sei die teuerste Stadt Italiens.

Noch ehe mein Herr ankam, hatte ich im Gasthof Zum Engel sieben *reales* täglich pro Mann mit Pferd und vier pro Unberittenen ausgehandelt.

Am gleichen Tag besichtigten wir den Palast des Herzogs, in dem er seine Liebhabereien pflegt: das Schleifen von Edelsteinen nach orientalischer Manier und das Bearbeiten von Kristallglas. Der Fürst interessiert sich nämlich ein wenig für Chemie und mechanische Künste; vor allem aber ist er ein großer Architekt.

Am nächsten Tag stieg Herr de Montaigne zuerst auf die Kuppel des Doms, die eine vergoldete Bronzekugel trägt. Von unten scheint diese nicht größer als ein Ball; aus der Nähe aber sieht man, dass in ihr mühelos vier Männer Platz haben. Von dort oben bemerkte er, dass der Marmor, mit dem die Kirche eingekleidet ist, durch die Einwirkung von Frost und Hitze an vielen Stellen rissig zu werden beginnt, ja sogar bröckelt, besonders der schwarze – in der Außenmauer des Doms wechseln, wie gesagt, Schwarz und Weiß sich ständig ab. Dies ließ ihn argwöhnen, der Marmor sei möglicherweise nicht echt.

Danach drängte es ihn zu den Häusern der ehemals führenden florentinischen Familien Strozzi und Gondi; es lebten darin noch Verwandte dieser Sippen. Wir besuchten ferner den Palast des Herzogs, in dem sein Vater Cosimo die von uns verlorene Schlacht bei Siena und die Einnahme selbiger Stadt malen ließ. Paradoxerweise nehmen aber in Florenz an mehreren Stellen, sogar an den alten Mauern dieses Palastes, die Lilien Frankreichs den Ehrenplatz ein.

Die Herren d'Estissac und de Montaigne waren zum Bankett des Großherzogs und Serenissimus – so nennt man ihn dort – eingeladen. Bianca, die Frau des Großherzogs, saß an der Stirnseite der Tafel; dann folgten der Großherzog selbst und die Schwägerin der Herzogin mit ihrem Gatten, Biancas Bruder. Nach landesüblichen Maßstäben ist die Herzogin schön: majestätisches, aber liebevolles Gesicht; massiger

Oberkörper; fülliger Busen – alles genau, wie die Italiener es mögen. Angesichts einer solchen Ausstattung verstand Herr de Montaigne nur zu gut, dass Bianca sich den Herzog angeln konnte, und vermutete, dass sie ihn wohl bis zuletzt am Gängelband halten werde.

Der Herzog ist ein untersetzter Mann von etwa meiner Statur, der Teint dunkel, die Glieder grobknochig, das Gesicht huldvoll, das Benehmen höflich. Seine Courtoisie geht so weit, dass er selbst vor den Leuten seines – nicht gerade kleinen – Gefolges den Hut zieht. Die Körperhaltung entspricht der eines vierzigjährigen Mannes: gerade und straff.

An der gegenüberliegenden Seite saßen der Kardinal und ein Jüngling von achtzehn Jahren, die beiden Brüder des Stadtherrn. Wenn der Herzog trinken will, bringt man ihm ein Tablett mit eingelassenem Becken; darauf stehen ein nicht abgedecktes Glas Wein und eine Flasche Wasser. Der Herzog nimmt das Glas und kippt nach Belieben Wein ins Becken ab; dann greift er zum Wasser, verdünnt, so viel er möchte, trinkt und stellt das Glas auf das vom Mundschenk hingehaltene Tablett zurück. Die Herzogin verfährt genauso. Er setzte recht viel Wasser zu, sie fast keines.

Haben die Deutschen die Unsitte, übermäßig große Gläser zu verwenden, so herrscht bei den Italienern das andere Extrem: Sie benutzen nur außergewöhnlich kleine.

Ich verstehe nicht, warum man Florenz immer wieder »die einmalig Schöne« nennt. Sicher wird niemand der Stadt eine gewisse Attraktivität absprechen, doch sie übertrifft in der Hinsicht Bologna gar nicht und Ferrara nur wenig, und mit Venedig kann sie sich überhaupt nicht vergleichen. Zweifellos aber hat es etwas Bewegendes, wenn man vom Glockenturm hinunterblickt und die schier unendliche Menge der Häuser betrachtet, welche gut zwei, drei Meilen die Hügel ringsum hochziehen, und dann die weite Ebene, in der die Stadt liegt und sich wohl über zwei Meilen hinstreckt. Man meint, die Häuser müssten sich berühren, so dicht sind sie gesät. Bepflastert ist Florenz mit unbehauenen Steinplatten, die ohne Ordnung verlegt sind.

Nach dem Mittagessen mieteten sich die vier Herren Postpferde und ritten, begleitet von einem Führer, zur Besichtigung eines Lustschlosses, das dem Herzog gehört und Villa de Castello oder kurz Castello heißt. Die Villa selbst besitzt nichts Bemerkenswertes. Beachtung verdient jedoch der Garten, der den unteren Hang eines Hügels bedeckt. Er ist so raffiniert gebaut, dass die geradlinigen Hauptalleen Steigung haben – freilich eine sanfte, bequem zu beschreitende –, während die gleichfalls geradlinigen Querwege eben verlaufen. Viele duftende Laubengänge spenden Schatten; hierzu hat man die wohlriechenden Zweige von Zedern, Zypressen, Orangen-, Zitronen- und Olivenbäumen dermaßen dicht verbunden und verflochten, dass die Sonne, wie wir bezeugen können, keinen Eingang findet, so hell und heiß sie auch strahlt. Und dann gibt es noch kleine Alleen, bepflanzt mit Zypressen und anderen Bäumen, die so eng angelegt sind, dass darin nur drei, vier Spaziergänger nebeneinander Platz haben.

Bei einem der Fischbecken ragt in dessen Mitte ein der Natur nachgebildeter Felsen empor, der ganz vereist zu sein scheint; der Effekt wird durch Bimsstein erreicht, jenes Material also, mit dem der Herzog auch seine Grotten in Pratolino verkleiden ließ. Auf dem Felsen stellt eine große Kupferplastik einen uralten, weißhaarigen Mann dar, der mit verschränkten Armen dasitzt und aus dessen Antlitz, Haar und Bart das Wasser tropfenweise hinunterrinnt, was Schweiß und Tränen andeuten soll. Einen anderen Abfluss hat die Fontäne nicht.

Später erlebten die vier Herren wieder einen Ulk jener Art, wie ich ihn schon mehrfach geschildert habe. Als sie, nachdem sie eine Zeit lang im Garten gelustwandelt und seine Sehenswürdigkeiten beschaut hatten, vor ein paar ihrer besonderen Aufmerksamkeit empfohlenen Marmorfiguren stehen blieben, setzte der Gärtner, der eigens zu diesem Zweck von ihnen gewichen war, eine federgetriebene Apparatur in Bewegung – und schon spritzten aus unzähligen winzigen Düsen im Boden Wasserstrählchen, so dünn, dass man sie kaum sah: eine perfekte Imitation feinen Nieselregens. Rasch wurden die Herren pudelnass, zuerst nur an Füßen und Beinen, dann überall. Der Gärtner befand sich derweil gut zweihundert Schritt entfernt und lenkte das Geschehen mithilfe einer unterirdischen Vorrichtung; dank seiner Geschicklichkeit konnte er die Strahlen sogar je nach Belieben höher oder niedriger sprühen lassen und sie biegen und drehen, wie er wollte. Spielerische Installationen dieser Art finden sich noch an vielen anderen Orten.

Die Herren betrachteten auch die Hauptfontäne, bei der zwei riesige Bronzestatuen Wasser spenden: zwei kämpfende Männer, von denen der eine den anderen, der bereits halb entseelt und zurückgesunkenen Hauptes in den Armen seines Gegners hängt, mit aller Kraft umklammert und ihm, wenigstens wirkt es so, gewaltsam den wuchtigen Strahl aus dem Mund hervorpresst. Dieser schießt dann siebenunddreißig Klafter höher, als die Figuren selbst sind – und die messen allein schon mindestens zwanzig Fuß.

Aus den Zweigen eines immergrünen Baums, der nach Urteil der Herren eine ungewöhnlich üppige Belaubung trug, hat man dort eine Art Hüttchen gebildet, welches sich von jenem Blattwerk derart dicht umschlossen zeigte, dass, wer hineinschauen wollte, sich erst hier und da eine kleine Öffnung biegen musste. Drinnen stand ein kleiner Marmortisch, in dessen Mitte ein Wasserstrahl plätscherte, ohne dass zu sehen gewesen wäre, woher er sich speiste.

Man lässt in diesem Park auch Wassermusik erklingen;

freilich konnten die Herren sie nicht mehr anhören, denn sie mussten in die Stadt zurück.

Hoch über einem Portal erblickten die Herren das Wappen des Herzogs. Man hatte es kunstvoll aus echten Zweigen geformt, die ihre dauernde Frische aus Wurzelfasern bezogen, die so fein waren, dass man sie kaum wahrnahm.

Der Besuch der Herren fiel ausgerechnet in jene Jahreszeit, die den Gärten am wenigsten frommt – umso bewundernswerter erschien ihnen jener, durch den sie gerade gingen.

Übrigens hat auch dieser Park eine schöne Grotte, in der eine bunte Menagerie künstlicher, aber sehr natürlich dargestellter Tiere zu bestaunen ist; und wieder springen Fontänen – aus Schnäbeln, Flügeln, Klauen, Ohren und Nüstern.

Und noch etwas hatte ich zu erwähnen vergessen: In einem Saal des herzoglichen Palastes steht auf einem Pfeiler die bestechend natürlich geratene Bronzeplastik eines vierfüßigen Tieres von seltsamer Gestalt: vorn stark geschuppt, den Rücken voller – ich weiß auch nicht recht – Zacken oder Hörner. Solche Geschöpfe soll es in der Gegend tatsächlich geben; erst vor ein paar Jahren, heißt es, habe man ein Exemplar in einer Berghöhle gefunden und lebendig hierher gebracht.

In Florenz sahen wir auch den Palast, in dem die Königinmutter geboren ist.

Um herauszufinden, wie viel Gemütlichkeit Florentiner Unterkünfte dem Gast zu bieten haben – dies interessierte ihn übrigens, wie erinnerlich, bei jeder Stadt –, sah sich Herr de Montaigne verschiedene Pensionen und möblierte Zimmer an; er fand aber nichts, was seinem Geschmack genügt hätte. Zimmer, hörte er, könne man nur in den Gasthöfen mieten; jene jedoch, die er sich dort zeigen ließ, waren unsauber und trotzdem viel teurer als in Paris, ja sogar als in Venedig, und eine schäbige Pension kostete mehr als monatlich zwölf Taler pro Herr. Auch gibt es keine Veranstaltungen mit Fecht- oder Reitkünsten, die des Anschauens wert wären, ebenso wenig eine Wissenschaft, die zur Kenntnis zu nehmen sich lohnte.

Zinn ist in der ganzen Gegend nicht sehr gebräuchlich; man benutzt fast nur bemaltes Tongeschirr, das meist ziemlich schmutzig ist.

Donnerstag, den 24. November, verließen wir morgens die Stadt. Nun kamen wir zuerst durch ein nur mäßig fruchtbares, aber reich besiedeltes und bewirtschaftetes Gebiet. Der Weg war holprig und voller Steine.

Endlich erreichten wir nach einem äußerst langen Ritt sehr spät in der Nacht Siena, zweiunddreißig Meilen oder vier Poststationen; diese stehen hierzulande alle acht Meilen, also in weiteren Abständen als bei uns.

Am Freitag begann Herr de Montaigne voller Neugierde Siena zu erkunden, was gewiss nicht zuletzt daran lag, dass wir um die Stadt immerhin einmal Krieg geführt haben. Sie liegt unregelmäßig über den Rücken eines Hügels verstreut, wobei sie sich allerdings oben verdichtet. Die beiden terrassierten Hänge sind in der Horizontalen von vielen Straßen durchzogen, die erst abwärts-, dann aber wieder aufwärtsführen, anderen, höheren Hügelkuppen entgegen.

Siena, etwa so groß wie Florenz, zählt zu den schönen Städten Italiens, freilich nicht zu den erstrangigen. Ihr Gesicht bezeugt hohes Alter. Sie besitzt zahlreiche Brunnen, aus denen die meisten Hausbesitzer über Röhren ihren privaten Wasserbedarf decken. Auch gibt es gute, kühle Keller.

Der Dom steht dem von Florenz kaum nach. Er ist innen und außen fast durchgehend mit Marmor verkleidet. Die quadratischen Platten – bis zu einen Fuß dick – dienen als eine Art Vertäfelung des Backsteins, des in diesem Lande üblichen Baumaterials.

Die schönste Stelle der Stadt aber ist die große, prächtige

Piazza del Campo, ein etwa halbkreisförmiger Platz, dessen gekrümmte Ränder sich in weitgeschwungenem Bogen dem Palast entgegenkurven, welcher mit seiner fast gänzlich geraden Fassade die Rundung auffängt. Genau vis-à-vis am anderen Ende derselben steht ein Brunnen, der über mehrere Rohrleitungen ein Becken füllt, aus dem alle köstliches Wasser schöpfen. Zahlreiche Straßen münden auf diesen Platz, wobei ihr Pflaster in Stufen übergeht.

Siena besitzt eine gewaltige Menge alter Gassen und Paläste. Fast alle Geschlechter, die in der Stadt einmal eine Rolle spielten, haben sich hier ein Prachthaus errichten lassen, so die Familien Piccolomini – ihr Palazzo dürfte der bedeutendste sein –, Ciaia, Tolomei, Colombini und Cerretani.

Wir fanden Bauten aus drei- bis fünfhundert Jahren. Das Wappen der Stadt, das man auf vielen Pfeilern erblickt, zeigt, wie das römische, die Wölfin, an deren Zitzen Romulus und Remus hängen.

Der Herzog von Florenz behandelt die Großen, die zu uns Franzosen gehalten hatten, sehr nachsichtig; mit Silvio Piccolomini pflegt er sogar fast freundschaftlichen Umgang, was nicht wundert: Kein Edelmann unserer Zeit ist sowohl in den Waffenkünsten als auch in jeder erdenklichen Wissenschaft so bewandert wie dieser.

Da der Herzog sich hauptsächlich vor seinen eigenen Untertanen hüten muss, überlässt er es seinen Städten, sich zu befestigen, und widmet seine ganze Sorge den Zitadellen, die auszubauen und umfassend zu bestücken er keine Kosten gescheut hat. Sie werden schärfstens bewacht; der Argwohn des Herzogs ist so groß, dass er nur äußerst wenigen Leuten gestattet, sich den Zitadellen zu nähern.

In Siena tragen die Frauen Hüte, jedenfalls die meisten. Manche nehmen sie ehrfurchtshalber bei der Wandlung während der Messe ab, wie die Männer.

Wir wohnten im Gasthof Zur Krone recht ordentlich; doch leider fanden wir die Fenster wieder ohne Rahmen und Scheiben vor.

In Pratolino hatte der Hausverwalter Herrn de Montaigne gefragt, ob ihn die Schönheit des Anwesens auch so bezaubere. Zuerst geizte er nicht mit Lob, kam dann aber doch zu einigen Dingen, die ihm missfielen. So tadelte er heftig die Hässlichkeit der Türen und Fenster: immer diese großen Tannenholzbretter, grob zusammengezimmert und kunstlos ausgeführt; immer diese unförmigen und schwergängigen Schlösser – wie in unseren Dörfern. Und dann die Bedachung: Wenn schon weder Schiefer noch Blei noch Bronze zur Hand gewesen seien, nur diese Hohlziegel, hätte man wenigstens das Dach so formen müssen, dass sie nicht jedem gleich ins Auge fallen. Der Verwalter versicherte, er werde die Kritik seinem Herrn weitertragen.

Der Herzog hat die früheren Sienenser Hoheitszeichen nicht entfernen lassen; so prangt unverändert an zahllosen Wänden der alte Wahlspruch der Stadt, der nun wie ein Fanal wirkt: Freiheit. Weniger großzügige Behandlung erfuhren indes die letzten Ruhestätten der gefallenen Franzosen, samt Grabinschriften und Gedenktafeln: Die neuen Herren brachten sie mit der fadenscheinigen Begründung, der Dom solle um- und ausgebaut werden, irgendwohin, wo sie den Blicken entzogen sind.

In den Bagni di Lucca

Zwischen den Einheimischen herrschen Neid, Feindschaft, ja tödlicher Hass, den sie nur mühsam verbergen; dabei sind sie alle miteinander verwandt.

Von einer Dame hörte ich folgendes Sprichwort: *Chi vuol*

che la sua donna impregni, mandila al bagno, e non ci vegni. (Willst deine Frau du schwanger sehen, lass sie alleine baden gehen.)

An meinem Quartier gefiel mir unter anderem, dass ich es vom Bad aus nicht weit bis zu meinem Bett hatte: nur dreißig Schritte auf einem ganz ebenen Weg. Verdrossen hat mich hingegen der Anblick der nunmehr entlaubten Maulbeerbäume; so wähnte man sich zur schönsten Sommerzeit im Winter.

Der Grieß, den ich ständig von mir gab, schien mir viel größer als sonst; auch verspürte ich bei seinem Abgang so ein stechendes Brennen im Schwanz.

Täglich wurde von allen Seiten Wein in kleinen Flaschen herangebracht, damit die Fremden ihn verkosten und, falls er ihnen zusagte, größere Mengen davon bestellen konnten. Gute Weine gab es jedoch nur wenige; die weißen waren unreif, säuerlich und zu leicht, die roten rau, hart und zu schwer. Wer halbwegs ordentlichen Rebensaft will, muss sich schon aus Lucca oder Pescia den Trebbiano kommen lassen, einen äußerst reifen Weißwein; sonderlich delikat ist der aber auch nicht.

Donnerstag, Fronleichnam, badete ich mindestens eine Stunde im lauen Wasser. Ich schwitzte darin nur wenig, und als ich herausging, fühlte ich keinerlei zusätzliche Beschwerden. Den Kopf duschte ich mir heute eine halbe Viertelstunde. Dann ging ich zurück, legte mich ins Bett und schlief eine Weile. Das Baden und Duschen tat mir wohler als gewöhnlich. Freilich verspürte ich Juckreiz an den Händen und anderen Körperteilen. Da fiel mir ein, dass bei den Einheimischen die Krätze grassierte und die Kinder unter Milchschorf litten.

Aber hier geht es zu wie anderswo: Was uns so kostbar erscheint, dass wir weite und beschwerliche Wege dafür in Kauf nehmen, wird von den Einwohnern gering geschätzt; viele sagten mir nämlich, dass sie die Quelle nie auch nur gekostet hätten; sie hielten sie für wertlos. Dabei trifft man hier kaum alte Leute.

In dem Schleim, den ich mit meinem Urin immer wieder exkretierte, fanden sich Grießkörner. Sie waren von der zähen Substanz fest umhüllt und zogen Fäden darin.

Wenn ich mir im Bad die Dusche auf den Unterleib sprudeln ließ, schien mir dies die Blähungen auszutreiben. Gleichzeitig ging die Schwellung meines rechten Hodens, an der ich sehr oft leide, deutlich zurück. Deshalb bin ich mir ziemlich sicher, dass jene Schwellung von Winden herrührt, die sich in den Hoden verfangen.

Freitag badete ich wie sonst auch; den Kopf duschte ich mir sogar etwas länger.

Fortwährend kam Grieß, und zwar in solch außerordentlicher Menge, dass es mich erstaunte. So viel konnten meine Nieren doch gar nicht fassen. Zusammengepresst hätten die Körnchen einen riesigen Ball ergeben, erheblich größer als jenes Organ. Ich vermutete daher, dass die Nieren selbst den ganzen Grieß nicht allein hervorbrachten; zumindest einen Teil produziere auch das Wasser; irgendwo im Körper lasse es ihn entstehen und dann vom Urin stückweise ausschwemmen.

Samstag badete ich zwei Stunden und duschte mir eine Viertelstunde den Kopf.

Sonntag hielt ich Ruhe. Ein Bologneser Edelmann veranstaltete seinerseits einen Ball, der eine besondere Attraktion hatte: Eine Frau tanzte mit einer mit Wasser gefüllten Schüssel auf dem Kopf, die selbst bei ihren ausgelassensten Sprüngen nicht wankte.

Dass es hier wie fast überall in Italien so wenig öffentliche Uhren gibt, hat mich immer wieder verdrossen.

Im Bad sieht man eine Madonnenstatue; darunter sind die lateinischen Verse zu lesen: *Auspicio fac, Diva, tuo, quicumque lavacrum ingreditur, sospes ac bonus hinc abeat.* (Sorge, Himmelskönigin, durch deine Macht, dass jeder, der dieses Bad betritt, heil und gesund wieder davongehe.)

Nicht genug zu loben ist der Schönheit und Nützlichkeit verbindende Brauch im Luccheser Land, einen Berg bis zum Gipfel zu kultivieren. Hierzu wird er ringsum terrassiert, sodass kreisförmige Stufen entstehen, deren leicht erhöhte Außenkanten, wenn die Erde nicht von selbst hält, mit Steinen oder anderem befestigendem Material verstärkt werden. Jeden Absatz – sei er breit oder schmal – bepflanzt man mit Getreide, während auf dem vorderen, zur Talseite gerichteten runden Rand in dichten Reihen Reben wachsen. Allein wo sich, wie etwa zum Gipfel hin, eine ebene Stelle weder findet noch herstellen lässt, baut man nur Wein an.

Die Ärzte waren verwundert, dass wir französischen Gäste meist schon morgens tranken und dann am selben Tag noch badeten.

Montagmorgen blieb ich zwei Stunden im Bad. Ich duschte jedoch nicht, weil ich aus Laune drei Pfund Wasser getrunken hatte, und die rumorten mir jetzt in den Eingeweiden; da wollte ich keine weitere Erschütterung. Ich badete mir übrigens jeden Morgen auch die Augen, indem ich sie im Wasser offen hielt; es zeitigte aber keine Wirkung, weder positiv noch negativ. Die drei Pfund Wasser schlug ich, glaube ich, schon im Wasser wieder ab, denn ich pisste dort reichlich oft. Außerdem schwitzte ich etwas mehr als sonst. Ferner hatte ich bereits entleerungsfördernde Mittel im Leib, was gewiss nicht minder zu der vermehrten Ausscheidung beitrug.

Ich litt nämlich seit ein paar Tagen an ungewöhnlich hartnäckiger Verstopfung. Also nahm ich drei Körner des besagten dragierten Korianders zu mir. Die jagten mir zwar viel Wind hinaus, von dem ich ganz voll war, doch kaum Festes. Und obwohl ich die Nieren gründlichst purgiert hatte, spürte ich dann und wann noch immer Stiche, die ich freilich eher den Blähungen zuschrieb.

Dienstag blieb ich zwei Stunden im Bad und duschte mich eine halbe Stunde, trank aber nicht. Mittwoch verharrte ich anderthalb Stunden im Bad und duschte mich erneut ungefähr eine halbe Stunde.

Von den Wundern an Geist und Verstand, die man den Italienern nachrühmt, vermochte ich bis jetzt, ehrlich gesagt, nichts zu entdecken. Freilich hatte ich ja noch nicht viele näher kennengelernt. Aber zumindest bei den wenigen, mit denen ich vertraulicheren Kontakt hatte, bemerkte ich keine herausragenden Fähigkeiten. Dafür hegen sie umso größere Bewunderung für die paar Vorzüge, die wir haben.

Zum Beispiel geschah an diesem Tag Folgendes: Mehrere Ärzte waren zu einer wichtigen Konsultation über einen der Kurgäste, Herrn Paolo Cesi, Neffe des Kardinals gleichen Namens, zusammengekommen; der schickte sie nun zu mir mit der Bitte, ihre kontroversen Meinungen anzuhören und zu entscheiden, wer recht habe; ich solle ihm dann mein Urteil sagen, nach dem er sich unbedingt richten wolle. Innerlich musste ich über dieses Ansinnen lachen, zumal mir derlei hier und in Rom immer wieder passierte.

Wenn ich las oder auf einen hell glänzenden Gegenstand schaute, verschwamm mir manchmal alles vor den Augen. Das Übel wich, was mich sehr beunruhigte, seit der Migräneattacke bei Florenz nicht mehr von mir. Die Symptome waren ein zwar schmerzfreier, aber lastender Druck in der Stirn und eine gewisse Umwölkung des Blicks, die mir selbigen zwar nicht verkürzte, aber, ich weiß auch nicht wie, verwirrte. Zwischendurch verschwand die Migräne, kam dann zwei- oder dreimal wieder, wobei die Schübe auch länger dauerten als zuvor, mich jedoch bei meinen Tätigkeiten kaum behinderten. Seit ich mir aber regelmäßig den Kopf duschte, plagte sie mich sogar täglich, und die Augen tränten wie ehedem, aber immerhin ohne Rötung und Schmerz. Bis zu jenem Migräneanfall nahe Florenz hatte ich über zehn Jahre nicht mehr unter Kopfweh gelitten.

Da ich fürchtete, das Wasser könnte meinen Kopf weiter beeinträchtigen, duschte ich ihn am Donnerstag nicht, sondern beließ es bei einer Stunde Baden.

Freitag, Samstag und Sonntag verzichtete ich erst einmal auf sämtliche Anwendungen, teils aus der gleichen Furcht, teils, weil ich mich insgesamt ziemlich schlecht fühlte, denn ich schied dauernd ungeheure Mengen Grieß aus. Aber wie sehr ich mich mühte: Mein Kopf kam nie wieder ganz in Ordnung. In manchen Stunden spürte ich sogar eine Verschlimmerung, die durch das verderbliche Wirken negativer Fantasien noch unerträglicher wurde.

Montagmorgen trank ich in dreizehn Gläsern sechseinhalb Pfund von der gewöhnlichen Quelle. Vor dem Mittagessen schlug ich davon drei Pfund weiß und unverdaut wieder ab, das Übrige kam später portionenweise nach.

Obwohl meine Kopfschmerzen weder permanent noch gar zu heftig waren, verschafften sie mir doch allmählich eine ungesunde Gesichtsfarbe. Ansonsten aber verspürte ich da oben kein Nachlassen der geistigen Kräfte und auch keine kurzzeitigen Ausfälle wie zuweilen früher, sondern nur eine gewisse Schwere auf den Augen und eine leichte Trübung des Blicks.

An diesem Tag begann man in der Ebene den Roggen zu mähen.

Dienstag ging ich bereits in der Morgendämmerung zur Bernabò-Quelle und trank aus ihr sechsmal hintereinander sechs Pfund. Ein leichter Regen fiel. Ich schwitzte etwas. Das Wasser setzte die Verdauungskräfte in Bewegung und spülte die Eingeweide ordentlich durch. Deshalb konnte ich nicht verfolgen, wie viel ich ausschied. Ich urinierte wenig, aber nach zwei Stunden begann der Harn schon wieder Farbe anzunehmen. Ehe der Abend hereinbrach, war alles draußen – und zwar mehr, als ich überhaupt zu mir genommen hatte. Bei Tisch trank ich nur einen kleinen Becher voll, ein halbes Pfund, und aß wenig.

Ein höchst komfortables Einzelzimmer mit Pension erhält man hier schon für etwa sechs Goldtaler, Unterbringung und Verköstigung eines Dieners inbegriffen. Wenn der Gast ohne anreist, betreut der Wirt ihn selbst ein wenig und verköstigt ihn umso reichlicher.

Mittwoch – es regnete erneut – trank ich aus der gewöhnlichen Quelle siebenmal hintereinander sieben Pfund; danach gab ich sie und was ich sonst noch getrunken hatte, komplett wieder von mir.

Donnerstag trank ich neun Pfund, erst sieben auf einen Sitz, und als ich das Wasser schon auszuscheiden begann, ließ ich mir zwei weitere bringen. Rasch ging es mir wieder ab, in alle Richtungen. Zum Essen trank ich fast gar nichts.

Freitag und Samstag verfuhr ich genauso. Sonntag gönnte ich mir eine Pause.

Montag nahm ich sieben Glas gleich sieben Pfund Wasser zu mir. Dauernd exkretierte ich Grieß, aber weniger als nach dem Baden; dies ging vielen anderen Patienten übrigens genauso. An diesem Tag spürte ich im Unterleib einen Schmerz, wie er für Steinabgänge typisch ist, und tatsächlich schied ich einen kleinen aus, Dienstag einen weiteren. Was ich dabei empfand, führte mich zu dem sicheren Schluss, dass dieses Wasser Nierensteine zu zertrümmern vermag. Denn während sie niederglitten, fühlte ich wohl, dass ihre Größe beträchtlich war; heraus aber kamen sie in kleinen Stückchen.

An diesem Dienstag trank ich acht Pfund Wasser: achtmal ein Pfund.

Wäre Calvin geläufig gewesen, dass die höheren Ordensgeistlichen hier *ministri* heißen, hätte er seine Prediger zweifellos anders genannt.

Mittwoch nahm ich wieder acht Pfund, ebenso portioniert wie tags zuvor. Meist schied ich in den ersten drei Stunden die Hälfte des Getrunkenen aus; dieses Quantum war fast jedes Mal klar und naturfarben, das nächste halbe Pfund dann trüb rötlich. Der Rest ging nach Tisch und nachts ab.

Nun begann die Saison, und immer mehr Menschen kamen ins Bad. Ich beobachtete genau, wie sie dort verfuhren, und las noch einmal gewissenhaft, was die Ärzte – namentlich der besagte Donati, der Autor des Bäderführers – über das medizinisch richtige Verhalten während der Kur schrieben. Aus beidem durfte ich folgern: So daneben war es gar nicht, dass ich mir mit dem Wasser der hiesigen Quelle auch den Kopf duschte. Denn wenn die Gäste baden, pflegen sie sich ihrerseits unter Wasser den Bauch zu besprudeln, indem sie einen langen Schlauch auf ihn richten, dessen oberes Ende an der Wanddüse sitzt. Dieses Hilfsmittel nun benutzen sie nicht minder fürs Haupt, und nachher baden sie im gleichen Wasser, mit dem sie sich dergestalt geduscht haben – und sie kamen bestens zurecht. Also kann meine Gewohnheit, beides zu verbinden, gar nicht so gravierend verkehrt gewesen sein; schließlich tat ich im Prinzip das Gleiche wie das Gros der Patienten, nur dass ich mir das Wasser direkt zuführte statt über den Schlauch.

Düsteres Lucca und heitere Begegnung
Heinrich Heine

Das Leben heiratet den Tod – nächtliche Prozession in Lucca

Es war schon Nacht, als ich die Stadt Lucca erreichte.

Wie ganz anders erschien sie mir die Woche vorher, als ich am Tage durch die widerhallend öden Straßen wandelte und mich in eine jener verwunschenen Städte versetzt glaubte, wovon mir einst die Amme so viel erzählt. Da war die ganze Stadt still wie das Grab, alles war so verblichen und verstorben, auf den Dächern spielte der Sonnenglanz wie Goldflitter auf dem Haupte einer Leiche, hie und da aus den Fenstern eines altverfallenen Hauses hingen Efeuranken wie vertrocknet grüne Tränen, überall glimmernder Moder und ängstlich stockender Tod, die Stadt schien nur das Gespenst einer Stadt, ein steinerner Spuk am hellen Tage. Da suchte ich lange vergebens die Spur eines lebendigen Wesens. Ich erinnere mich nur, vor einem alten Palazzo lag ein schlafender Bettler mit ausgestreckt offner Hand. Auch erinnere ich mich, oben am Fenster eines schwärzlich morschen Häusleins sah ich einen Mönch, der den roten Hals mit dem feisten Glatzenhaupt recht lang aus der braunen Kutte hervorreckte, und neben ihm kam ein vollbusig nacktes Weibsbild zum Vorschein, unten, in die halb offne Haustüre sah ich einen kleinen Jungen hineingehen, der als ein schwarzer Abbate gekleidet war und mit beiden Händen eine mächtig großbäuchige Weinflasche trug. – In demselben Augenblick läutete unfern ein feines ironisches Glöcklein, und in meinem Gedächtnisse kicherten die Novellen des Boccaccio. Diese Klänge konnten aber keineswegs das seltsame Grauen, das meine Seele durchschauerte, ganz verscheuchen. Es hielt mich vielleicht umso gewaltiger befangen, da die Sonne, so warm und hell, die unheimlichen Gebäude beleuchtete, und ich merkte wohl, Gespenster sind noch furchtbarer, wenn sie den schwarzen Mantel der Nacht abwerfen und sich im hellen Mittagslichte sehen lassen.

Als ich jetzt, acht Tage später, wieder nach Lucca kam, wie erstaunte ich über den veränderten Anblick dieser Stadt! Was ist das?, rief ich, als die Lichter mein Auge blendeten und die Menschenströme durch die Gassen sich wälzten. Ist ein ganzes Volk als nächtliches Gespenst aus dem Grabe gestiegen, um im tollsten Mummenschanz das Leben nachzuäffen? Die hohen, trüben Häuser sind mit Lampen verziert, überall aus den Fenstern hängen bunte Teppiche, die morschgrauen Wände fast bedeckend, und darüber lehnen sich holde Mädchengesichter, so frisch, so blühend, dass ich wohl merke, es ist das Leben selbst, das sein Vermählungsfest mit dem Tode feiert und Schönheit und Jugend dazu eingeladen hat. Ja, es war so ein lebendes Totenfest, ich weiß nicht, wie es im Kalender genannt wird, auf jeden Fall so ein Schindungstag irgendeines geduldigen Märtyrers, denn ich sah nachher einen heiligen Totenschädel und noch einige Extraknochen, mit Blumen und Edelsteinen geziert und unter hochzeitlicher Musik herumtragen. Es war eine schöne Prozession.

Voran gingen die Kapuziner, die sich von den anderen Mönchen durch lange Bärte auszeichneten und gleichsam die Sappeurs dieser Glaubensarmee bildeten. Darauf folgten Kapuziner ohne Bärte, worunter viele männlich edle Gesichter, sogar manch jugendlich schönes Gesicht, das die breite Tonsur sehr gut kleidete, weil der Kopf dadurch wie mit einem zierlichen Haarkranz umflochten schien und samt dem bloßen Nacken recht anmutig aus der braunen Kutte hervortrat. Hierauf folgten Kutten von anderen Farben, schwarz, weiß, gelb, panache, auch herabgeschlagene dreieckige Hüte, kurz all jene Klosterkostüme, womit wir durch die Bemühungen unseres Generalintendanten längst bekannt sind. Nach den Mönchsorden kamen die eigentlichen Priester, weiße Hemden über schwarzen Hosen, und farbige Käppchen; hinter ihnen kamen noch vornehmere Geistliche, in buntseidne Decken gewickelt, und auf dem Haupte eine Art hoher Mützen, die wahrscheinlich aus Ägypten stammen und die man auch aus dem denonschen Werke, aus der *Zauberflöte* und aus dem Belzoni kennenlernt; es waren altgediente Gesichter, und sie schienen eine Art von alter Garde zu bedeuten. Zuletzt kam der eigentliche Stab, ein Thronhimmel und darunter ein alter Mann mit einer noch höheren Mütze und in einer noch reicheren Decke, deren Zipfel von zwei ebenso gekleideten alten Männern nach Pagenart getragen wurden.

Die vorderen Mönche gingen mit gekreuzten Armen, ernsthaft schweigend; aber die mit den hohen Mützen sangen einen gar unglücklichen Gesang, so näselnd, so schlürfend, so kolierend, dass ich überzeugt bin: Wären die Juden die größere Volksmenge, und ihre Religion wäre die Staatsreligion, so würde man obiges Gesinge mit dem Namen »Mauscheln« bezeichnen. Glücklicherweise konnte man es nur zur Hälfte vernehmen, indem hinter der Prozession mit lautem Trommeln und Pfeifen mehrere Kompanien Militär einherzogen, so wie überhaupt an beiden Seiten neben den wallenden Geistlichen auch immer je zwei und zwei Grenadiere marschierten. Es waren fast mehr Soldaten als Geistliche, aber zur Unterstützung der Religion gehören heutzutage viel Bajonette, und wenn gar der Segen gegeben wird, dann müssen in der Ferne auch die Kanonen bedeutungsvoll donnern.

Wenn ich eine solche Prozession sehe, wo unter stolzer Militäreskorte die Geistlichen so gar trübselig und jammervoll einherwandeln, so ergreift es mich immer schmerzhaft, und es ist mir, als sähe ich unseren Heiland selbst, umringt von Lanzenträgern, zur Richtstätte abführen. Die Sterne zu Lucca dachten gewiss wie ich, und als ich seufzend nach ihnen hinaufblickte, sahen sie mich so übereinstimmend an mit ihren frommen Augen, so hell, so klar. Aber man bedurfte nicht ihres Lichtes, tausend und abertausend Lampen und Kerzen und Mädchengesichter flimmerten aus allen Fenstern, an den Straßenecken standen lodernde Pechkränze aufgepflanzt, und dann hatte auch jeder Geistliche noch seinen besonderen Kerzenträger zur Seite. Die Kapuziner hatten meistens kleine Buben, die ihnen die Kerze trugen, und die jugendlich frischen Gesichtchen schauten bisweilen recht neugierig vergnügt hinauf nach den alten, ernsten Bärten, so ein armer Kapuziner kann keinen großen Kerzenträger besolden, und der Knabe, den er das Ave Maria lehrt oder dessen Muhme ihm beichtet, muss bei Prozessionen wohl gratis dieses Amt übernehmen, und es wird darum gewiss nicht mit geringerer Liebe verrichtet. Die folgenden Mönche hatten nicht viel größere Buben, einige vornehmere Orden hatten schon erwachsene Rangen, und die hochmütigen Priester hatten wirkliche Bürgersleute zu Kerzenträgern. Aber endlich gar der Herr Erzbischof – denn das war wohl der Mann, der in vornehmer Demut unter dem Thronhimmel ging und sich die Gewandzipfel von greisen Pagen nachtragen ließ –, dieser hatte an jeder Seite einen Lakaien, die beide in blauen Livreen mit gelben Tressen prangten und zeremoniös, als servierten sie bei Hof, die weißen Wachskerzen trugen.

Auf jeden Fall schien mir solche Kerzenträgerei eine gute

Einrichtung, denn ich konnte dadurch umso heller die Gesichter besehen, die zum Katholizismus gehören. Und ich habe sie jetzt gesehen, und zwar in der besten Beleuchtung. Und was sah ich denn? Nun ja, der klerikale Stempel fehlte nirgends. Aber dieses abgerechnet, waren die Gesichter untereinander ebenso verschieden wie andre Gesichter. Das eine war blass, das andre rot, diese Nase erhob sich stolz, jene war niedergeschlagen, hier ein funkelnd schwarzes, dort ein schimmernd graues Auge – aber in allen diesen Gesichtern lagen die Spuren derselben Krankheit, einer schrecklichen, unheilbaren Krankheit, die wahrscheinlich Ursache sein wird, dass mein Enkel, wenn er hundert Jahre später die Prozession in Lucca zu sehen bekommt, kein einziges von jenen Gesichtern wiederfindet. Ich fürchte, ich bin selbst angesteckt von dieser Krankheit, und eine Folge derselben ist jene Weichheit, die mich wunderbar beschleicht, wenn ich so ein siches Mönchsgesicht betrachte und darauf die Symptome jener Leiden sehe, die sich unter der groben Kutte verstecken: gekränkte Liebe, Podagra, getäuschter Ehrgeiz, Rückendarre, Reue, Hämorriden, die Herzwunden, die uns vom Undank der Freunde, von der Verleumdung der Feinde und von der eignen Sünde geschlagen worden, alles dieses und noch viel mehr, was eben so leicht unter einer groben Kutte wie unter einem feinen Modefrack seinen Platz zu finden weiß. Oh, es ist keine Übertreibung, wenn der Poet in seinem Schmerze ausruft: Das Leben ist eine Krankheit, die ganze Welt ein Lazarett!

Und der Tod ist unser Arzt. Ach, ich will nichts Böses von ihm reden und nicht andre in ihrem Vertrauen stören; denn da er der einzige Arzt ist, so mögen sie immerhin glauben, er sei auch der beste, und das einzige Mittel, das er anwendet, seine ewige Erdkur, sei auch das beste. Wenigstens kann man von ihm rühmen, dass er immer gleich bei der Hand ist und trotz seiner großen Praxis nie lange auf sich warten lässt, wenn man ihn verlangt. Manchmal folgt er seinen Patienten sogar zur Prozession und trägt ihnen die Kerze. Es war gewiss der Tod selbst, den ich an der Seite eines blassen, bekümmerten Priesters gehen sah; in dünnen zitternden Knochenhänden trug er diesem die flimmernde Kerze, nickte dabei gar gutmütig besänftigend mit dem ängstlich kahlen Köpfchen, und so schwach er selbst auf den Beinen war, so unterstützte er doch noch zuweilen den armen Priester, der bei jedem Schritte noch bleicher wurde und umsinken wollte. Er schien ihm Mut einzusprechen: Warte nur noch einige Stündchen, dann sind wir zu Hause, und ich lösche die Kerze aus, und ich lege dich aufs Bett, und die kalten, müden Beine können ausruhen, und du sollst so fest schlafen, dass du das wimmernde Sankt-Michaels-Glöckchen nicht hören wirst.

Gegen den Mann will ich auch nicht schreiben, dacht ich, als ich den armen, bleichen Priester sah, dem der leibhaftige Tod zu Bette leuchtete.

Ach, man sollte eigentlich gegen niemanden in dieser Welt schreiben. Jeder ist selbst krank genug in diesem großen Lazarett, und manche polemische Lektüre erinnert mich unwillkürlich an ein widerwärtiges Gezänk in einem kleineren Lazarett zu Krakau, wobei ich mich als zufälliger Zuschauer befand und wo entsetzlich anzuhören war, wie die Kranken sich einander ihre Gebrechen spottend vorrechneten, wie ausgedörrte Schwindsüchtige den aufgeschwollenen Wassersüchtling verhöhnten, wie der eine lachte über den Nasenkrebs des andern und dieser wieder über Maulsperre und Augenverdrehung seiner Nachbarn, bis am Ende die Fiebertollen nackt aus den Betten sprangen und den andern Kranken die Decken und Laken von den wunden Leibern rissen und nichts als scheußliches Elend und Verstümmlung zu sehen war.

Wo Zitronen und Orangen wachsen

»Eine kuriose Frau!«, wiederholte Gumpelino, als wir uns auf den Weg machten, seine beiden Freundinnen, Signora Lätitia und Signora Francesca, deren Bekanntschaft er mir verschaffen wollte, zu besuchen. Da die Wohnung dieser Damen auf einer etwas entfernten Anhöhe lag, so erkannte ich umso dankbarer die Güte meines wohlbeleibten Freundes, der das Bergsteigen etwas beschwerlich fand und auf jedem Hügel Atem schöpfend stehen blieb und »O Jesu!« seufzte.

Die Wohnungen in den Bädern von Lucca nämlich sind entweder unten in einem Dorfe, das von hohen Bergen umschlossen ist, oder sie liegen auf einem dieser Berge selbst, unfern der Hauptquelle, wo eine pittoreske Häusergruppe in das reizende Tal hinabschaut. Einige liegen aber auch einzeln zerstreut an den Bergesabhängen, und man muss mühsam hinaufklimmen durch Weinreben, Myrtengesträuch, Geißblatt, Lorbeerbüsche, Oleander, Geranikum und andre vornehme Blumen und Pflanzen, ein wildes Paradies. Ich habe nie ein reizenderes Tal gesehen, besonders wenn man von der Terrasse des oberen Bades, wo die ernstgrünen Zypressen stehen, ins Dorf hinabschaut. Man sieht dort die Brücke, die über ein Flüsschen führt, welches Lima heißt, und, das Dorf in zwei Teile durchschneidend, an beiden Enden in mäßigen Wasserfällen über Felsenstücke dahinstürzt und ein Geräusch hervorbringt, als wolle es die angenehmsten Dinge sagen und könne vor dem allseitig plaudernden Echo nicht zu Worten kommen.

Der Hauptzauber dieses Tals liegt aber gewiss in dem Umstand, dass es nicht zu groß ist und nicht zu klein, dass die Seele des Beschauers nicht gewaltsam erweitert wird, vielmehr sich ebenmäßig mit dem herrlichen Anblick füllt, dass die Häupter der Berge selbst, wie die Apenninen überall, nicht abenteuerlich gotisch erhaben missgestaltet sind, gleich den Bergkarikaturen, die wir ebenso wohl wie die Menschenkarikaturen in germanischen Ländern finden: sondern dass ihre edel gerundeten, heitergrünen Formen fast eine Kunstzivilisation aussprechen, und gar melodisch mit dem blassblauen Himmel zusammenklingen.

»O Jesu!«, ächzte Gumpelino, als wir, mühsamen Steigens und von der Morgensonne schon etwas stark gewärmt, oben erwähnte Zypressenhöhe erreichten und, ins Dorf hinabschauend, unsere englische Freundin, hoch zu Ross wie ein romantisches Märchenbild, über die Brücke jagen und ebenso traumschnell wieder verschwinden sahen. »O Jesu!, welch eine kuriose Frau«, wiederholte einige Male der Marchese. »In meinem gemeinen Leben ist mir noch keine solche Frau vorgekommen. Nur in Komödien findet man dergleichen, und ich glaube zum Beispiel die Holzbecher würde die Rolle gut spielen. Sie hat etwas von einer Nixe. Was denken Sie?«

»Ich denke, Sie haben recht, Gumpelino. Als ich mit ihr von London nach Rotterdam fuhr, sagte der Schiffskapitän, sie gliche einer mit Pfeffer bestreuten Rose. Zum Dank für diese pikante Vergleichung schüttete sie eine ganze Pfefferbüchse auf seinen Kopf aus, als sie ihn einmal in der Kajüte eingeschlummert fand, und man konnte sich dem Manne nicht mehr nähern, ohne zu niesen.«

»Eine kuriose Frau!«, sprach wieder Gumpelino. »So zart wie weiße Seide und ebenso stark und sitzt zu Pferde ebenso gut wie ich. Wenn sie nur nicht ihre Gesundheit zugrunde reitet. Sahen Sie nicht eben den langen, mageren Engländer, der auf seinem mageren Gaul hinter ihr herjagte wie die galoppierende Schwindsucht? Das Volk reitet zu leidenschaftlich, gibt alles Geld der Welt für Pferde aus. Lady Maxfields Schimmel kostet dreihundert goldne, lebendige Louisdore – ach, und die Louisdore stehen so hoch und steigen noch täglich.«

»Ja, die Louisdore werden noch so hoch steigen, dass ein armer Gelehrter wie unsereiner sie gar nicht mehr wird erreichen können.«

»Sie haben keinen Begriff davon, Herr Doktor, wie viel Geld ich ausgeben muss, und dabei behelfe ich mich mit einem einzigen Bedienten, und nur wenn ich in Rom bin, halte ich mir einen Kapellan für meine Hauskapelle. Sehen Sie, da kommt mein Hyazinth.«

Die kleine Gestalt, die in diesem Augenblick bei der Windung eines Hügels zum Vorschein kam, hätte vielmehr den Namen einer Feuerlilie verdient. Es war ein schlotternd weiter Scharlachrock, überladen mit Goldtressen, die im Sonnenglanze strahlten, und aus dieser roten Pracht schwitzte ein Köpfchen hervor, das mir sehr wohlbekannt zunickte. Und wirklich, als ich das blässlich besorgliche Gesichtchen und die geschäftig zwinkernden Äuglein näher betrachtete, erkannte ich jemanden, den ich eher auf dem Berg Sinai als auf den Apenninen erwartet hätte, und das war kein anderer als Herr Hirsch, Schutzbürger in Hamburg, ein Mann, der nicht bloß immer ein sehr ehrlicher Lotteriekollekteur gewesen, sondern sich auch auf Hühneraugen und Juwelen versteht, dergestalt, dass er Erstere von Letzteren nicht bloß zu unterscheiden weiß, sondern auch die Hühneraugen ganz geschickt auszuschneiden und die Juwelen ganz genau zu taxieren weiß.

»Ich bin guter Hoffnung«, sprach er, als er mir näher kam, »dass Sie mich noch kennen, obgleich ich nicht mehr Hirsch heiße. Ich heiße jetzt Hyazinth und bin der Kammerdiener des Herrn Gumpel.«

»Hyazinth!«, rief dieser, in staunender Aufwallung über die Indiskretion des Dieners.

»Seien Sie nur ruhig, Herr Gumpel, oder Herr Gumpelino, oder Herr Marchese, oder Eure Exzellenz, wir brauchen uns gar nicht vor diesem Herrn zu genieren, der kennt mich, hat manches Los bei mir gespielt, und ich möchte sogar drauf schwören, er ist mir von der letzten Renovierung noch sieben Mark neun Schilling schuldig – ich freue mich wirklich, Herr Doktor, Sie hier wiederzusehen. Haben Sie hier ebenfalls Vergnügungsgeschäfte? Was sollte man sonst hier tun, in dieser Hitze, und wo man noch dazu bergauf und bergab steigen muss. Ich bin hier des Abends so müde, als wäre ich zwanzigmal vom Altonaer Tore nach dem Steintor gelaufen, ohne was dabei verdient zu haben.«

»O Jesu!«, rief der Marchese, »schweig, schweig! Ich schaffe mir einen andern Bedienten an.«

»Warum schweigen?«, versetzte wirsch Hyazinth. »Ist es mir doch lieb, wenn ich mal wieder gutes Deutsch sprechen kann mit einem Gesichte, das ich schon einmal in Hamburg gesehen, und denke ich an Hamburg –«

Hier, bei der Erinnerung an sein kleines Stiefvaterländchen, wurden des Mannes Äuglein flimmernd feucht, und seufzend sprach er: »Was ist der Mensch! Man geht vergnügt vor dem Altonaer Tore auf dem Hamburger Berg spazieren und besieht dort die Merkwürdigkeiten, die Löwen, die Vögel, die Papageien, die Affen, die ausgezeichneten Menschen, und man lässt sich Karussell fahren oder elektrisieren, und man denkt, was würde ich erst für Vergnügen haben an einem Orte, der noch zweihundert Meilen von Hamburg weiter entfernt ist, in dem Lande, wo die Zitronen und Orangen wachsen, in Italien! Was ist der Mensch! Ist er vor dem Altonaer Tore, so möchte er gern in Italien sein, und ist er in Italien, so möchte er wieder vor dem Altonaer Tore sein! Ach, stände ich dort wieder und sähe wieder den Michaelisturm und oben daran die Uhr mit den großen goldnen Zahlen auf dem Zifferblatt, die großen goldnen Zahlen, die ich so oft des Nachmittags betrachtete, wenn sie so freundlich in der Sonne glänzten – ich hätte sie oft küssen mögen. Ach, ich bin jetzt in Italien, wo die Zitronen und Orangen wachsen; wenn ich aber die Zitronen und Orangen wachsen sehe, so denk ich an den Steinweg zu Hamburg, wo sie, ganze Karren voll, gemächlich aufgestapelt liegen und wo man sie ruhig genießen kann, ohne dass man nötig hat, so viele gefährliche Berge zu besteigen und so viel Hitzwärme auszustehen. So wahr mir Gott helfe, Herr Marchese, wenn ich es nicht der Ehre wegen getan hätte und wegen der Bildung, so wäre ich Ihnen nicht hierher gefolgt. Aber das muss man Ihnen nachsagen, man hat Ehre bei Ihnen und bildet sich.«

»Hyazinth!«, sprach jetzt Gumpelino, der durch diese Schmeichelei etwas besänftigt worden, »Hyazinth, geh jetzt zu –«

»Ich weiß schon –«

»Du weißt nicht, sage ich dir, Hyazinth –«

»Ich sag Ihnen, Herr Gumpel, ich weiß. Eure Exzellenz schicken mich jetzt zu der Lady Maxfield – mir braucht man gar nichts zu sagen. Ich weiß Ihre Gedanken, die Sie noch gar nicht gedacht und vielleicht Ihr Lebtag gar nicht denken werden. Einen Bedienten wie mich bekommen Sie nicht so leicht – und ich tu es der Ehre und der Bildung wegen, und wirklich, man hat Ehre bei Ihnen und bildet sich –« Bei diesem Worte putzte er sich die Nase mit einem sehr weißen Taschentuche.

»Hyazinth«, sprach der Marchese, »du gehst jetzt zu Lady Julie Maxfield, zu meiner Julia, und bringst ihr diese Tulpe – nimm sie in Acht, denn sie kostet fünf Paoli – und sagst ihr –«

»Ich weiß schon –«

»Du weißt nichts. Sag ihr: Die Tulpe ist unter den Blumen –«

»Ich weiß schon, Sie wollen ihr etwas durch die Blume sagen. Ich habe für so manches Lotterielos in meiner Kollekte selbst eine Devise gemacht –«

»Ich sage dir, Hyazinth, ich will keine Devise von dir. Bringe diese Blume zu Lady Maxfield, und sage ihr:

Die Tulpe ist unter den Blumen
Was unter den Käsen der Stracchino;
Doch mehr als Blumen und Käse
Verehrt dich Gumpelino!

»So wahr mir Gott alles Gut's gebe, das ist gut!«, rief Hyazinth. »Winken Sie mir nicht, Herr Marchese, was Sie wissen, das weiß ich, und was ich weiß, das wissen Sie. Und Sie, Herr Doktor, leben Sie wohl! Um die Kleinigkeit mahne ich Sie nicht.« Bei diesen Worten stieg er den Hügel wieder hinab und murmelte beständig: »Gumpelino Stracchino – Stracchino Gumpelino –«

»Es ist ein treuer Mensch«, sagte der Marchese, »sonst hätte ich ihn längst abgeschafft, wegen seines Mangels an Etikette. Vor Ihnen hat das nichts zu bedeuten. Sie verstehen mich. Wie gefällt Ihnen seine Livree? Es sind noch für vierzig Taler mehr Tressen dran als an der Livree von Rothschilds Bedienten. Ich habe innerlich mein Vergnügen, wie sich der Mensch bei mir perfektioniert. Dann und wann gebe ich ihm selbst Unterricht in der Bildung. Ich sage ihm oft: Was ist Geld? Geld ist rund und rollt weg, aber Bildung bleibt. Ja, Herr Doktor, wenn ich, was Gott verhüte, mein Geld verliere, so bin ich doch noch immer ein großer Kunstkenner, ein Kenner von Malerei, Musik und Poesie. Sie sollen mir die Augen zubinden und mich in der Galerie zu Florenz herumführen, und bei jedem Gemälde, vor welches Sie mich hinstellen, will ich Ihnen den Maler nennen, der es gemalt hat, oder wenigstens die Schule, wozu dieser Maler gehört. Musik? Verstopfen Sie mir die Ohren, und ich höre doch jede falsche Note. Poesie? Ich kenne alle Schauspielerinnen Deutschlands, und die Dichter weiß ich auswendig. Und gar Natur! Ich bin zweihundert Meilen gereist, Tag und Nacht durch, um in Schottland einen einzigen Berg zu sehen. Italien aber geht über alles. Wie gefällt Ihnen hier diese Naturgegend?

Welche Schöpfung! Sehen Sie mal die Bäume, die Berge, den Himmel, da unten das Wasser – ist nicht alles wie gemalt? Haben Sie es je im Theater schöner gesehen? Man wird sozusagen ein Dichter! Verse kommen einem in den Sinn, und man weiß nicht woher:

Schweigend, in der Abenddämmrung Schleier
Ruht die Flur, das Lied der Haine stirbt;
Nur dass hier im alternden Gemäuer
Melancholisch noch ein Heimchen zirpt.«

Diese erhabenen Worte deklamierte der Marchese mit überschwellender Rührung, indem er, wie verklärt, in das lachende, morgenhelle Tal hinabschaute.

Das schiefe Wunder – Pisas Campanile
Hermann Hesse

Vor dem hübschen, ruhigen Städtchen Pisa liegt abseits und von grünen friedlichen Wiesen eingeschlossen eine stille, ernste, marmorne Welt, einsam und vom Zauber einer alten, untergegangenen Kunst übergossen. Das ist jene berühmte Pisaner Gruppe heiliger Gebäude, des Baptisteriums, des Domes, des Campanile und des Campo Santo, sämtlich aus jener uns seltsam anziehenden Zeit stammend, in welcher aus der dantesken Kultur des endenden Mittelalters heraus die ersten überraschenden Keime einer neuen Kunst und eines neuen Lebens erstanden.

Wer aus den Straßen der wenig belebten Stadt heraustretend zum ersten Mal von diesem einzigartigen Anblick überrascht wird, der bleibt mit Herzklopfen vor dieser adlig schönen Gruppe stehen. Kein Haus, kein Bild oder Klang modernen Lebens stört den Eindruck, abgeschlossen und in der ganzen Reinheit von ehemals liegt diese kleine Welt im Grünen, deren späteste Teile sechs Jahrhunderte alt sind. Wen hier nicht ein Gefühl von Ehrfurcht und heiligem Schauer überwältigt, der ist vergebens nach Italien gekommen; er wird keinen zweiten Ort finden, wo ein Stück des alten Italien sich so großartig rein und edel erhalten hat.

Nach dem Erwachen aus dem ersten ehrfürchtigen Staunen

wendet sich unwillkürlich die erste Neugierde dem Campanile, dem berühmten schiefen Turme, zu. Auch mir ging es so, und vom ersten Augenblick an war es mir rätselhaft, dass viele der Ansicht sind, dieser Turm sei mit Absicht schief angelegt worden. Denn wenn die beiden schiefen Türme von Bologna den erstrebten Eindruck des apart Bizarren wirklich machen, so kann man den Pisaner Turm nur mit tiefem Bedauern über seine schiefe Neigung betrachten, welche den einzigen Missklang in einer vielleicht nirgends sonst so großartig vorhandenen vornehmen Harmonie gibt.

Nachdem ich den wundervollen Turm betrachtet und erstiegen, den Dom mit der glänzenden Fassade und den Bildern des Andrea del Sarto sowie das Baptisterium mit der streng schönen, reliefgeschmückten Kanzel des Giovanni Pisano besucht hatte, wandte ich mich zu dem wenige Schritte entfernten Campo Santo, in dessen Innerem ich einen Eindruck besonderer Art auf mich warten wusste.

Der Campo Santo ist ein rechteckiger, grüner Platz, von nach innen offenen Hallen umgeben, deren Wände die berühmten Fresken bedecken. Der ganze Raum ist totenstill, abgelegen und feierlich und hat die Stimmung der Weltferne und des nachdenklichen Ernstes. Die Steinböden der Hallen sind aus Grabplatten zusammengesetzt, auf denen eine wichtige Sammlung antiker und mittelalterlicher Plastik aufgestellt ist. Ich hatte das Glück, der einzige Besucher zu sein; nichts störte meine stille Betrachtung, kein Laut als der meiner eigenen Schritte traf mein Ohr. Ich besah die bunte Reihe der Fresken, fand bei den Skulpturen einige höchst anziehende etruskische Stücke und ließ dann mein Auge auf dem grün bewachsenen Hofe ausruhen, um dann das Hauptbild, den *Triumph des Todes,* würdig zu betrachten. Während dieses Ausruhens in der vollkommenen Stille war meine Fantasie mit dem Bilde der Zeit beschäftigt, in welcher diese Wände erbaut und bemalt wurden, die durch die Vermittlung der englischen Präraffaeliten wieder einen so enormen Einfluss auf die Kunst der letzten Jahrzehnte geübt haben. Bei allem Reiz hatte das historische Fantasieren an diesem Ort der Vergangenheit und des Todes etwas Traurigmachendes; ich riss mich los und stellte mich nun dem *Triumph des Todes* gegenüber auf.

Die schwermütige Mystik des scheidenden Mittelalters redet aus diesem gewaltigen Bilde, das heute noch, beschädigt und antiquiert, die Schatten der Trauer und Todesgedanken auf die Seele des Beschauers legt. Links ist das fromme Leben der Einsiedler dargestellt, für welche der Tod keine Schrecken hat; der eine ruht an einen Baum gelehnt, ein anderer liest gebückt in einem Buche, ein Dritter melkt eine Hirschkuh. Rechts sehen wir die Seligen im Paradiese sitzen, unter laubigen Fruchtbäumen, in tiefem Frieden, bei Gespräch und Lautenspiel. Die Mitte aber schildert in drei Hauptgruppen den Triumph des Todes, der nach Willkür grausam über die Menschen herrscht. Da reitet eine vornehme, reich gekleidete Jagdgesellschaft, auf schönen Rossen, von Hunden umbellt. Plötzlich begegnen die Vordersten des fröhlichen Zuges drei offenen Gräbern, in welchen Leichname in den verschiedenen Stadien der Verwesung sichtbar werden. Ein obenan reitender schöner Jüngling erbleicht und zeigt den Nachfolgenden stumm mit ausgestrecktem Finger das Schrecknis, die Dame zu seiner Rechten blickt scheu und verstört hinüber. Und nun pflanzt sich der Schauer des Todesschreckens durch die glänzende große Reihe fort, ein Hündlein nähert sich angstvoll winselnd den Gräbern, eines der Pferde stiert mit vorgerecktem Halse scheu auf die Leichname. Die nächstfolgende Dame neigt in schmerzlicher Todesangst das schöne Haupt auf die Hand und kann nicht nochmals hinübersehen; der ganze Zug gerät in ängstliches Stocken, nur die Hintersten, die noch nichts ahnen, blicken lebensfroh und übermütig uns aus dem Bilde an.

Nebenan folgt die ergreifendste Gruppe. Eine Schar von Armen und Bettlern steht und liegt am Wege. Sie alle sind elend, alt, krank und des Lebens müde; der eine ist blind, ein anderer lahm, andere vom Alter gekrümmt oder durch Unglück verstümmelt. Mit herzzerreißenden Gesten und Blicken flehen sie zum Tode, er möge sie erlösen, sie, die Einzigen, welche gern zu sterben bereit sind.

Aber der Tod erhört sie nicht. Als grauenhafte Megäre mäht er mit riesiger Hippe seine Beute nieder, lauter Junge, Reiche, Schöne, Vornehme, die am Leben hingen. Sie liegen dicht in welken Haufen am Boden, Äbte, Nobili, Edeldamen und in der Blüte weggeraffte Jugend. Darüber in den Lüften streiten sich Engel und Teufel um die Seelen.

Das ist der *Trionfo della morte*. Ich weiß kein Bild und keine Dichtung, aus denen so gewaltig düster die ewige Todesbotschaft spricht, es seien denn zwei oder drei jener fast trostlos herben Todesverse in den Psalmen, im Jesus Sirach und im Prediger Salomo.

Eine Stadt wie Alabaster – Volterra und die Etrusker

D. H. Lawrence

Das Hochland oder das Vorgebirge, auf dem das etruskische Volterra, Velathri, Vlathri einstmals lag, dehnt sich, mehr oder weniger übersehbar, von tief zerklüfteten Tälern durchzogen, in einem Umkreis von vier bis fünf Kilometern aus. Es gleicht einer Hand: Der breite, steil abfallende Handteller schwingt in einer großen Kurve nach Osten und Süden, dem Meer zu, während die ausgezackten Halbinseln oder Finger landeinwärts laufen. Und die große Mauer der etruskischen Stadt umschwang den südlichen und östlichen Handteller, als Bekrönung von Steilhängen und Klippen, wandte sich nach Norden und kreuzte den ersten Finger oder die erste Halbinsel; sodann lief sie bergauf und bergab, über die andern Finger hinweg, die Abhänge hinunter, in wilder und ungestümer Bahn, und umschloss derart den großen Hügelrücken. Die moderne Stadt liegt nur auf dem höchsten Teil des etruskischen Stadtareals.

Die Mauern sind nicht sehr ansehnlich, wenn man hinunterklettert. Sie sind jetzt nur Bruchstücke, große Bruchstücke, die mehr einem Damm als einem Wall gleichen, und bestehen aus unvermörtelten Steinquadern, die finster und düster wirken. Man fühlt sich irgendwie bedrückt.

Und man blickt gern auf den Liebenden und sein Mädchen,

die, von der Stadt fort, an den Wällen entlangwandern, wo sich jetzt Olivengärten hinziehen. Diese beiden sind wenigstens voller Leben und heiteren Muts.

Hinter Santa Chiara führt unser Weg durch den trüben und bedrückenden kleinen Vorort San Giusto; die schwarze Straße mündet in einen weiten und offenen Platz, auf dem sich die Kirche San Giusto wie eine mächtige und erstaunliche Scheune erhebt. Sie ist so groß, dass das Innere eindrucksvoll sein müsste. Aber nein! Sie ist ganz einfach nichts. Die Architekten haben mit all diesen großen Dimensionen nichts zuwege gebracht. Rings um die Kirche spielen Kinder wild und mit gellenden Schreien. Es ist Sonntagabend, vor Sonnenuntergang und kalt.

Nach diesem Monument christlicher Verödung stoßen wir wieder auf die etruskischen Mauern und offenbar auf die Überreste eines etruskischen Tors: Der Wall zeigt eine Einbuchtung, und die Spur eines alten Weges läuft darauf zu.

Hier sitzen wir auf dem antiken Gemäuer und blicken in unheimliche gähnende Abgründe hinunter, die wie weite Steinbrüche aussehen. Die Schwalben wenden ihre blauen Rücken und schweben im gelben Abendlicht fort von den antiken Rändern, über den wahrhaft schwindelerregenden Tiefen; sie nutzen die aufsteigenden Windböen und flattern beiseite wie verlorene Fragmente des Lebens, in echtem Erschrecken vor den grausigen Schlünden. Diese sind tiefer unten dunkelgrau, aschfarben und teilweise feucht; man hat den Eindruck, als wäre das Ganze erst vor Kurzem entstanden, als wäre ein riesiger Steinbruch ins Gleiten gekommen.

Diese Stätte heißt Le Balze – die Klippen. Offenbar sammelt sich das Wasser, das auf den Höhen Volterras niedergeht, teilweise unterhalb des Hochlands und wäscht stellenweise die tieferen Erdschichten fort, sodass es zu gewaltigen Einstürzen kommt. Jenseits des Abgrunds, fern von der Stadt, steht ein großes, altes, pittoreskes einsames Gebäude: die Badia oder das Kloster der Kamaldulenser; es sieht traurig aus und ist dazu bestimmt, schließlich von Le Balze verschlungen zu werden, denn seine alten Mauern bröckeln bereits und geben nach.

Als wir wieder zur Stadt zurückgehen, kommen wir von Zeit zu Zeit an die Wälle heran und schauen in die weite, goldene, wunderbare Glut, die Sonnenuntergang heißt, während die steilen Schluchten in Finsternis versinken und das entlegenere Tal schweigend grüngolden daliegt und die Hügel leuchtend aufatmen, um in die reinen Strahlen aus purem Gold des fernen Meeres überzugehen, wo sich ein Schatten, vielleicht eine Insel, regt wie ein Lebensstäubchen. Und wie große Wächter springen die Carrara-Berge vor, nackt im reinen Licht wie ein menschlicher Leib, mit ihren schicksalsschwangeren Gipfeln: So scheinen sie auf uns zuzukommen, während die ganze goldene Höhlung des Westens aufbraust in goldenem Verströmen, als sei die letzte Stunde gekommen und als schmölzen die Götter uns alle zurück in die golden verwandelte Einheit.

Doch nichts wird verwandelt. Wir wenden uns etwas erschrocken von dem weiten goldenen Glanz ab, und in den dunklen, strengen Straßen beginnt eben die Stadtmusik zu spielen, blechern verstimmt wie üblich; das Volk, darunter einige ganz in Weiß gekleidete Mädchen, strömt in Massen zur Piazza. Und ebenso wie die Kapelle ist auch das Volk verstimmt; aus dem Gesumm hört man den unvermeidlichen unterdrückten Hohn heraus. Doch sie schicken sich an, einen Festzug zu bilden.

Als wir gegenüber dem Hotel auf den Platz treten und von seinem Rand in die westlichen Tiefen hinabschauen, hat sich das Licht rot verfärbt; Röte flammt vom entfernten Meer herüber, rein und wild, während das Land in der Tiefe im Dunkel liegt. Über die ganze Welt breitet sich ein schwacher roter Schimmer. Nur die Stadt mit ihren engen Gassen und ihrem elektrischen Licht ist davon ausgenommen.

Das Bankett fand offenbar nicht vor neun Uhr abends statt, und es herrschte ein allgemeiner Wirrwarr. Die BK und ich aßen bald nach sieben Uhr zu Abend, wie zwei Waisenkinder, an die sich die Kellner in den Pausen eben zu erinnern vermochten. Sie waren in solcher Erregung, weil sie alle Gläser, Kelche und Karaffen – anscheinend Hunderte – aus dem großen Büfett, das die hintere Wand des Speiseraums einnahm, hervorholen mussten, um diese Stapel glitzernden Glases in den Festsaal davonzuwirbeln; junge, unbeschäftigte Männer, die schwarze Hüte trugen und ihren Mantel um eine Schulter geschlungen hatten, steckten derweil ihren Kopf durch die Tür, um das Zimmer aufmerksam zu durchforschen, als hofften sie, den auferstandenen Lazarus dort zu sehen; da sie ihn nicht sahen, verschwanden sie wieder in dem Nirgendwo, aus dem sie gekommen waren. Ein Bankett ist ein Bankett, selbst wenn es dem Teufel in Person gegeben wird, und der *podestà* ist vielleicht ein Engel des Lichts.

Draußen war es kalt und finster. In der Ferne tutete die Stadtkapelle krampfhaft, als wäre sie kurzatmig, an diesem frostigen Sonntagabend. Und wir, die wir nicht zum Fest geladen waren, gingen ins Bett, um von Zeit zu Zeit durch plötzliche und brausende Geräusche – vielleicht Applaus – und das laute, unverkennbare Heulen eines Kindes bis lange nach Mitternacht geweckt zu werden.

Der Morgen war wieder kalt und grau, während die frostige und abstoßende Landschaft unter uns gähnte und klaffte und entschwand. Das Meer war unsichtbar. Wir gingen durch die engen kalten Straßen, deren hohe, unfreundliche, dunkle Steinmauern fast zusammengepresst zu werden schienen, und betrachteten die Alabasterwerkstätten, in denen Arbeiter in

Montagmorgenlaune und nur halb wach den weichen Alabaster drehten oder ausschnitten und polierten.

Jeder kennt heute den sogenannten Volterra-Marmor, denn die daraus gefertigten durchsichtigen Schalen hängen unter elektrischen Birnen als Lampenschirme in fast allen Hotels der Welt. Er ist beinahe so durchsichtig wie Alaun und fast ebenso weich. Man schält ihn ab wie Seife, färbt ihn rosa, goldgelb oder blau und verwandelt ihn in all jene Dinge, die man nicht braucht: gefärbte Alabasterlampenschirme, Lichtschalen, gefärbte oder ungefärbte Statuen, Vasen, Schalen mit Trauben auf dem Rand oder Weinblättern und ähnliche Kuriositäten.

Der Handel damit scheint zu blühen. Vielleicht geht das auf die Nachfrage nach Leuchtkörpern zurück, vielleicht ist das Interesse für Bildhauerei neu belebt. Jedenfalls verschwendet ein Alabasterarbeiter in Volterra keine Liebe auf den blassen Erdklumpen, den er in eine marktgängige Ware verwandelt. Der Göttin der modellierten Form kann man nur nachtrauern; sie ist ebenfalls von hier verschwunden.

Doch wir wollen die alten Alabasterkrüge sehen, nicht die neuen. Während wir die steinige Straße hinuntereilen, beginnt eiskalter Regen zu fallen. Wir flüchten durch die Glastüren des Museums, das gerade geöffnet hat und von dem man glauben könnte, der Alabaster darin müsste unter niedriger Temperatur gehalten werden, denn es ist dort so höllisch kalt wie in einem Eisschrank.

Kalt, stumm, leer und traurig wirkt das Museum. Doch schließlich erscheint ein alter, verwirrter Mann in Uniform und fragt ganz verstört, was wir wollten. »Nun, das Museum sehen!« – »*Ah! Ah! Ah! Si, si!*« Erst jetzt dämmert ihm, dass das Museum dazu da ist, um besucht zu werden. »*Ah, si, si, Signori.*«

Wir bezahlen unsere Billetts und gehen hinein. Es ist wirklich ein sehr anziehendes und angenehmes Museum, aber wir hatten einen so bitterkalten Aprilmorgen angetroffen, mit eiskaltem Regen im Museumshof, dass ich mich dem Grabe nahe fühlte. Doch in den Räumen mit all den Hunderten kleiner Sarkophage, die man Aschensärge, Aschenkisten oder Urnen nennt, begann uns die Kraft des alten Lebens bald zu erwärmen.

»Urne« ist kein gutes Wort, denn mich wenigstens erinnert es an eine Vase, eine Amphore, einen runden und wohlgestalteten Krug: vielleicht wegen einer Ideenassoziation mit Keats' *Ode an eine griechische Urne* (Keats meint übrigens gar keine Urne, sondern einen Weinkrug) und mit der »Teeurne« (Teemaschine) bei englischen Kindergesellschaften. Diese Urnen in Volterra, obwohl sie ganz korrekt zur Aufbewahrung der Asche Verstorbener verwandt wurden, sind nicht rund, sind keine Krüge, sondern kleine Alabastersarkophage. Und man findet sie nur in Volterra. Wahrscheinlich, weil man dort Alabaster zur Hand hat.

Jedenfalls gibt es sie hier zu Hunderten, sie wirken fremdartig, lebendig und anziehend. Sie werden nicht als große Kunst angesehen. Ducati, einer der italienischen Wissenschaftler, die sich in letzter Zeit mit den Etruskern befassten, sagt: »Wenn sie auch vom künstlerischen Gesichtspunkt aus kein großes Interesse verdienen, sind sie doch von hohem Wert wegen der dargestellten Szenen, die entweder mythologische Themen oder den Glauben an das Leben nach dem Tode zum Inhalt haben.«

George Dennis hingegen, obwohl auch er den etruskischen Dingen keinen hohen Kunstwert zubilligt, sagt von den etruskischen Aschensärgen: »Die Hinneigung zur Natur, die diesen etruskischen Urnen einen so schlichten und beredten Ausdruck verleiht, muss allgemeine Sympathie erwecken: Sie lässt Saiten anklingen, für die jedes menschliche Herz empfänglich sein muss, und ich beneide nicht die Menschen, die dieses Museum teilnahmslos durchschreiten können, ohne dass sie eine Träne in ihrem Auge aufsteigen fühlten:

*Und so verspüren sie von Zeit zu Zeit
Naturas Hauch, der ihre Seele weckt.*«

Naturas Hauch entlockt unseren Augen keine Tautropfen mehr, wenigstens nicht so leicht, aber Dennis hat mehr Sinn für das Lebendige als Ducati. Was die Menschen heutzutage unter Kunst verstehen, lässt sich schwer sagen. Sogar Dennis bemerkt, die Etrusker seien nie an die reine, erhabene, vollkommene Schönheit herangekommen, wie sie Flaxman erreicht habe. Heute lachen wir darüber: Flaxman, der klassizistische Illustrator des popeschen *Homer!* Doch der gleiche Instinkt regt sich noch immer im Hintergrund unserer Kunstanschauungen. Kunst ist auch für uns etwas gut Zubereitetes – wie ein Teller Spaghetti. Eine Weizenähre ist noch keine Kunst. Warte nur ab, bis sie in reine, in vollkommene Makkaroni verwandelt wird!

Ich habe mehr wirkliche Freude an diesen Aschensärgen in Volterra als an – fast hätte ich gesagt, dem Parthenonfries. Man wird die ästhetische Qualität leid, eine Qualität, die allem die Schärfe nimmt, sodass es wie ausgelaugt wirkt. Die reine griechische Schönheit erweckt recht häufig diesen Eindruck des Ausgelaugten. Sie ist im künstlerischen Bewusstsein zu oft durchgekocht worden.

In den Tagen von Dennis pflegte eine zerbrochene griechische oder gräzisierende Amphore Tausende auf dem Kunstmarkt zu erbringen, wenn sie aus der richtigen Periode stammte, und so weiter. Diese Urnen aus Volterra erbrachten nur wenig. Was ein Glück ist, denn sonst wären sie heute über den ganzen Erdball verstreut.

Jedenfalls sind sie faszinierend, wie ein aufgeschlagenes Buch des Lebens, und man wird ihrer nicht überdrüssig, obwohl es so viele sind. Sie erwärmen einen, als stünde man mitten im Leben.

Die Räume im Erdgeschoss enthalten Urnen, die etruskische Themen darstellen: Man sieht dort Meeresungeheuer, den Meermann mit Fischschwanz und Flügeln und die entsprechende Meerfrau; oder auch den Mann mit Schlangenbeinen und Flügeln und die entsprechende Frau. Die Etrusker haben diesen Geschöpfen Flügel verliehen, nicht die Griechen.

Wir müssen uns daran erinnern, dass in der alten Welt der Mittelpunkt aller Macht in den Tiefen der Erde und in den Tiefen des Meeres lag, während die Sonne nur ein sich bewegender Hilfskörper war; dass ferner die Schlange die lebendigen Kräfte des Erdinnern verkörperte: nicht nur vulkanische Kräfte und Erdbeben, sondern auch die Lebenskräfte, die von den Wurzeln der Pflanzen aufsteigen, um den großen Körper des Baums, des Lebensbaums, hervorzubringen, und die von den Füßen und Beinen des Menschen aufsteigen, um das Herz hervorzubringen; wohingegen der Fisch ein Symbol der Wassertiefen war, in denen sogar das Licht geboren wurde. Wenn wir uns diese Symbole vergegenwärtigen, erkennen wir die uralte Macht, die sie auf die Fantasie der Menschen Volterras ausübten. Sie waren Leute, die im Angesicht des Meeres und in einem vulkanischen Land lebten.

Die Kräfte der Erde und die Kräfte des Meeres rauben überdies das Leben, so wie sie es spenden. Sie wirken nicht nur befruchtend, sondern haben auch einen furchterregenden Aspekt.

Jemand sagt, die Flügel der Wassergottheiten seien ein Sinnbild für die Verdunstung des Wassers durch die Sonne, und die gekrümmten Schwänze der Delfine stellten Sturzbäche dar. Es gehört zu der großen und beherrschenden antiken Idee vom Kommen und Gehen der Lebensmächte: von ihrem Aufwallen mit flatternden Blättern und Flügelschlag und ihrem Zurücksinken in Sturzbäche und Wogen, in das ewige Niederströmen des Todes.

Andere übliche symbolische Tiere in Volterra sind die geschnäbelten Greife, die Geschöpfe der zerstörenden Kräfte und zugleich die Hüter des Schatzes. Sie stellen eine Verbindung von Adler und Löwe dar: vom Himmel und der Erde mit ihren Höhlen. Sie lassen es nicht zu, dass der Lebensschatz, das Gold, das wir vielleicht mit Bewusstsein übersetzen sollten, von den Dieben des Lebens geraubt wird. Sie sind Hüter des Schatzes und sodann die Zerstörer all derer, die aus dem Leben scheiden müssen.

Diese Geschöpfe, die Geschöpfe der Elemente, sind es, die den Menschen in den Tod tragen, über die trennende Grenze zwischen den Elementen hinweg. Solch ein Geschöpf ist zuweilen der Delfin, auch der Hippocampus oder das Seepferd sowie der Kentaur.

Das Pferd ist stets Sinnbild des starken animalischen menschlichen Lebens: Zuweilen entsteigt es als Seepferd dem Ozean; zuweilen ist es ein Landgeschöpf und halber Mensch. Und so kommt es auch in den Gräbern vor: als die Leidenschaft im Menschen, die ins Meer heimkehrt, als die Seele, die sich in die Totenwelt inmitten der Wassertiefen zurückzieht; mitunter ist es ein Kentaur, manchmal auch ein weiblicher Kentaur; zuweilen ist es in ein Löwenfell gehüllt, um seine Furchtbarkeit zu bezeugen, da es die Seele heimträgt: fort, ins Jenseits.

Es wäre interessant, wenn man erfahren könnte, ob ein bestimmter Zusammenhang zwischen der Szene auf dem Aschensarg und dem Toten besteht, dessen Asche er enthält. Wenn der fischschwänzige Meeresgott einen Mann umklammert, um ihn fortzutragen: Soll das bedeuten, dass der Verstorbene im Meer ertrunken ist? Und wenn ein anderer von den sich krümmenden Schlangenbeinen der Meduse oder von der geflügelten Macht der Schlange gepackt wird: Bedeutet das einen Sturz auf die Erde, einen Tod, der irgendwie durch die Erde bewirkt wurde, einen Absturz vom Felsen, einen Schlangenbiss? Und ist ein Dritter, der durch einen geflügelten Kentaur fortgetragen wird, durch eine Leidenschaft umgekommen, die ihn mit sich fortriss?

Doch interessanter noch als die symbolischen Darstellungen sind die Szenen aus dem wirklichen Leben wie Eberjagden, Zirkusspiele, Festzüge, Abreisen in *carpentum,* fortsegelnde Schiffe, Stadttore, die erstürmt, Opfer, die dargebracht werden, Mädchen mit offenen Schriftrollen, als wenn sie in der Schule vorläsen; viele Bankette mit Mann und Frau auf dem Festmahlslager, mit musizierenden Sklaven und Kindern ringsumher. Weiter gibt es viele wirklich zärtliche Abschiedsszenen: wie der Verstorbene seinem Weib Lebewohl sagt, bevor er die Reise antritt oder der Wagen ihn forttträgt oder das Pferd auf ihn wartet. Manchmal ist auch die Seele allein, und neben ihr stehen die todbringenden Geister mit ihren Hämmern, die den tödlichen Schlag versetzten. Wie Dennis sagt, erweckt einem der Hauch der Natur die Seele. Ich fragte den freundlichen alten Mann, ob er über die Urnen Bescheid wüsste. Aber nein! Nein! Er wisse überhaupt nichts. Er sei erst seit Kurzem hier. Er komme gar nicht in Betracht! So beteuerte er. Er war einer jener freundlichen, scheuen Italiener: so schüchtern, dass er nicht einmal die Urnen anzusehen wagte, die er bewachte. Doch als ich ihm erzählte, was meiner Meinung nach einige der Szenen bedeuteten, war er entzückt wie ein Kind, voller Staunen, nahezu atemlos. Und ich dachte wieder darüber nach, dass doch der heutige Italiener so viel etruskischer ist als römisch: empfindsam, schüchtern, von echter Sehnsucht nach Mysterien und Symbolen erfüllt, fähig, sich aufrichtig über kleine Dinge zu freuen, nur heftig, wenn er verkrampft ist, und gänzlich ohne Härte, ohne angeborenen Willen zur Macht. Der Wille zur Macht ist bei einem Italiener etwas Sekundäres, etwas, das er von den germanischen Völkern, die ihn nahezu assimiliert haben, übernommen hat.

Die Eberjagd ist noch heute ein beliebter italienischer Sport, der vornehmste Sport Italiens. Auch die Etrusker müssen sie sehr geschätzt haben, denn sie stellen sie immer wieder in ihren Gräbern dar. Es ist schwer zu erkennen, was für ein Symbol der Eber genau genommen für sie bedeutete. Er nimmt oft die Mitte der Szene ein, wo sich der Sterbende aufhalten sollte und wo sich der Opferstier befindet. Und häufig wird er angegriffen, nicht von Männern, sondern von geflügelten Knaben oder von Geistern. Rings um ihn her klettern die Hunde die Bäume empor, die Doppelaxt schwingt aus, um auf ihn niederzufallen; in grimmiger, wilder Erregung hebt er seine Hauer. Die Archäologen sagen, hier werde Meleager und der Kalydonische Eber oder Herkules und das Ungetüm von Erymanthus dargestellt. Aber diese Erklärung reicht nicht aus. Es ist eine symbolische Szene, und es scheint, als wäre der Eber diesmal selber das Opfer, das wilde, ungestüme, väterliche Leben, das von Hunden und Feinden zur Strecke gebracht wird. Denn offenbar ist es der Eber, der sterben muss; er ist nicht, wie die Löwen und Greifen, der Angreifer. Er ist der Vater des Lebens, der frei im Wald umherläuft, und er muss sterben. Man sagt, er verkörpere den Winter, die Jahreszeit, in der die Totenfeste begangen werden. Doch auf den allerältesten archaischen Vasen stehen sich Löwe und Eber immer wieder gegenüber, in symbolischem Widerstreit.

Faszinierend sind die Abschiedsszenen, die Reisen im verhangenen, von zwei oder mehr Pferden gezogenen Wagen; der Treiber zu Fuß, ein Freund zu Pferd und Hunde geben das Geleit, während andere Reiter auf der Straße entgegenkommen. Unter der gewölbten, geteerten Plane des Wagens sitzt ein Mann oder eine Frau oder eine ganze Familie, und alles bewegt sich mit wundervollem gemächlichem Schwung die

Straße entlang. Soweit ich feststellen konnte, wird der Wagen stets von Pferden, nicht von Ochsen gezogen.

Dies ist sicherlich die Reise der Seele. Angeblich soll auch der Begräbniszug so dargestellt werden; der Aschensarg sei so zum Friedhof gebracht worden, um im Grabe beigesetzt zu werden. Doch die Erinnerung, die in dieser Szene mitschwingt, scheint noch sehr viel tiefer zu gehen. Man muss unwillkürlich an Völker denken, die mit ihren Fuhrwerken von Land zu Land treckten, wie die Buren oder die Mormonen.

Es heißt, diese Reisedarstellungen mit dem *carpentum* seien eine Eigenheit Volterras und fänden sich an keinem andern Orte. Jedenfalls spricht aus den Szenen in Volterra ein besonderes Empfinden. Es äußert sich in ihnen ein großer Wandertrieb, als entsänne sich ein Volk seiner Wanderungen zu Wasser und zu Lande. Und man spürt eine seltsame Rastlosigkeit, die sich von der tänzerischen Sicherheit des südlichen Etrurien unterscheidet: einen Anflug des gotischen Lebensgefühls. In den oberen Räumen befinden sich viele Aschensärge, aber auf den meisten sind griechische Sujets dargestellt. Helena und die Dioskuren, Pelops, der Minotaur, Jason, Medea auf der Flucht aus Korinth, Ödipus und die Sphinx, Odysseus und die Sirenen, Eteokles und Polynikes, die Kentauren und die Lapithen, die geopferte Iphigenie – sie sind alle vertreten und nur noch mit knapper Not zu erkennen. Es gibt so viele griechische Themen, dass ein Archäologe gemeint hat, diese Urnen stammten aus einer griechischen Kolonie, die nach der römischen Eroberung in Volterra Fuß gefasst habe.

Fast ebenso gut könnte man sagen, *Timon von Athen* habe einen griechischen Kolonisten zum Verfasser, der sich in England nach der Entthronung der katholischen Kirche niedergelassen habe. Diese griechischen Urnen sind etwa ebenso griechisch wie *Timon von Athen,* die Griechen hätten sie so viel besser gemacht!

Nein, es gibt unzählige griechische Szenen, aber man kann nur eben erkennen, was sie bedeuten. Die Bildner dieser Kästen wussten jedenfalls nur recht wenig von den Fabeln, die sie verwandten, und für die etruskischen Künstler jener Tage waren es bloße Fabeln, genauso wie das bei italienischen Künstlern der Gegenwart der Fall wäre. Die Fabel war gewissermaßen nur der Nagel, an dem der Meister aus Volterra das Gebilde seiner Fantasie aufhängte, genauso wie die Zeitgenossen Elizabeths griechische Geschichten für ihre Dramen benutzten. Vielleicht arbeiteten auch die Alabasterschneider nach alten Modellen oder bewahrten die Erinnerung daran. Jedenfalls ist in diesen Szenen nichts Hellenisches.

Höchst eigenartig sind diese klassischen Sujets: Sie wirken so unklassisch! Mich erinnern sie weit mehr an die Gotik, die noch ungeboren im Schoß der Zukunft ruhte, als an die hellenistische Vergangenheit der Etrusker aus Volterra. Denn natürlich werden diese Alabasterurnen als späte Erzeugnisse angesehen und auf später als das 4. Jahrhundert vor Christi Geburt datiert. Die christlichen Sarkophage aus dem 5. Jahrhundert nach Christus stehen offenbar diesen Aschensärgen aus Volterra weit näher als die zeitgenössischen römischen Sarkophage – als wäre das Christentum in Italien eher auf etruskischem als auf griechisch-römischem Boden gewachsen. Und der erste Schimmer jener frühen, heiteren Form der christlichen Kunst mit ihren ungezwungenen Anklängen an die Gotik innerhalb der Klassik zeigte sich deutlich in den etruskischen Szenen. Die griechische und römische verkochte Kunstform weicht hier der rauen Schärfe und einer gewissen Wildheit von Licht und Schatten, die die spätere Gotik ankündigt, die aber noch durch den schwerfälligen Mystizismus des Ostens niedergehalten wird.

Die sehr frühen etruskischen Urnen bestanden wahrscheinlich aus schmucklosem Stein oder Terrakotta. Doch

Eine Stadt wie Alabaster – Volterra und die Etrusker 149

zweifellos war Volterra schon lange eine Stadt, bevor die Etrusker darin Fuß fassten, und wahrscheinlich machte es niemals einen grundlegenden Wandel durch. Bis zuletzt verbrannten die Einwohner Volterras ihre Toten; es gibt so gut wie keine langen Sarkophage der *lucumones*. Und hier drängt sich einem ganz besonders die Vermutung auf, dass die Leute in Volterra oder Velathri keine Orientalen waren, anders als jene Etrusker, die in Tarquinii am meisten hervortraten. Sicherlich lebte hier ein anderer, wilderer und roherer Volksstamm, der weit weniger den alten ägäischen Einflüssen ausgesetzt war. In Caere und Tarquinii wurden die Ureinwohner durch die Einflüsse aus dem Osten weitgehend zurückgedrängt. Hier nicht! Hier war der wilde und unbezähmbare Ligurer Nachbar, vielleicht auch Verwandter, und die Stadt aus Wind und Stein bewahrte zu allen Zeiten und bewahrt auch heute noch ihre nördliche Eigenart.

So sind denn die Aschensärge dort zu sehen: als ein offenes Buch für jeden, der darin lesen möchte, wie es seiner eigenen Fantasie entspricht. Sie sind nicht länger als etwa zwei Fuß, und deshalb ist die auf dem Deckel abgebildete Gestalt seltsam verkümmert. Der klassische Grieche oder Asiate hätte das nicht ertragen. So ist das schon ein Zeichen von Barbarei. Der nordische Geist war hier zu stark für den hellenischen oder orientalischen oder antik-mediterranen Instinkt. Lucumo und seine Gattin mussten sich damit abfinden, dass ihre Grabbildnisse verstümmelt wurden. Der Kopf hat nahezu Lebensgröße; der Körper ist gewaltsam verkürzt.

Doch es ist ein Porträt. Sehr häufig scheinen Deckel und Sarg überhaupt nicht zusammenzugehören. Man hat die Vermutung geäußert, der Deckel sei schon zu Lebzeiten des Bestatteten angefertigt worden und zeuge von der Bemühung um ein wirkliches Bildnis, den Sarg hingegen habe man in fertiger Ausführung und gesondert hinzugekauft. Vielleicht war es so. Vielleicht gab es zur Zeit der Etrusker Alabasterwerkstätten wie heutzutage, jedoch mit Reihen von Aschensärgen, auf denen die lebendigen Szenen, die wir noch heute sehen, dargestellt waren. Und vielleicht wählte man dann denjenigen Sarg aus, dem man seine Asche anvertrauen wollte. Mehr spricht indessen dafür, dass es zwar Werkstätten und Aschensärge gab, dass man aber nicht selber den Sarg auswählte, da man nicht wusste, welchen Tod man sterben würde. Vermutlich ließ man nur sein Porträt auf dem Deckel ausführen und übertrug alles Übrige den Hinterbliebenen.

Möglicherweise, ja höchstwahrscheinlich bestellten daher die trauernden Verwandten nach Eintritt des Todes in aller Eile den Deckel mit dem Bildnis und wählten sodann den geeigneten Aschensarg aus. Wie es auch sein mag: Die beiden Teile sind zuweilen wunderlich zusammengestellt, und so hat man sie mitsamt der Asche vorgefunden.

Wir müssen aber davon ausgehen, dass die groteske Verkürzung der Gestalt auf dem Deckel den Versuch eines Porträts darstellt. Von der Würde, wie sie die südetruskischen Porträts auszeichnet, ist hier freilich nichts zu spüren. Über den Köpfen ist das Zeltdach der *lucumones* angebracht, aber hier wirkt es nahezu lächerlich. Der verstorbene Edelmann trägt die Halskette als Insignie seines Amtes und hält die geweihte *patera* – die Schale für das Trankopfer – in der Hand, aber er wird nicht nach südlichem Ritus nackt bis unter den Nabel dargestellt; sein Hemd bedeckt ihn bis zum Hals, und manchmal hält er die Weinschale des Zechers statt der geweihten *patera*, mitunter umspannt auch seine andere Hand einen Weinkrug, als wäre das Trinkgelage in vollem Gang. Kurzum, die besondere Heiligkeit, die eingewurzelte Symbolik der südlichen Etrusker ist hier verschwunden. Die Macht der Religion ist gebrochen.

Bei den vornehmen Frauen ist das ganz offensichtlich, und so viele Bildnisse stellen vornehme Frauen dar. Diese präsentieren

Eine Stadt wie Alabaster – Volterra und die Etrusker

sich in all ihrem Glanz, aber die mystische Förmlichkeit fehlt ihnen. In ihren Händen halten sie Weinschalen oder Fächer oder Spiegel, Granatäpfel, Parfümkästchen oder auch seltsame Büchlein, vielleicht die Wachstäfelchen, auf denen man schreiben konnte. Manche umklammern sogar einen Pinienzapfen, dieses alte Geschlechts- und Todessymbol. Doch die Macht des Symbols hat sich nahezu verflüchtigt. Gotische Aktualität und gotischer Idealismus beginnen die tiefe Naturreligion der südlichen Etrusker, die echte antike Welt zu verdrängen.

Im Museum gibt es Krüge und kleine Gegenstände aus Bronze sowie die *pateras* mit dem ausgehöhlten Griff in der Mitte. Man kann seine beiden Mittelfinger in die *patera* stecken und sie bereithalten für den letzten Opfertrank des Lebens, den ersten Opfertrank des Todes, nach richtiger etruskischer Manier. Man wird aber nicht, wie so viele Männer auf diesen Aschenladen, die symbolische Schale nach unten kehren und dabei die beiden Finger im *mundus* vergraben. Die nach unten gekehrte Fackel bedeutet, dass die Flamme nach unten, in die Unterwelt entschwunden ist. Doch die nach unten gekehrte *patera* wirkt irgendwie anstößig. Man spürt, dass die Menschen von Volterra oder Velathri die alten Mysterien vernachlässigt haben.

Der eiskalte Regen hatte schließlich aufgehört und prasselte nicht mehr auf den stillen Innenhof, endlich brach auch ein Sonnenstrahl durch. Und wir hatten alles gesehen, was man an einem Tag sehen kann. So gingen wir hinaus und versuchten, uns durch einen gnädigeren Himmel wärmen zu lassen.

Es gibt ein oder zwei noch offene Gräber, vor allem zwei vor der Porta a Selci. Ich glaube aber, obwohl ich sie nicht gesehen habe, dass sie nicht sehr wichtig sind. Fast alle in Volterra geöffneten Gräber hat man nach Entfernung ihres Inhalts wieder mit Erde gefüllt, um keinen Zoll des kostbaren Ackerlandes zu verlieren. Es gab viele *tumuli*; doch die meisten wurden eingeebnet. Und unter manchen befanden sich seltsame Rundgräber, die mit unregelmäßigen Steinen gebaut worden waren; sie waren anders als alle Gräber in Südetrurien. Doch Volterra ist ja überhaupt anders als Südetrurien.

Ein Grab wurde in natura in den Garten des Florentiner Archäologischen Museums verlegt; zumindest gilt das von seinem Inhalt. Dort wurde es eben so wieder aufgebaut, wie man es im Jahre 1861 in Volterra entdeckt hatte, und alle Aschensärge wurden angeblich wieder in ihrer ursprünglichen Lage aufgestellt. Es ist das sogenannte Inghirami-Grab, das seinen Namen nach dem berühmten, aus Volterra stammenden Archäologen Inghirami erhielt.

Einige Stufen führen zu der einzigen Rundkammer des Grabes, die in der Mitte durch einen viereckigen Pfeiler gestützt wurde, der jedoch im Felsen zurückgeblieben sein soll. Auf dem niedrigen Steinbett, das die Grabkammer umläuft, stehen die Aschensärge in doppelter Reihe; in einem großen Kreis umschließen sie das Dunkel.

Das ganze Grab gehört einer Familie, und es dürften sich dort sechzig Aschensärge aus Alabaster befinden, auf denen die wohlbekannten Szenen dargestellt sind. Wenn also dieses Grab wirklich in seiner ursprünglichen Anordnung erhalten blieb und die Särge, wie es heißt, in der umgekehrten Richtung des Uhrzeigers ihrem Alter nach aufgestellt sind, müsste sich die Entwicklung der Urnen Volterras im Verlauf von ein oder zwei Jahrhunderten überblicken lassen.

Doch man ist von Zweifel und Misstrauen erfüllt. Warum, o warum hat man das Grab nicht unberührt gelassen, wie man es fand, wo man es fand? Der Garten des Florentiner Museums ist äußerst lehrreich, wenn man einen Anschauungsunterricht über die Etrusker haben möchte. Doch wer verlangt nach einem Anschauungsunterricht über verschwundene Völker? Was man braucht, ist der Kontakt mit ihnen. Die Etrusker sind

Eine Stadt wie Alabaster – Volterra und die Etrusker

keine Theorie oder Dissertation. Wenn sie etwas sind, sind sie eine Erfahrung.

Und die Erfahrung wird stets verdorben. Museen, Museen, Museen sind ausstaffierter Anschauungsunterricht, um die fragwürdigen Theorien von Archäologen zu illustrieren, närrische Versuche, etwas zu koordinieren und in eine starre Ordnung zu bringen, was keine starre Ordnung hat und sich nicht koordinieren lässt! Es ist widerwärtig! Warum muss denn jede Erfahrung in ein System gebracht werden? Warum müssen sogar die verschwundenen Etrusker auf ein System reduziert werden? Man wird sie nie hineinzwängen können. Man zerschlägt sämtliche Eier und produziert einen Eierkuchen, der weder etruskisch noch römisch noch italisch noch hethitisch noch irgendetwas sonst ist, sondern lediglich aus einem systematisierten Durcheinander besteht. Warum kann man nicht Dingen, die nicht miteinander zu vereinbaren sind, ihre Unvereinbarkeit lassen? Wenn man aus einem Hühnerei, einem Kiebitzei und einem Straußenei einen Eierkuchen backt, wird man keine innige Verschmelzung, keine Vereinigung von Huhn, Kiebitz und Strauß in einem Etwas, das man »Gleicheiigkeit« nennen könnte, erreichen. Man wird dann nur einen formlosen Gegenstand haben: den Eierkuchen.

Genauso ist es hier. Wenn man versucht, Cerveteri und Tarquinia, Vulci, Vetulonia, Volterra, Chiusi und Veji miteinander zu verschmelzen, wird das Ergebnis nicht das Wesen des Etruskers, sondern ein zusammengekochtes Durcheinander sein, dem jede Realität fehlt. Ein Museum bringt keinen unmittelbaren Kontakt hervor, es ist eine Vorlesung mit Lichtbildern. Und was man braucht, ist die wirkliche, vitale Berührung. Ich möchte nicht belehrt werden, und ebenso geht es vielen andern Leuten.

Sie könnten ja die sozusagen heimatlosen Objekte für die Museen nehmen und die Dinge, die noch eine Heimat haben, an Ort und Stelle lassen: zum Beispiel das Inghirami-Grab hier in Volterra.

Doch solche Gedanken sind nutzlos. Wir steigen den Hügel hinauf, durchschreiten das Florentiner Tor und suchen Schutz unter den Mauern der mächtigen mittelalterlichen Burg, die jetzt ein Zuchthaus ist. Unter den massiven Mauern führt ein Spazierweg entlang, die Sonne scheint etwas, und man ist geborgen vor dem schneidenden Wind. Einige Bürger gehen sogar jetzt hier spazieren. Und auf der andern Seite erstreckt sich das kahle grüne Land, wellt sich und zeigt seine scharfen Spitzen, aber es ist, als schaute man auf die bewegte See vom Bug eines Schiffes. Hier in Volterra blicken wir auf alles herab.

Und hinter uns in der öden Festung sind die Sträflinge. Es lebt dort ein alter Mann, der hinter ihren Mauern eine Oper geschrieben hat. Er spielte leidenschaftlich gern Klavier, und dreißig Jahre lang keifte seine Frau, wenn er spielte. Plötzlich und wortlos brachte er sie eines Tages um. Als das dreißigjährige Keifen so zum Schweigen gebracht war, erhielt er dreißig Jahre Zuchthaus und darf noch immer nicht Klavier spielen. Es ist eigenartig.

Es gab dort auch zwei Sträflinge, die entwischt waren. Schweigend und im Verborgenen schnitzten sie unglaublich ähnliche Selbstbildnisse aus den großen harten Brotlaiben, die die Sträflinge erhalten. Mit Haar und allem Sonstigen machten sie ihre Porträts ganz naturgetreu. Dann legten sie diese ins Bett, damit der Wärter, wenn sein Licht über sie hinhuschte, sich sagen sollte: »Da liegen sie und schlafen, die Hunde!«

Und so arbeiteten sie und entkamen. Der Gouverneur, dem seine große Delinquentenfamilie ans Herz gewachsen war, verlor seinen Posten. Er wurde hinausgeworfen. Es ist eigenartig. Er hätte eine Belohnung verdient, weil er solch begabte Kinder hatte: Bildhauer und Brotschnitzer.

Die Ekstase des Palio – Reiterspiele in Siena

Carlo Fruttero und Franco Lucentini

Rings um die konkave, abschüssige Piazza del Campo (die in Form einer Muschel angelegt und mit Ziegeln in Fischgrätmuster gepflastert ist) läuft ein etwas mehr als dreihundert Meter langer Ring aus Steinplatten. Auf diese Platten wird fünf Tage vor dem Palio eine spezielle, von Jahr zu Jahr in bestimmten Kellern der Kommune eingelagerte Mischung aus Tuff und Sand gestreut und in einer Dicke von zwanzig Zentimetern auf siebeneinhalb Meter Breite festgestampft. Man sagt dann, »die Erde ist auf der Piazza«, mit anderen Worten, das Rennfieber ist ins akute Stadium getreten.

Das Rennen (auch Lauf genannt) ist sehr kurz. Die Pferde, die von den Jockeys ohne Sattel geritten werden, müssen nur dreimal den Platz umrunden, wofür sie knapp hundert Sekunden brauchen. Doch diese kurze Zeitspanne, kaum mehr als anderthalb Minuten, aber ein ganzes Jahr lang von einer ganzen Stadt erwartet, vorbereitet, ausgemalt, herbeigesehnt und -geträumt und zuletzt noch unerträglich hinausgezögert durch die raffiniert gedehnte quälende Langsamkeit des historischen Zuges, explodiert schließlich mit einer Gewalt, die in keinem anderen Rennen der Welt ihresgleichen hat. Es ist wie das Abschnellen einer riesigen Feder, wie der Ausbruch eines Vulkans, wie ein Dammbruch, wie …

Valeria (mit größter Unbefangenheit): »Wie ein Orgasmus.«

Guidobaldo: »Genau.«

Anwalt (beiseite): »Heiliger Himmel!«

Guidobaldo: »Wer das übersieht, begreift nichts vom Palio. Die Klimax kommt rasant wie eine Rakete, aber die Spannung hat sich das ganze Jahr über aufgebaut und gesteigert.«

Valeria (in sachlich-intelligentem Ton): »Also eine Erektion, die 365 Tage dauert.«

Guidobaldo (im gleichen Ton): »Ein Vergleich, an den ich auch schon öfter gedacht habe.«

Anwalt (beiseite): »Schweinigel, geile!«

Es war jedoch nicht der geile Schweinigel – erinnert sich der Anwalt –, der Valeria den Wagenschlag öffnete und ihr winkte, rasch unter seinen großen grünen Schirm zu kommen, sondern ein junger philippinischer oder jedenfalls asiatischer Domestike mit Mandelaugen, dunkler Haut und einer pechschwarzen Haarkappe. Das Prasseln des Regens machte die Erklärungen nicht gerade leichter – dazu noch Valeria, die andauernd wiederholte »Sag dus ihm, sag dus ihm«, während er sich aus dem Fenster lehnte und schrie, dass sie sich verfahren hätten, und der Filipino stumm neben dem Wagen stand und nur rätselhaft lächelte.

(Welche Sprache sprechen die Filipinos?, hatte er sich gefragt. Spanisch? Englisch? Philippinisch? Mal ganz davon abgesehen, dass dieser Asiate – und was wusste er schon von Asiaten? – vielleicht gar kein Filipino war.)

Dann erschien aus der Loggia die hohe Aristokratengestalt des noch nicht als Guidobaldo bekannten Grafen, näherte sich gemessenen Schrittes, ohne der Unbill des Wetters zu achten, trat an den Wagen und beendete den Disput der Eheleute

(»Auch ich hatte schon gemerkt, dass etwas nicht stimmte, in Paolinos Allee gibt es nur Zypressen.« – »Na, wo du doch sogar den Hund wiedererkannt hast!«), indem er sie mit unwiderstehlicher Liebenswürdigkeit einlud, sich schleunigst aus dieser Sintflut zu retten, einen Moment ins Haus zu kommen, um von dort aus mit ihren Freunden zu telefonieren und sich ein wenig aufzuwärmen und dergleichen mehr.

Kann der Anwalt im Nachhinein sagen, er hätte sofort an die Liebenswürdigkeit einer Spinne gedacht? Nein, ehrlicherweise nicht. Mit all seinem »Ach, Sie Armen!«, »Ach, was für ein Pech!«, »Ach, das ist ja furchtbar!« gab dieser Mann ihm das Gefühl, eine Art interessanter Überlebender zu sein, einer der fünf Prozent, die sich im letzten Augenblick aus Pompeji zu retten vermochten. Der Mann bot Valeria den Arm, geleitete sie unter dem Schirm des Filipino zur Loggia und kam zurück, um auch den Anwalt in Sicherheit zu bringen.

Auch diesmal war also der Übergang zwar abrupt, aber ganz natürlich gewesen, überlegt der Anwalt, und genau so, wie er in den Hagel geraten war, ohne es recht zu merken, fand er sich unversehens auf einmal in jener weiten dunklen Halle, in der zwei Glockenlampen aus gelbem Mattglas mit aufgemalten Wappen das unverzichtbare Minimum an diffusem Licht verbreiteten – über Bögen, Säulen, niedrige Gewölbe, schwärzliche Möbel, große Gemälde von Damen und Herren; sowie über die arme Valeria vor einer weit ausladenden Treppe, die unmittelbar aus der Sternenleere zu kommen schien. Doch das Los (respektive das Schicksal) ließ dem Anwalt keinen Augenblick Zeit zu zögern oder Verdacht zu schöpfen, sei es auch nur vage (und wie denn auch anders als vage?).

Der schwarze Hund von vorhin kam knurrend aus einer Ecke, um ihn zu beschnüffeln, während sich knarrend eine Tür öffnete und eine große knochige Frau mit einem Glas in der Hand erschien.

»Das waren sie nicht«, sagte der Mann zu ihr.

Als sie einen Wagen auf dem Vorplatz ankommen hörten – erklärte er den Maggionis –, hätten sie geglaubt, es seien Freunde aus Rom, die sie erwarteten. Valeria entschuldigte sich für den Irrtum und für die Störung, es folgten knappe gegenseitige Vorstellungen (der Anwalt verstand weder die Namen der beiden noch in welcher Beziehung sie zueinander standen), dann kamen erneute Entschuldigungen, Proteste, Mitleidsbekundungen, erneute »Ach, wie schrecklich!« und »Aber ich bitte Sie!«, und in derselben raschen, fließenden, keineswegs alarmierenden Weise dann ein erster Versuch, mit Paolino & Co. zu telefonieren, aus einer Nische hinter einem Pfeiler, das Schweigen des Apparates, die Hypothese, das Gewitter hätte mal wieder die Leitung unterbrochen, wie es in jener Gegend öfter vorkomme (klarer Schnitt, Freunde), und daraufhin die Einladung, einen Moment zu bleiben, bis sich die allgemeine Lage verbessert habe, es sei doch sinnlos, sich ausgerechnet jetzt da hinauszuwagen, die Straßen und Wege seien unmöglich, da bräuchte man einen Geländewagen, sie hätten leicht in einem Graben landen können mit ihrer Familienkutsche!

Wem sagen sie das?, dachte der Anwalt.

Valeria warf ihm einen sprechenden Blick zu, doch er kapierte nicht, ob sie wollte, dass er die Einladung annahm oder ablehnte, oder ob sie es vielleicht selber nicht genau wusste (aber bei den Frauen erlebt man ja immer, dass sie genau das Gegenteil dessen meinten, was man zu tun beschlossen hat, und wieder mal hat man sie nicht verstanden). Jedenfalls beschloss er, die Einladung anzunehmen, sei es weil er ziemlich erschöpft und erschlagen war, sei es weil die Donnerschläge, Blitze und Wolkenbrüche, die draußen immer noch niedergingen, von hier aus geradezu biblisch klangen. Wirklich ein Wunder, dass sie ihnen heil entkommen waren!

Er akzeptierte auch (Valeria mit ihrer ständigen Angst zu »stören«, hätte er nie gewagt) das Angebot, der Toilette einen kurzen Besuch abzustatten, »um sich die Hände zu waschen«, und eine junge Filipina, die ebenso zierlich wie der Filipino war und seine Frau sein konnte, führte sie eine kurze Backsteintreppe hinunter, durch eine verglaste Veranda voller Topfpflanzen, dann durch eine Diele mit einem Eberkopf an der Wand und verließ sie nach ein paar weiteren Kurven in einer lang gestreckten Galerie mit hohen Fenstern vor einer Eichentür, hinter der sich ein Refektorium verbergen konnte, eine Kapelle, ein Waffensaal.

Valeria ging hinein, und er lief draußen wie ein Idiot umher im Zwielicht zwischen weiteren alten Gemälden und strengen Möbeln, die ab und zu durch einen Blitz erhellt wurden. Der Eindruck, wie ein Idiot umhergelaufen zu sein, steht in der Erinnerung des Anwalts für das Bewusstsein *post factum,* dass alles bereits versammelt war, was ihm hätte die Haare zu Berge stehen lassen müssen: das unbekannte Landschloss, der allzu freundliche Schlossherr, die orientalischen Domestiken, ja selbst der Steinfußboden mit seinem schwarz-weißen Schachbrettmuster, auf dem das Echo seiner kurzen Schritte in den Momenten der Stille widerhallte.

Er trat an eins der hohen Fenster und sah eine gleichsam geköpfte Landschaft, tief verhangen von schweren düsteren Wolken, die zwischen den mit dichter Macchia bedeckten Hügeln weißliche Schwaden zogen. Und plötzlich erschien ihm wieder, auf einer Lichtung im Tal, der Pulk galoppierender Pferde, kompakt und doch instabil, ein Gewimmel von schwarzen, grauen und braunen Kruppen, die sich ständig gegenseitig verdeckten und überholten. Es war unmöglich, sie zu zählen (ein Dutzend? ein halbes?), und während sie zwischen Korkeichen und Olivenbäumen verschwanden, dachte er, ich verstehe ja nichts von Pferden, aber wenn das die aus dem idealistischen Reitstall sind, wären sie besser jetzt in ihren Boxen. Er versuchte sich zu orientieren, er hätte gern gewusst, wo dort zwischen den Hügeln der Bauernhof Le Rombaie liegen mochte, aber der tiefe Himmel ließ keine Richtung erkennen, und weder die allein stehende Sequoia noch die verlassene Mine waren zu sehen, weder der schädelförmige Felsen noch die anderen typischen Orientierungspunkte des toskanischen Wilden Westens.

Valeria kam zu ihm ans Fenster, und er ging ins Bad. Es war ein großer bleicher Raum mit so vielen Türen, Schränken, Stühlen, Gemälden ringsum an den Wänden, dass er im ersten Augenblick glaubte, sich in der Tür geirrt zu haben. Er wusch sich gerade die Hände, da ertönte ein schriller Schrei.

Valeria!

Er stürzte hinaus, ohne lange zu überlegen, was es sein könnte (der unbewusste Computer des erfahrenen Ehemannes verteilte vierzig Prozent auf eine Ratte, zwanzig Prozent auf eine Fledermaus und den Rest zu ungefähr gleichen Teilen auf große Spinne, Tausendfüßler und Knöchelverstauchung), aber keinesfalls hätte er voraussehen können, was er sah: Valeria stand immer noch vor dem Fenster, und hinter ihr regte sich eine kleine dunkle Gestalt, die sie umschlungen hielt und gegen die Brüstung drückte.

Der Anwalt schrie ebenfalls auf und rannte los, um seine Frau von dem Hund zu befreien, der sie rücklings angefallen hatte, und sein Fuß war schon zum Tritt erhoben, als das Tier sich blitzartig aufrichtete: Flüchtig erschien ein dunkles Gesicht, ein dünner geteilter Schnurrbart, ein bleckendes Grinsen – und ein winziges Männchen, ein Zwerg, entfloh mit lautem Gelächter durch die lang gezogene Galerie.

Schluchzend klammerte sich Valeria an ihn wie eine interessante Überlebende aus Sodom. Oder aus Gomorrha.

Tödliche Feindschaften trennen die siebzehn Contraden von Siena. Es hassen einander Wölfin und Stachelschwein, Adler und Panther, Schnecke und Schildkröte, Abscheu herrscht zwischen Giraffe und Raupe, Einhorn und Eule, Widder und Muschel. Der Turm, eine große Contrade (denn es gibt große und kleine, reiche und arme Contraden), vereint gleich zwei wütende Gegner auf sich, die Gans und die Welle.

Niemand weiß mehr genau, was diesen jahrhundertealten Gegnerschaften zugrunde liegt, auch wenn darauf hingewiesen wird, dass die Contraden, die einander am grimmigsten feind sind, im Allgemeinen aneinandergrenzen. Doch ob es sich um obskure Interessenkonflikte, uralte Übergriffe und Verletzungen, längst vergessene Gebietsstreitigkeiten, Beleidigungen, Übervorteilungen oder Vertrauensbrüche handelt, die Zeit hat die Karte des Hasses unter den Contraden für immer und ewig festgeschrieben. Und so wird im Namen dieses Gefühls zugleich mit dem oberirdischen Palio ein zweiter, unterirdischer ausgetragen, ein Palio im Negativ, der aber genauso verbissen ist und dessen Ziel darin besteht, die feindliche Contrade am Sieg zu hindern.

Sobald das Los seine offizielle Arbeit getan hat und somit feststeht, wer am Rennen teilnehmen darf und mit welchem Pferd, beginnt ein wildes Intrigenspiel, ein wüstes Gestrüpp von Pakten und Gegenpakten, Vermittlungen, aktiver und passiver Neutralität, Begünstigungen, Vorgaben, Sabotagen, Verschwörungen, die den zusammenfassenden Namen »Parteien« haben und sich explizit um den einzigen Faktor drehen, der in der Lage ist, dem Los noch entgegenzutreten und es irgendwie zu korrigieren: die Korruption. Die Korruption der zehn Söldner, die hundert Sekunden lang frenetisch über die »Erde auf der Piazza« galoppieren werden: der Jockeys.

»Ich will weg hier, ich will weg hier …«

»Aber was ist denn passiert?«

»Bring mich weg hier, bring mich weg hier ...«
»Okay, aber was war denn, was hat er dir denn getan?«
»Ich will hier nicht bleiben, ich will hier nicht bleiben ...«
Der Dialog zwischen den zwei verschwommenen Gestalten, die sich im Zwielicht der Galerie umarmten, ging nicht darüber hinaus. Sie zitterte weiter und zog die Nase hoch, er klopfte ihr leicht auf den Rücken und streichelte ihr den Nacken in der Hoffnung, dass es das Richtige war, aber mit dem Zweifel, ob es nicht besser wäre, ihr stattdessen Wasser oder Riechsalz zu bringen, Hilfe zu holen, sie aufzuheben (unmöglich, bei seiner Kurzatmigkeit würde er nach drei Metern zusammenbrechen), um sie ins Auto zu tragen, ungeachtet der Unbill des Wetters.

»Ich war hier am Fenster und guckte raus«, erzählte Valeria plötzlich wieder normal, »und bei all dem Gedonner hab ich ihn gar nicht kommen hören ... Er hat mir den Rock hochgehoben und mir den Schlüpfer ...«

Erneutes Zittern und Schniefen. »Mein Gott, was für ein Schock!« Sie begann mit der Rechten, ihre Pobacke zu massieren.

»Nun sag doch schon, was hat er dir denn getan?«
»Er hat mich gebissen.«
»Wo?«
»Hier.«
»In den Po?«
»Ja.«

Zur totalen Verblüffung des Anwalts prustete sie auf einmal los. »Es ging alles ganz unheimlich schnell, er muss darin eine gewisse Übung haben.«

»Aber wer war es denn?«
»Wie soll ich das wissen, er hat sich nicht vorgestellt.«
»Der Filipino war es jedenfalls nicht, dieser Typ hatte einen Schnurrbart, und außerdem war er viel kleiner.«

»Wer es auch war, auf jeden Fall hat er mich unheimlich erschreckt. Ich stand hier ganz ruhig, und plötzlich spürte ich ihn über mich kommen wie ...«

»Hat er dir wehgetan?«

»Na ja, er hat mich ganz schön angebissen. Wer weiß, vielleicht hab ich ihm geschmeckt.«

»Valeria!« Er zog sie hinter sich her zu einem der antiken Stühle mit dicken Beschlägen und hoher Rückenlehne, die zwischen den hohen Fenstern standen, setzte sich, drehte sie um und lüpfte ihren plissierten Rock.

»Sehen wir uns die Wunde mal an.«

»Also es war schließlich keine Kobra!«

Der Schlüpfer hing ihr noch immer halb auf den Schenkeln, und auf der rechten Pobacke war ein leichter runder Abdruck zu sehen, der wie ein verblasster Poststempel aussah.

Der Anwalt fuhr mit dem Zeigefinger leicht um das Mal.

»Tut das weh?«

»Nein.«

»Jedenfalls wird es besser sein, etwas Alkohol draufzutun, einen kalten Umschlag, was weiß ich.«

»Vielleicht war er ein Vampir ...«

Valeria drehte sich um, setzte sich rittlings auf seine Knie, schlang die Arme um seinen Hals und flüsterte ihm ins Ohr: »Oder es war ein Kannibale, der mich auffressen wollte.« Sie biss ihn ins Ohr.

»Valeria! «

»Nimm mich«, gurrte sie.

Er begriff nicht, solche Dinge begreift man nicht gleich auf Anhieb.

»Was?«

»Lass uns vögeln.«

»Bist du verrückt?«

»Los, mach schon!«

»Hier auf dem Stuhl?«

»Hier auf dem Stuhl!«

»Du bist wohl nicht ganz bei Trost, es kann jemand kommen, es kann ...«

Sie drehte und wand sich, um den Schlüpfer ganz loszuwerden, der schließlich auf dem Fußboden lag, als weißer Stofffetzen auf einem schwarzen Schachbrettfeld, jähe Vorwegnahme (doch wie hätte der Anwalt das schon in diesem Augenblick ahnen können?) des schwarz-weißen Banners von Siena auf der Torre del Mangia.

»Los, mach schon ...«

Das ist nicht sie, war das Einzige, was er denken konnte, und ein kalter Schauer lief ihm über den Rücken. »Du machst wohl Witze ... Das ist doch nicht ... Entschuldige, aber wir können doch nicht ... Nein wirklich, beruhige dich, du bist außer dir!«

»Ja, ich bin außer mir ...« Ihre Stimme hatte einen ganz neuen Ton, den er noch nie bei ihr gehört hatte, so zwischen kehlig und zischend, und sie wand sich so komisch, so ... schlüpfrig, es gab kein anderes Wort dafür. Sie war nicht bei Trost, die Ärmste. Geschockt. Und auch er fühlte sich geschockt. Vor Erstaunen gelähmt. Mit einem Satz sprang er auf, sodass sie und der Stuhl fast umfielen. »Komm, gehen wir den kalten Umschlag machen.«

Wütend lief sie voraus durch die Galerie, und als er sie einholte, um ihr das Höschen zu geben, das sie liegen gelassen hatte, knüllte sie es zu einem Bällchen zusammen und stopfte es ihm in die Hemdtasche.

»Da, das schenk ich dir, mach dir daraus einen kalten Umschlag.«

»Valeria, bitte, sei doch vernünftig!«

»Haha!«

Sie begann zu trällern.

Peinliche Szene, wie sie da durch die Galerie liefen: sie erhobenen Hauptes vorausmarschierend und er hinterherjapsend im Bemühen, ihr die Schwere des Vorfalls klarzumachen. Was wäre passiert, wenn er nicht rechtzeitig eingegriffen hätte, um den Angreifer zu vertreiben? Keine Minute konnte man länger in einem Haus bleiben, in dem so ein Besessener, so ein Monster frei herumlief. Wer es wohl sein mochte? Ein Domestike? Ein verrückter Verwandter? Oder vielleicht ein Fremder, der sich während des Unwetters in das Schloss eingeschlichen hatte? Der Anwalt redete hauptsächlich so, um zu reden, in der Annahme, dass der Ton seiner Stimme (besonnen, vertraut) seiner Frau helfen würde, ihre Erregung zu überwinden und ihre Selbstkontrolle wiederzufinden.

Er musste aufhören, als sie in die Diele mit dem Eberkopf kamen, wo die Filipina sie erwartete. Sie gingen mit ihr zurück in die weite leere Halle mit den trüben Glockenlampen, und der Anwalt war schon entschlossen, einfach hinauszugehen und die Villa samt ihren Bewohnern grußlos zu verlassen, als ihm hoch oben auf einem der beiden Flügel der großen Treppe das wunderbarste Geschöpf erschien, das er je im Leben gesehen hatte (Ginevra), eine Fee, eine Madonna, ein Engel, eine Hindin, eine Gazelle mit langem Blondhaar und eingegipstem Handgelenk. Sie schaute nach oben und sagte zu jemandem, den man nicht sah: »Wenn das so weitergeht, wird alles im Schlamm versinken, und sie können nicht laufen.«

Es war die erste Begegnung des Avv. Lorenzo (Enzo) Maggioni mit dem Palio von Siena.

Hitzköpfe unter der Sonne – die Giostra von Arezzo
Kety Quadrino

Es ist achtzehn Uhr auf der Piazza San Giusto. Enrico Vedovini raucht eine letzte Zigarette. Langsam streift er sich das Kettenhemd über. Dann das gepolsterte Wams: grün und weiß, mit einem Kreuz auf der linken Brust, die Farben und das Wappen seines Stadtviertels Porta Sant'Andrea. Enrico ist nicht allein. In einem Raum, der durch aufgereihte Lanzen, Stahlhelme und Armbrüste einem Museum gleicht, helfen sich Männer gegenseitig beim Ankleiden. Auf den Holztischen liegen Lederriemen, Nietengürtel, Schwerter und Schutzschilde. Enrico geht hinaus auf die Piazza. Mittelalterlich gekleidete Menschen stehen dicht gedrängt und zupfen aufgeregt an sich herum. Still schauen sie Enrico hinterher, als er zu seinem Pferd Stella geht. Die Stimmung ist gespannt – wie ein lang gezogenes Gummiband. Mit einem Tritt in den Steigbügel schwingt sich der Einunddreißigjährige in den Ledersattel. Die Giostra del Saracino, das Sarazenenspiel, kann beginnen.

Wie auf Kommando stellen sich Soldaten, bewaffnet mit Armbrüsten und Lanzen, in Reih und Glied. Knechte tragen das Bild des heiligen Andreas. Trommler füllen den Platz mit hallendem Krach. Drei Reiter in schwerer Montur setzen sich in Bewegung. Ihre Augen lugen durch Schlitze schwarzer

Stahlmasken. Leuchtende Wappen der ehemaligen Herrenhäuser von Arezzo auf gelb-rotem Stoff: der Adler der Ghibellinen, der Löwe der Grafen von Bivignano und die drei Köpfe der Testi. Die goldverzierten Stahlhelme glänzen in den letzten Strahlen der Abendsonne.

Die Bewohner des Viertels jubeln Enrico zu. Mit einem lauten »In bocca al lupo!« (In den Rachen des Wolfes!) wünschen sie dem Schmuckhändler Glück für den bevorstehenden Kampf. Und immer wieder der Schlachtruf: »Sant'Andrea wird siegen!« Auf der Piazza San Domenico trifft die Truppe auf ihre Gegner: die Ritter der anderen drei Stadtviertel Arezzos: Porta Crucifera, Porta del Foro und Porta Santo Spirito. Über dreihundertfünfzig Statisten in mittelalterlichen Kostümen und einunddreißig Pferde ziehen durch die engen Straßen, begleitet von Paukenschlägen und Fanfarenstößen. Ein untersetzter Mann mit rothaariger Perücke, schwarzem Schnauzbart und Strumpfhose trägt stolz die Siegestrophäe der Giostra, die *lancia d'oro,* eine in Gold plattierte Lanze.

Im Rund der Piazza Grande stehen dicht in gedrängten Blocks die Fans der vier Stadtviertel. Die Stimmung ist aggressiv, die Luft über dem Platz wie elektrisiert. Tausende Menschen gestikulieren, schreien, beschimpfen sich gegenseitig: »Scemi, va fanculo!« (Ihr Idioten, leckt uns am Arsch!) »Weiß-grün!«, skandieren die Fans von Porta Sant' Andrea – »Gelb-rot!«, kommt es aus dem Fanblock von Porta del Foro zurück. Auf dem Schlachtfeld haben sich die acht Reiter der Stadtviertel sowie Soldaten, Knechte und Musiker versammelt. Die Stimmung ist aufgeheizt. Die Soldaten müssen ihre Armbrüste, Schwerter und Lanzen vor dem Wettkampf zur Sicherheit abgeben. Diagonal über den Platz verläuft die *lizza,* die Pferderennbahn aus gestampfter Erde. An ihrem Ende steht der Feind: eine Sarazenenfigur mit schwarz lackiertem Holzkopf und einem drehbaren Torso aus Blech. Ihre Arme sind ausgestreckt, in der einen Hand hält sie ein Punkteschild, in der anderen eine Kettenschleuder, an der drei lederne Kugeln hängen.

Enrico Vedovini sucht abseits etwas Ruhe vor dem Rennen. Er denkt an seine Kinder Lorenzo und Anna. Dreimal schon hat er die goldene Lanze für sein Viertel gewonnen. Er weiß, er ist ein guter Reiter. »Tschhh, tschhh«, beruhigt Enrico sein Pferd, als der *colpo di mortaio*, der Todesschuss, mit einem lauten Knall zwischen den alten Steinfassaden hallt. Der Kampf ist eröffnet. Die Trompeten setzen das Lied der Giostra an, und eine Welle aus 4500 Stimmen erfüllt den Platz: »Galoppa galoppa, o bel cavalier, tu sei la speranza del nostro quartier; col braccio robusto che piega il destin, trionfa, o gagliardo, del Re Saracin!«

Die »Kriegserklärung« des Sarazenen an die Reiter von Arezzo wird verlesen. Zu dem Kampfschrei der Zuschauer »Al campo! Alla battaglia! All' armi!« (Auf zum Kampf, hebt die Waffen!) schießen die Armschützen Pfeile in die Luft. Plötzlich ist es unheimlich still. Eine Trillerpfeife ertönt als Startsignal. Der erste Reiter aus Porta Santo Spirito nimmt Anlauf. Dichter Staub wirbelt vom Boden auf. Die Lanze ist auf das Punkteschild des Sarazenen gerichtet. Mit hartem Stoß trifft er das Schild, der Torso des Sarazenen schnellt um die eigene Achse, die Kugelschleuder verfehlt ihn nur knapp. Die tosenden Zuschauer auf der Tribüne erheben sich. »Quattro, quattro!«, schreien sie. Die Jury überprüft das Schild und übermittelt die Zahl dem Boten. Stille. Der Bote verkündet mit überschlagender Stimme die Punktzahl. Die Masse tobt.

Als Nächstes kommt der Reiter von Porta Crucifera an die Reihe, begleitet von Buhrufen. »Vier Punkte!«, verkündet der Bote. Gleichstand. Die ersten Schubsereien zwischen den Fanblöcken setzen ein. Der nächste Reiter von Porta del Foro verliert die Lanze! Null Punkte. Das Publikum schreit ohrenbetäubend. Die einen liegen sich in den Armen, die anderen schlagen beschämt die Hände vors Gesicht. Der erste Reiter von Porta Sant' Andrea, Enricos Mannschaftskollege, schafft immerhin drei Punkte. Im zweiten Durchgang bricht Unruhe aus, als der Reiter von Porta Santo Spirito das Schild des Sarazenen trifft. Die Polizei muss aufgebrachte Fans auseinanderdrängen. Porta Crucifera: wieder vier Punkte. Damit steht das ungeliebte Viertel nun auf Platz eins. Die Fans von Porta Crucifera geben sich siegessicher, singen, umarmen sich.

Der Reiter von Porta Sant' Andrea ist als Letzter an der Reihe: Enrico Vedovini wartet auf das Startsignal, nur drei Punkte aus dem ersten Durchgang stehen zu Buche. Er schaltet den Lärm um sich herum ab, in seinem Kopf nur noch Leere und der dumpfe Klang der aufschlagenden Hufe. Die Lanze fest unter seinen rechten Arm geklemmt, wuchtet er die Spitze in die Mitte des Schildes. »Dong« – der Sarazene schleudert seine Kugeln um sich. »Fünf Punkte!«, schreit der Bote außer sich – die höchste Punktzahl des Tages. Enrico hebt die Faust, ein Urschrei dringt aus seinem verzerrten Mund. Acht Punkte, Gleichstand mit den Colcitroni. Überall klingeln Handys. Verwandte und Freunde, die das Sarazenenspiel zu Hause im Fernsehen mitverfolgen, wollen am Erfolg teilhaben. Ein Stechen zwischen den beiden führenden Stadtvierteln muss die Entscheidung bringen. Porta Crucifera nimmt Anlauf, der Reiter verliert beim Aufprall die Lanze, null Punkte! Der Bote kämpft mit seiner Stimme gegen den Lärm an – vergeblich. Porta Sant' Andrea hat nun leichtes Spiel. Vier Punkte holt Enrico. Sein Siegesschrei wird unter dem Lärm der Zuschauerränge begraben.

»Colcitroni, va cacare!« (Colcitroni, geht scheißen!), rufen die Andrea-Fans in den Crucifera-Block. Im Siegestaumel rennt ein Fan auf den Platz. Er kommt nicht weit. Die Verlierer der Porta Crucifera stürzen sich zu viert auf ihn, treten ihm mit schweren Stiefeln ins Gesicht. Blut spritzt aus der Nase. In den Fanblocks bricht Tumult aus. Die Reiter und Soldaten auf dem Kampfplatz gehen aufeinander los. Mit erhobenen Schlagstöcken stürmen *carabinieri* dazwischen. Ein Krankenwagen schiebt sich mit Blaulicht und Sirene durch die Menschenmenge, Sanitäter in mittelalterlichen Kostümen tragen vier Verletzte vom Platz.

Nur langsam kehrt wieder Ruhe ein. Die Anhänger der Porta Sant' Andrea machen sich auf zur Kathedrale, um Gott für ihren Sieg zu danken. Der Bischof wartet schon. Fanfaren spielen den Triumphmarsch aus Verdis *Aida,* die Menschen stehen auf den Kirchbänken, klatschen in die Hände und schreien: »Hipp, hipp, hurra!«

»Es ist schön, so viele Menschen in der Kirche zu sehen«, sagt der Bischof. Dann wird es still. Der Geistliche spricht das Vaterunser, die Masse murmelt andächtig mit. Als das Gebet beendet ist, rufen die Menschen: »Es lebe Sant' Andrea!« – und der Krach kehrt zurück. In einer Prozession zieht die Menge zum Stadtteil Porta Sant' Andrea. Die Stadtverwaltung hat den Siegern eine *porchetta* spendiert, ein achtzig Pfund schweres Spanferkel. Trompeter stehen auf dem blumengeschmückten Balkon eines Palazzo. Die Siegeslanze wird zu den anderen achtundzwanzig Lanzen gestellt. Ein Fan, der in der Arena von den Colcitroni zusammengeschlagen worden ist, präsentiert sich stolz mit Halskrause und geschwollenem Gesicht daneben.

Enrico Vedovini ist völlig erschöpft. Zusammen mit einem Freund sitzt er verschwitzt und mit nacktem Oberkörper im Raum der Siegeslanzen. Sobald die Zeitungsartikel über den Sieg erscheinen, werden die Männer mit Spottgesängen auf den Lippen durch die Stadt ziehen. »Das Sarazenenspiel trennt die Stadt, aber vereint die Viertel«, sagt Enricos Freund Gianni Sarrini und fügt hinzu: »Wir sind Brüder unter der gleichen Fahne.« Während draußen die Musik dröhnt und die Menschen ausgelassen feiern, ist es im Raum andächtig still. Schon morgen wird der Alltag die Männer wieder einholen. »Wenn man sich mit jemandem geschlagen hat, dann ist das bald wieder vergessen. Das ist hier normal«, sagt Gianni Sarrini, »Arezzo ist eine sehr zivilisierte Stadt.«

Napoleon – Fürst von Elba
Clemens Amelunxen

Das Volk ist zusammengelaufen. Die Kanonen der englischen Fregatte und der beiden Forts Stella und Falcone schießen einundzwanzigmal Salut, der Rest der französischen Garnison tritt an und präsentiert die Gewehre. Bürgermeister Traditi überreicht dem Kaiser mit artigem Kratzfuß die Stadtschlüssel von Porto Ferraio auf samtenem Kissen. *Incipit comoedia elbana,* in Wirklichkeit sind es die Schlüssel vom Weinkeller des Herrn Bürgermeisters, die man in aller Eile vergoldet hat ... Nachdem Traditi seine unbeholfene Ansprache heruntergestottert hat, gibt Napoleon ihm die Schlüssel zurück mit der elegant-witzigen Bemerkung: »Bei Ihnen, Signore il Sindaco, sind sie in den besten Händen.«

Der Festzug setzt sich in Bewegung. Der Kaiser wird unter einem Baldachin mit seinem Gefolge in die Hauptkirche des Städtchens geführt. Generalvikar Arrighi mit seinem Klerus zelebriert ein Tedeum, und erstmals, seit sie in Notre-Dame de Paris wie in ganz Frankreich verboten ist, erschallt hier wieder die Gebetsformel *Domine, salvum fac Imperatorem.*

Das Mittelmaß folgt dem Talmiglanz auf dem Fuß. Wo soll Napoleon seine erste Nacht auf der Insel verbringen? Mit aller Hast hat man ihm ein Appartement im Rathaus frei gemacht und es notdürftig möbliert. Aber Napoleon, empfindlich gegen alle äußeren Einflüsse, kann da kein Auge zutun. Das Rathaus liegt direkt an der illuminierten Piazza Grande, wo die Elbaner begeistert weiterfeiern und Krach schlagen. Ohnehin ist in diesem Zentrum von Porto Ferraio tags- und auch nachtsüber Lärm genug. Man kann das Schlafzimmer nicht richtig verdunkeln, und im Morgengrauen hat Napoleon das erste Schlüsselerlebnis seiner Regierung: Es beginnt infernalisch zu stinken, denn mangels Latrinen und mangels jeglicher Kanalisation leeren die Anwohner des Platzes (wie auch sonst allerorten) ihre gefüllten Nachttöpfe unbekümmert zum Fenster hinaus auf die Straße.

Activité, vitesse! Das ungeduldige Schlagwort, mit dem der junge Artilleriehauptmann Bonaparte einst seine Karriere startete, wird wieder das Motto des Fürsten von Elba, in der Mitte seiner Vierzigerjahre, und es lautet nun: Reform, Reform! Er beginnt schon früh am 4. Mai und fällt über die verschlafene Insel her wie ein Wirbelwind – keinen Gedanken fasst er, der nicht sogleich zur Tat würde.

Budget und Staatskasse

Zunächst macht er Kassensturz, mit miserablem Ergebnis. Zwar hat er einen Geldbetrag von knapp vier Millionen Franc mitnehmen können, aber davon sind jetzt schon 200 000 Franc für Reisekosten und die ihm auferlegten Gebühren des Vertrages von Fontainebleau draufgegangen. Den größeren Rest will er als Kriegsschatz für die Inselverteidigung und als eiserne Reserve für den Notfall zurückhalten und vorerst nicht angreifen (bald muss er es doch tun).

In den öffentlichen Kassen von Elba findet er nur den kümmerlichen Betrag von 3500 Franc. Er stellt fest, dass die 12 000

Elbaner noch insgesamt 500 000 Franc aus früheren Jahren als Steuerrückstände schulden. Die gehören von Rechts wegen nicht ihm, sondern noch dem französischen Staat. Aber darüber setzt er sich hinweg und weist die Ortsbürgermeister an, diese Beträge rücksichtslos einzutreiben und abzuführen. Der Erfolg wird gering sein.

Dann rechnet er sich aus, dass die Revenuen der Insel jährlich etwa 250 000 Franc betragen sollten, falls es gelingt, Wirtschaft und Handel wieder in Schwung zu bringen. Dazu schätzt er, dass sein fürstliches Domanium – das sind die Einkünfte aus dem Bergbau, aus den Salinen und dem Thunfischfang – noch einmal 350 000 Franc ausmachen sollten. Im Übrigen glaubt er noch an die von Frankreich geschuldete Jahresrente von zwei Millionen Franc – eine Hoffnung, die sich nie erfüllen wird.

Auf dieser höchst unsicheren, wenn nicht fiktiven Grundlage kalkuliert er sein Staatsbudget. Aber zunächst braucht er Bargeld.

Das Einzige, was bei seiner Ankunft auf Elba noch floriert, sind die Eisenminen in Rio-Marina. Gleich am 4. Mai besucht er zu Pferd den Bergwerksdirektor Pons d'Herault. Die Arbeiter stehen für ihn Ehrenspalier mit geschulterten Spitzhacken. Aber schon wieder wird er mit einem juristischen Problem konfrontiert, das er diesmal sogar selbst geschaffen hat: Als Kaiser hat er sämtliche elbanischen Mineneinkünfte der französischen Ehrenlegion, einer öffentlich-rechtlichen Körperschaft, als »ewiges Eigentum« zugewiesen. Pons d'Herault, ein wackerer Ehrenmann, empfängt ihn kühl, verweist ihn auf dieses rechtliche Faktum und weigert sich, ihm auch nur die Einkünfte des Vorjahres, 200 000 Franc in bar, herauszugeben. Napoleon vertritt den Standpunkt, alle französischen Regierungseinkünfte gehörten nunmehr ihm als neuem Souverän. Pons d'Herault bestreitet das: Nein, sie gehörten der Ehrenlegion. Es kommt zum hitzigen Streit. Napoleon brüllt: »Ich bin immer noch der Kaiser!« Pons d'Herault erwidert unbeeindruckt: »Und ich, mein Herr« – er wagt es tatsächlich, Napoleon mit »Monsieur« anzureden –, »ich bin immer noch Franzose.«

Unverrichteter Dinge und mit hochrotem Kopf muss Napoleon für diesmal abziehen. Aber blitzartig beweist er nun wieder die hohe Kunst der Anpassung, die ihm so oft geholfen hat, schwierige Lebenssituationen zu überwinden. Wenige Tage später besucht er Pons d'Herault ein zweites und dann noch ein drittes Mal. Er hat sein Benehmen völlig geändert. Er kommandiert nicht mehr, sondern er konversiert. Es gelingt ihm, den biederen Eisenhüttenmann so zu bezirzen und zu faszinieren, wie er einst Goethe und Wieland, den russischen Zaren und den König von Sachsen bezaubert, wie er Kardinäle und Marschälle eingewickelt hat – immer mit denselben, durchaus nicht unaufrichtigen Methoden seines Genius: dem charmanten Geplauder und der dosierten Schmeichelei, aber auch dem vertieften Fachgespräch auf welchem Gebiet auch immer – insgesamt mit dem Naturtalent, stets anzuregen, niemals langweilig zu sein.

Enfin, Pons d'Herault ist überwältigt, und das drückt er in seinen Memoiren selbst so aus: »Der Kaiser hat mich nicht besiegt, aber ich habe mich ihm ergeben.« Von Stund an wird er ein glühender Parteigänger Napoleons. Er stellt ihm nicht nur in den folgenden Monaten alle Mineneinnahmen zur Verfügung und bringt die Eisenförderung auf Hochtouren, sondern begleitet ihn auch später in das Abenteuer der Hundert Tage, wird Ritter der Ehrenlegion und zieht sich nach dem endgültigen Sturz des Kaisers trauernd ins Privatleben zurück. Das Mirakel Napoleons erweist sich auch im Exil als ungebrochen. Finanziell ist er nun flüssig, jedenfalls für die ersten Wochen.

Die Villa Mulini

Inzwischen sucht Bürgermeister Traditi mit seinen Beigeordneten Lorenzini und Squarci fieberhaft nach einer passenden Wohnung für seinen Fürsten. Napoleon entscheidet sich für den Palazzo Mulini, ein altes, halb verfallenes Gemäuer, aber hoch und strategisch günstig am Felsenrand von Porto Ferraio gelegen, mit herrlichem Blick über Hafen und Meer. Im Fall einer nötigen Flucht kann man von dort aus das Innere der Insel erreichen, ohne die Stadt passieren zu müssen. Seit dem Beginn des Wiener Kongresses und bis zum Ende seines elbanischen Aufenthalts lebt Napoleon in der Sorge, die Bourbonen oder die Österreicher könnten ihn von See aus angreifen, um ihn zwangsweise in ein entferntes Exil zu deportieren oder ihn gar zu ermorden.

Noch während die Villa Mulini rund um die Uhr repariert, renoviert und durch Anbauten vergrößert wird – erst im September ist alles komplett fertiggestellt –, zieht Napoleon schon zwei Wochen nach seiner Ankunft dort ein und überwacht persönlich die Arbeiten des Chefingenieurs Bargigli.

Am Morgen des 26. Mai ertönt der Freudenruf: »Sie kommen!« Das ist der wohl glücklichste Tag in Napoleons kurzer Regierungszeit auf Elba – denn die da über das Meer kommen, wieder von englischen Schiffen übergesetzt, das sind die Freiwilligen seiner Alten Garde, die sich entschlossen haben, zu ihm zu kommen, um sein Exil zu teilen.

Was heißt Freiwillige! Fast alle überlebenden *vieux grognards,* die alten Brummbären seiner Elitetruppe, haben sich dazu gedrängt, nach Elba zu gehen. Sie stürmen die Registrierungsbüros des Generals Friant, der eine Auswahl treffen muss, denn Artikel XVII des Vertrags von Fontainebleau beschränkt ihre Zahl auf vierhundert. Widerwillig lässt sich die französische Regierung herbei, endlich doch sechshundert Männern die Ausreise zu gestatten. Unter dem Kommando des Gardegenerals Cambronne (der später bei Waterloo das berühmte Wort *merde* ausstoßen wird, als er kapitulieren soll) haben sie sich auf den beschwerlichen, sechs Wochen langen Fußmarsch zur Küste begeben – mit Handwaffen und Kanonen, mit Pferden und Bagagewagen, die Feldtrikoloren mit den kaiserlichen Adlern vorneweg. Es begleiten sie auch, mit Fähnlein an den Lanzen, hundertzwanzig polnische Ulanen unter dem Obristen Germanowski.

Auf alles haben diese Männer verzichtet: auf Frauen, Kinder und Familienleben, auf regulären Dienst in der königlich-französischen Armee, auf Beförderung und Karriere. Es sind die kampferprobten Übriggebliebenen der Schlachten von Rivoli und Jena, von Austerlitz und Wagram, von Friedland und Borodino. Viele von ihnen sind, obwohl dem Mannschafts- oder Korporalstand angehörig, Ritter der Ehrenlegion – jenes so herrlichen demokratischen Ordens, der erstmals in der Staatengeschichte nicht nur Offizieren, Patriziern und Adligen vorbehalten war, sondern den jeder leistungswillige Soldat und Bürger sich verdienen konnte.

Von Geografie haben die *grognards* nur eine nebelhafte Vorstellung. Doch als man sie fragt, ob sie wüssten, wo die Insel Elba liege, antwortet einer von ihnen: »Wir wissen nicht, wohin es geht. Aber wir gehen zum Kaiser, und das genügt uns.«

Nun also sind sie da. Sie weinen vor Glück, und ihr Kaiser weint auch, umarmt viele von ihnen, redet sie kraft seines fantastischen Gedächtnisses mit Namen und Spitznamen an, erinnert sie an gemeinsame Taten. Dann nimmt Napoleon auf dem Rathausplatz, nun auch Piazza d'Armi oder Piazza della Guardia genannt, ihre festliche Parade ab, und wieder steht die ganze Hauptstadt vor Freude kopf.

Ein Kleinstaat wird organisiert

Schon am nächsten Tag wendet sich Napoleon wieder der nüchternen Aufgabe zu, seinen Staat zu organisieren. Er setzt gewiss Prioritäten: zunächst die Einrichtung des Hofes und der allgemeinen Verwaltung, die Gewährleistung äußerer und innerer Sicherheit, dann Hygiene und Sozialwesen, auch Erziehung und Bildung, endlich die Erschließung neuer Steuerquellen durch Förderung von Handel und Landwirtschaft. Aber im Grunde – sonst müsste er nicht Napoleon sein – packt er alle diese Dinge gleichzeitig an, voller Ungeduld, mit ein und derselben, oft furchterregenden Energie.

Für 80 000 Franc wird die Villa Mulini zu einem Zwerghof nach Vorbild der Tuilerien umgestaltet. Sie verfügt nun über dreißig Zimmer, von denen die meisten leider verzweifelt klein sind. Hier etabliert sich der Kaiser mit seinem Hofstaat, mit den höheren Offizieren und Beamten, aber es wird auch je ein Appartement für Madame Mère Letizia und für die Kaiserin Marie Louise reserviert, denn die baldige Ankunft beider Damen (nur eine wird kommen) erwartet man sehnsüchtig. Im ersten Stock der Villa lässt Napoleon einen großen Salon für Bälle und Empfänge herrichten. Ferner gibt es einen Theatersaal für Operetten und Kammerspiele. Vor den Parterrefenstern wird ein entzückendes Gärtchen im toskanischen Stil mit Palmen, Zypressen, einem Springbrunnen und einer Minervastatue angelegt.

Das erforderliche *meublement* für dies alles verschafft sich Napoleon mit einem Handstreich, der wieder ebenso genial wie juristisch anfechtbar ist: Er schickt einen zivilen Furier mit ein paar kräftigen Packern zum Festland nach Piombino und lässt den dortigen Palazzo ausräumen, in dem einst Schwester Elisa residiert hatte, ehe sie nach Florenz umzog. Der österreichische General Starhemberg, der auch diesen Teil Italiens besetzt hält, reklamiert die Möbel als Eigentum des toskanischen Großherzogs – was der Rechtslage entsprochen haben dürfte. Aber dann lässt er sich übertölpeln und mit einer Quittung abspeisen, die der Furier ihm gibt »für alle Gegenstände, die er auf Rechnung Seiner Majestät des Kaisers Napoleon mitgenommen hat«.

Das gesamte Inventar samt Fußböden, Kaminen und Jalousien wird demontiert und per Schiff nach Elba verfrachtet – »damit es«, wie Napoleon grinst, »wenigstens in der Familie bleibt«.

Seine Umgebung wird aus den beschlagnahmten Beständen des französischen Militärmagazins eingekleidet. Die mangelnde Equipierung für sich selbst beschafft er, diesmal wohl rechtlich korrekter, durch private Gebote: bei der zollamtlichen Versteigerung der Ladung eines britischen Handelsschiffs. Aus der so erworbenen Baumwolle lässt er Uniformröcke, Hosen und Hemden schneidern. Denn auch die Garde hat ihrem Kaiser nur wenige Privatgegenstände mitbringen können: eine kleine Handbibliothek, seinen silbernen Waschtisch mit goldenem Necessaire, ein paar Leuchter und Porträtbilder, einige Schnupftabakdosen, nicht zuletzt sein legendäres Feldbett.

Um die Elbaner und fremde Besucher beeindrucken zu können, ist aber Prachtentfaltung vonnöten. Für den mediterranen Menschen gilt der unerbittliche Grundsatz des *fare bella figura* – allezeit Staat machen, denn wer nichts vorzeigt, der gilt auch nichts.

So wird die *maison impériale* mit einem Personal ausgestattet, wie es eben dem Kaiser gebührt. Es gibt zwei Palastpräfekten, die zahlreiche Domestiken befehligen: neunzehn Diener für den Zimmerdienst, dreizehn für Küche, Keller und Tafel, fünf für das Mobiliar, zweiundzwanzig für den Stalldienst, vier für die Musik und zwei für den Garten. Ein Docteur de Beauregard (eigentlich nur gelernter Veterinär) wird Leibarzt, und ein Signore Gatti, Pillendreher von dürftigem Zuschnitt, darf sich »Hofapotheker« nennen. Zwei Italiener werden Hofarchitekten. Vier Kammerherrenstellen sind eingeborenen Elbanern – das heißt, ihrer hauchdünnen Oberschicht – vorbehalten, zwei davon bekommen die Bürgermeister Traditi und Gualandi, um sie an die neue Herrschaft zu binden. In den Stallungen stehen sieben von der Garde gerettete Pferde Napoleons, darunter der hochberühmte Intendant, und nicht weniger als siebenundzwanzig Kutschen. Für seinen persönlichen Dienst bestimmt der Kaiser zwei Sekretäre und sieben Ordonnanzoffiziere.

Hinter diesem Schleier des schönen Scheins verbirgt sich aber die ernsthafte Arbeit keineswegs. In wenigen Tagen wird der neue öffentliche Dienst installiert, und nach wenigen Wochen funktioniert er bereits.

Die zwölf Ortsbürgermeister und eine gleiche Zahl von Friedensrichtern ressortieren direkt vom Innenministerium. Napoleon belässt zunächst die vorgefundenen lokalen Beamten auf ihren Posten; später, als er Unfähigkeit bei einigen erkennt, wechselt er diese von einem Tag zum anderen aus. Eine Mittelinstanz erscheint wegen der Kleinheit der Insel entbehrlich; Napoleon, dem naturgemäß an straffer Zentralisierung gelegen ist, lässt sich auch durch die Wünsche elbanischer Regionalisten nicht bewegen, eine solche einzurichten. Dem Innenminister untersteht auch die von dem verlässlichen Korsen Poggi kommandierte Polizei, die – mitsamt den örtlichen Gendarmen – etwa fünfzig Köpfe zählt.

Heer und Nationalgarde

Der wohl wichtigste Mann im Staat neben dem Kaiser ist aber General Drouot, der zum Militärgouverneur der Insel ernannt wird und für die äußere Sicherheit verantwortlich ist. Der Junggeselle ist ein kantiger Troupier, fromm und bibelfest, etwas schüchtern und leicht lispelnd, aber seinem Kaiser bis zum Tod ergeben. Die Miniarmee, die er befehligt, besteht zunächst nur aus den sechshundert Männern der Alten Garde und den hundertzwanzig polnischen Ulanen. Seinem dringlichen Appell an die französische Garnison folgen leider nur fünfzig Leute, meist Korsen, die freiwillig auf der Insel bleiben und nun pompös als »korsisches Bataillon« bezeichnet werden. Napoleon entsendet heimlich auch Werber nach Italien und nach Korsika, die mit hohem Sold und rascher Beförderung locken. Auch hier ist der Erfolg gering. Nur etwa zweihundert Ausländer treten in elbanische Dienste und heißen dann »Fremdenbataillon«. Mehr Resonanz findet die Werbung für eine elbanische »Nationalgarde« auf der Insel selbst. Hier melden sich vierhundert Männer, die in prächtige Monturen gesteckt werden. Für den Offiziersnachwuchs gründet Napoleon sogar, nach dem Muster der Pariser École Polytechnique, eine winzige Kadettenanstalt, die freilich in den wenigen Monaten ihres Bestehens nie mehr als sechs Aspiranten zählt.

Die skurrile Armada

Ein Inselstaat braucht aber nicht nur eine Landarmee, sondern auch eine Marine – für die Außenverteidigung, den Schutz des überseeischen Handels und die sichere Verbindung zum Kontinent. Hier fällt es wahrhaft schwer, keine Komödie zu schreiben. Die kümmerliche Brigg Inconstant, von der französischen Regierung übergeben, ist ein geborenes Flaggschiff, weil sie zunächst ohnehin die einzige schwimmende Einheit ist. Durch Ankauf, Beschlagnahme und Umrüstung gewinnt Napoleon weitere Schiffchen hinzu: ein armiertes Ponton-Boot, das man bei Bedarf an Land ziehen und notfalls über eine nasse Wiese fahren kann, einige Barkassen, Feluken und Schaluppen sowie drei Ruderboote, auf denen Segel gesetzt werden können. Bald umfasst die elbanische »Kriegsflotte« neun Einheiten mit hundertdreißig Matrosen, von denen allein die Hälfte auf der Brigg Dienst tut.

Für seine skurrile Armada findet Napoleon nach verzweifelter Suche einen Admiral in der Person des Monsieur Taillade, ein überalterter Marinefähnrich, der es nicht einmal zum Schiffsleutnant gebracht hat, aber der einzige Seeoffizier ist, den man in Elba auftreiben kann. Der nun jählings zum *Capitaine de vaisseau* beförderte Taillade leidet unter Seekrankheit. Das wäre nicht so schlimm gewesen, denn daran litt selbst der große Nelson. Aber er ist auch ebenso dumm wie eitel, ein totaler Nonvaleur, der von Schiffsführung, Navigation und maritimer Kriegskunst keine Ahnung hat. »Von zehn Fehlern, die er macht, kann ich immer nur einen bestrafen«, seufzt Napoleon.

Ja, man könnte lachen. Der Wiener Kongress, von dem misstrauischen englischen Colonel Campbell über Napoleons Aufrüstung informiert, hat auch gelacht – aber zu früh. Es werden just diese jämmerlichen Boote sein, mit denen der Kaiser in naher Zukunft nach Frankreich zurückkehren und einen erneuten Triumphzug beginnen wird.

Pianosa wird erobert

Schon vorher aber beweist Napoleon, dass es auch zur See allemal der Geist ist, der sich den Körper baut. Denn mithilfe der

Flotte macht er die einzige Eroberung, die ihm selbst als Fürst von Elba noch gelingt: Er vergrößert sein Staatsgebiet.

Die Miniaturen setzen sich fort. Als Napoleon auf dem Gipfel des Monte Capanne steht und rundum schaut, entfährt ihm der Klageruf: »Wie klein ist doch meine Insel!« Aber dann entdeckt er mit dem Teleskop ein noch kleineres Eiland, mit dreißig Quadratkilometern nur ein Achtel so groß wie Elba, südlich in fünfzehn Kilometer Entfernung gelegen. Es ist das Inselchen Pianosa, dreieckförmig und tischflach, wie der Name besagt. Zu altrömischer Zeit war es ein fruchtbares Paradies mit Weizenfeldern und Weinspalieren, mit Villen, Thermen und Tempelchen. Später wurde Pianosa von Piraten verwüstet. Jahrhundertelang blieb es unbewohnt, wurde nur auf dem Papier von der Toskana und dann 1802 von Frankreich beansprucht.

Napoleon studiert Land- und Seekarten und alte Verträge. Er erkennt, dass Pianosa im völkerrechtlichen Sinn *terra nullius* ist, jedenfalls als derelinquiert gelten muss, dass hier auch keinerlei tatsächliche Herrschaft ausgeübt wird, die seiner Okkupation und Annektion im Weg stehen könnte (wiederum lässt der Wiener Kongress ihn stillschweigend gewähren). Er unternimmt mit der Inconstant eine Erkundungsfahrt. Dann ergreift er Besitz von der Insel und legt ein Militärdetachement von hundert Mann dorthin. Einen Major namens Gottmann, einen Elsässer, ernennt er zum Gouverneur von Pianosa.

Er schmiedet Pläne, die ihn selbst nächtelang erregen. Zur Kornkammer seines Reiches will er das Inselchen entwickeln und nicht weniger als hundert Bauernfamilien dort ansiedeln. Als Merkantilist auf den Spuren Colberts schließt Napoleon einen Vertrag mit einem genuesischen Handelsmann. Der soll sich in privater Regie um die landwirtschaftliche Entwicklung der Staats-Dependance, um Getreideanbau und Rinderzucht kümmern, und er muss sich verpflichten, alle Naturalerträge nur an Elba zu verkaufen.

Das Projekt war grandios, aber nach wenigen Monaten war es praktisch gescheitert. Es fanden sich kaum Elbaner, die freiwillig die harte Pionierarbeit der Rekultivation auf sich nehmen wollten. Nicht einmal die versprochene temporäre Steuerfreiheit konnte sie locken. Die Soldaten selbst packten an und taten ihr Bestes, aber allein bewältigten sie das Planziel nicht. Gouverneur Gottmann erwies sich als unfähig und musste disziplinarisch gemaßregelt werden, weil er einige Soldaten verprügelt hatte. Sein Nachfolger Pisani, ein Medizinalbeamter, konnte sich gegen das missvergnügte Militär nicht durchsetzen. Ein Geistlicher, der ihm als Garnisonpfarrer beigegeben wurde, richtete ebenfalls nichts aus.

So sank Pianosa nach Napoleons Weggang wieder in Vergessenheit. Es kam in den Besitz Toskanas und dann des italienischen Staates. Heute ist es ein großes Freiluftgefängnis, in dem lebenslange Häftlinge des elbanischen Zuchthauses von Porto Azzurro halbwegs freizügige Sommeraufenthalte mit leichter Feldarbeit verbringen. Den Touristen, die auf dem Transportschiff bis zur Reede mitfahren dürfen, ist leider der Landgang verwehrt.

Die Sommerresidenz

Inzwischen ist der heiße elbanische Sommer hereingebrochen, und Napoleon schwitzt in der stickigen Luft der Villa Mulini. Auf der Suche nach einem Landsitz für diese Jahreszeit entdeckt er ein liebliches, bewaldetes und wasserreiches Tal, nur sechs Kilometer von Porto Ferraio entfernt. Er kauft dort von einem Herrn Manganaro ein Areal, wofür Domänendirektor Lapi 180000 Franc zahlen muss. Unter Benutzung der Grundmauern eines vorgefundenen Bauernhofs lässt Napoleon die Villa San Martino errichten. Der geräumige Empfangssaal wird mit Fresken geschmückt, die den ägyptischen Feldzug darstellen.

Höchstpersönlich und eigenhändig malt der gestürzte Kaiser auf eine Wand neben dem Hauptportal die rätselhaften Worte *Ubicumque felix Napoleo* – Napoleon kann überall glücklich sein. Es wird wohl für immer ein historisches Geheimnis bleiben, ob er sich wirklich resignierend zum Glück im Winkel seines Exils bekennen oder nur raffiniert die gesamte Umwelt täuschen wollte …

Das Museum San Martino besichtigt der Tourist heute so, wie die Villa von ihrem späteren Eigentümer umgestaltet worden ist, dem Prinzen Dernidoff, geschiedenem Ehemann der Prinzessin Mathilde Bonaparte, einer Tochter von Napoleons Bruder Jérôme.

Die Zeit zu einem geruhsamen Leben nimmt Napoleon sich freilich weder in San Martino noch in der Villa Mulini. Sein Arbeitstag auf Elba läuft meist in folgender Weise ab.

Um drei Uhr morgens steht er auf, rasiert sich eigenhändig, lässt sich von Kammerdiener Marchand ankleiden und trinkt ein Tässchen Espresso. Dann diktiert er Befehle, liest Rapporte und Zeitungen. Um sieben Uhr isst er ein gebuttertes Brötchen und ein paar Weintrauben als karges Frühstück. Es folgt ein kurzer Spaziergang im Garten und nochmals ein zweistündiger Schlaf. Kurz nach neun Uhr beginnt das auswärtige Tätigsein wie ein Perpetuum mobile – zu Pferd oder per Kutsche bewegt sich Napoleon rastlos auf seiner Insel hin und her. Er besichtigt öffentliche Arbeiten, die Landschaftsmeliorationen und den Straßenbau, besucht Ortschaften, Märkte, Fischfangplätze und Garnisonen. Kein Beamter oder Offizier kann sicher sein, dass der Kaiser nicht urplötzlich neben ihm auftaucht, ihm auf die Finger sieht, oft auch auf die Finger klopft.

Diese Inspektionen dauern bis dreizehn Uhr, dann wird die Mittagshitze selbst für Napoleon unerträglich. Das frugale kalte Déjeuner – ein Stück Käse oder ein Hühnerschenkel, bisweilen zwei Eier, begleitet von einem mit Wasser verdünnten Glas Chambertin – lässt Napoleon manchmal ausfallen, aber er verzichtet nie auf das tägliche Bad in der Wanne. Danach gibt er Audienzen und diktiert wieder seinen Sekretären. Alle Dekrete und Verordnungen erlässt er als »Napoleon, Kaiser, Souverän der Insel Elba«. Die nach dem Vertrag von Fontainebleau korrekten Bezeichnungen »Fürst« und »Fürstentum« hat er wohl als herabsetzend empfunden und nie gebraucht.

Nach sechzehn Uhr unternimmt er – um sich zu entspannen *(pour se défatiguer)*, wie er selbst sagt – noch einen scharfen Ausritt im Galopp durch die Landschaft.

Gegen siebzehn Uhr nimmt er mündliche Berichte entgegen. Das Diner, bei dem es streng zeremoniell zugeht, nimmt er im Kreis seiner Generäle und Chefbeamten um achtzehn Uhr ein. Wenn, wie häufig, Gäste geladen sind, folgt ein Kartenspiel, wobei Napoleon gern mogelt, oder es wird geplaudert und musiziert, später im Winter gibt es auch private Theateraufführungen.

Um einundzwanzig Uhr zieht Napoleon sich zurück und widmet sich der Arbeitslektüre, dem Studium von Plänen und neuen Projekten.

Erst um dreiundzwanzig Uhr legt er sich auf sein Feldbett zur kurzen Nachtruhe, die dann nur vier Stunden dauern wird.

Ein Tag im Leben des Kaisers auf Elba – und was nicht alles geschieht in solchen vierundzwanzig Stunden!

Die Leistung für Volk und Umwelt

Was diese zehnmonatige Regierungszeit für Elba und die Elbaner bedeutet, ist näherer Betrachtung wert, zumal viele Leistungen die kurze Epoche, in der sie erbracht wurden, überdauert haben. Selbst heute würde Elba ohne seine napoleonische Ära ganz anders aussehen.

Um sich und andere bewegen zu können, braucht Napoleon zunächst Straßen. Als er Elba betritt, gibt es außerhalb von Porto Ferraio nur zwei ungepflasterte Karrenwege, die von der Hauptstadt nach Procchio und nach Porto Longone führen. Zwischen den Dörfern besteht, abgesehen von kaum begehbaren und schon gar nicht befahrbaren Maultierpfaden, keinerlei Verbindung. Napoleon entwirft einen Generalverkehrsplan nach dem Muster der Kaiserstraßen des alten Rom und des eigenen Empire. Ein nicht geringer Teil davon wird ausgeführt; das heutige elbanische Straßennetz beruht immer noch auf dieser Struktur. Die Gardisten werden zum Wegebau kommandiert, und auch in den heißen Monaten Juli und August darf die Arbeit nicht ruhen.

Das Grundbuch und der Kataster werden eingeführt. Für die Bedürfnisse der Landwirtschaft lässt Napoleon Brücken und Kanäle bauen. Ein Aquädukt wird von Porto Ferraio nach Marciana Marina gezogen. Die Entwässerung der sumpfigen Lacona-Ebene südlich der Hauptstadt wird nicht nur zwecks Eindämmung der Moskitoplage unternommen; hier soll, ebenso wie auf Pianosa, Weizen angebaut werden, um die einseitige Ernährung des Volkes, das fast ausschließlich von Polentabrei und Trockengemüse lebt, zu verbessern. Der Kaiser versucht auch, den Anbau der Kartoffel, den sein Vater Carlo in Korsika eingeführt hatte, durchzusetzen. Aber die Elbaner misstrauen dem fremden Gewächs, lehnen es hartnäckig ab und wissen es (wiederum bis heute) nicht zu schätzen.

Den Weinbau als zweitwichtigste Erwerbsquelle nächst dem Bergbau kann Napoleon umso nachhaltiger fördern. Die Ernte von 1813 war schlecht, aber die Menge wird es nun bringen: mit fast dreiunddreißig Millionen Rebstöcken erreicht der elbanische Traubenbehang unter Napoleons Herrschaft den absoluten, auch später nie mehr erreichten Rekord. Die Ölernte verdoppelt sich nahezu durch massive Anpflanzung von Olivenbäumen. Die Ziegen, die er für schädlich hält, will Napoleon möglichst durch Rinder ersetzen. Um ein Beispiel zu geben, lässt er neben der Villa San Martino ein kleines Mustergut mit sechs Milchkühen und mehreren Kälbern einrichten.

Ebenso bemerkenswert sind die Leistungen für den Umweltschutz. Die Elbaner verabscheuen nahezu alles, was grün ist – sie lassen die Gemüsebeete und Wiesen verrotten und holzen erbarmungslos die Wälder ab. Napoleon aber, der die Bäume ebenso liebt wie das Wasser, bekämpft erfolgreich diesen Vandalismus. Aus Korsika lässt er Setzlinge von Kastanien, Eichen und Akazien importieren. Damit werden die erodierten Berghänge aufgeforstet. Um Schatten zu bringen und zugleich die Seidenraupenzucht zu fördern, werden Maulbeerbäume entlang den Straßen gepflanzt.

»Eine grüne Insel wie Irland«, das ist Napoleons erklärtes Umweltprogramm. Das bäuerliche Jagdrecht beschränkt er, um das Wild zu schonen, auf die Zeit von Mitte August bis Ende Januar. Er lässt eine Baumschule anlegen und bedroht mit schweren Strafen jeden, der Brunnen oder Quellen verschmutzt. Aus der von ihm erschlossenen Forte Napoleone im westlichen Bergland bezieht er selbst sein Tafelwasser – der Tourist kann sich heute noch diesen heilkräftigen Trunk kostenlos abzapfen.

Am Anfang und Ende aller zivilen und zivilisatorischen Leistungen stehen Volkshygiene und Sanitätswesen. Jene erste Nacht im Rathaus hat Napoleon eine Vorstellung davon gegeben, was hier im Argen liegt und was dringlich zu tun ist. Bei seiner Ankunft besteht die Stadt Porto Ferraio schon 266 Jahre – binnen zwei Tagen erhält sie nun ihr erstes Abwassersystem. Napoleon lässt alsbald in allen Orten öffentliche Latrinen installieren, die täglich geleert werden müssen. Wo es solche noch nicht gibt, müssen eigens hierfür ausgeschickte Arbeiter mit Strohkörben die Exkremente regelmäßig aus den Häusern abholen. Die Abfälle – wer sie immer noch aus den Fenstern wirft oder schüttet, muss saftiges Bußgeld zahlen – werden zu bestimmten Müllplätzen am Ortsrand geschafft und dort verbrannt oder vergraben.

Eine scharfe Markt- und Lebensmittelkontrolle wird eingeführt. Hühner, Esel und Kühe dürfen (zumindest in der Hauptstadt) nicht mehr frei auf den Straßen herumlaufen. Jeder fliegende Händler bedarf einer Lizenz des zuständigen Bürgermeisters. Unverkaufte Esswaren – Gemüse, Fische und Früchte – müssen vernichtet werden, bevor sie in der Hitze verderben. Für die per Schiff von Italien eingeführten Tiere und Waren wird nicht nur ein Zollamt, sondern auch eine medizinisch-chemische Untersuchungsstelle geschaffen, die notfalls Quarantäne verhängen kann.

Auch in den Dörfern, wo die Abwässer über die Wege fließen und nachts der Mond die einzige Lichtquelle ist, wird die bisher unbekannte Kanalisation und die Straßenbeleuchtung in Angriff genommen. Der Qualität des Trinkwassers, das auf dem Land in Zisternen gesammelt wird, gilt Napoleons besondere Aufmerksamkeit.

In kurzer Zeit gelingt es, die auf der Insel grassierenden Krankheiten – wie Skorbut, Wechselfieber, Durchfall, Typhus und Malaria – wirksam zu bekämpfen. Gleiches gilt für die verbreiteten »Lustseuchen«. Die offene Straßenprostitution wird verboten, die Dirnen werden auf bestimmte Häuser und Viertel beschränkt – in Porto Ferraio auf eine Straße mit dem beziehungsreichen Namen Via del buon gusto, die Straße des guten Geschmacks (heute Via Garibaldi). Das vorgefundene dürftige Garnisonlazarett ersetzt Napoleon durch ein modernes Militärhospital, das auch der Zivilbevölkerung zur Verfügung steht, bis für sie zwei neue Krankenhäuser fertiggestellt sein werden – wozu es allerdings nicht mehr gekommen ist.

Neun Zehntel der Elbaner sind Analphabeten – ein Prozentsatz, der wegen der Abgeschlossenheit der Insel noch höher liegt als auf dem toskanischen Festland. Napoleon dekretiert die allgemeine Schulpflicht, aber sie bleibt weitgehend auf dem Verordnungspapier stehen – die Zeit reicht nicht aus, um die wenigen vorhandenen Lehrer fortzubilden oder neue Lehrer zu gewinnen.

Hingegen schafft Napoleon eine Anzahl von Lehrstellen für Steinmetze und Bildhauer. Er lässt Fachleute von Carrara kommen, die Plastiken und Statuen herstellen – vor allem natürlich Napoleonbüsten, die reißenden Absatz auch in Italien finden. Mancher junge Elbaner lernt hier einen neuen Beruf.

Das Bild eines derart geordneten Staatswesens in allen Erscheinungsformen lockt bald auch den ausländischen Handel: Piratenüberfälle, die in der Vergangenheit so zahlreich waren, gibt es nicht mehr. Die elbanische Flagge wird auf dem Mittelmeer respektiert, nicht nur von den Europäern, sondern auch vom türkischen Sultan und von den algerischen Korsaren. Der Warenaustausch belebt sich zu günstigen Preisen. Schiffe aus vieler Herren Länder laufen die Häfen von Porto Ferraio und Porto Azzurro an. Es gibt Waren zu kaufen, die man nie zuvor auf Elba gesehen hat. Italienische Banken gewähren dem jungen Staat bereitwillig Kredite.

Cum grano salis – selbst die Anfänge des elbanischen Tourismus gehen auf Napoleon zurück. Es kommen viele ausländische Kauffahrer, Offiziere und Privatiers, die neugierig darauf sind, den großen Mann in seinem Exil zu sehen. Napoleon macht es ihnen leicht, denn bewundern lässt er sich stets mit Vergnügen. Er empfängt viele Besucher, lädt sie an seine Tafel, zeigt ihnen seine Errungenschaften und hofft, dass sie seine Sentenzen gezielt in Europa verbreiten. So lassen auch diese Fremden einiges Geld auf der Insel. Sie kaufen serienweise Marmorstücke und Granitsteine als Souvenirs und frequentieren die schlichten Herbergen der Insel.

Intimes Zwischenspiel

Von Napoleons Intimleben auf Elba ist mehr bekannt geworden als von seinen dortigen staatsmännischen Leistungen; daher können wir uns, was jenes betrifft, kurz fassen: Anfang September besuchte ihn seine (von Eingeweihten so genannte) »polnische Gemahlin«, die Gräfin Maria Walewska. Napoleon hatte sie 1807 in Warschau kennengelernt und mit ihr einige stürmische Wochen auf Schloss Finckenstein in Ostpreußen verbracht, sie auch mehrfach für kürzere Zeit nach Paris kommen lassen. Mit ihr, dem gemeinsamen Söhnchen Alexander und kleinstem Gefolge zog er sich zurück in die abgeschiedene Eremitage Madonna del Monte, oberhalb von Marciana Alta am Hang des Monte Giove gelegen. Unweit dieser Einsiedelei befand sich auch die heute noch gezeigte Sedia Napoleone – ein Felsklotz, auf dem Napoleon oft gesessen, nach Korsika hinübergeblickt und von der Vergangenheit wie auch wohl von der Zukunft geträumt hat.

Zwei Tage und Nächte dauerte die bukolische Idylle unter strengster Geheimhaltung. Man spielte und scherzte, der kleine Alexander ritt auf den Schultern von *papa Empereur,* und die anderweitig verheiratete Gräfin wäre gern für immer geblieben, aber die Romanze endete jählings. Da auf der kleinen Insel nichts verborgen blieb außer der Wahrheit, meldete sich der Bürgermeister von Marciana an mit der erklärten Absicht, »Ihrer Majestät der Kaiserin Marie Louise« seine Aufwartung machen zu wollen. Der biedere Dorfschulze war davon überzeugt –, und dieses Gerücht verbreitete sich blitzartig – dass die schöne geheimnisvolle Fremde niemand anders sein könne als eben Napoleons Ehefrau, deren Ankunft man immer noch vergeblich erwartete.

Diese Desinformation erschien dem Kaiser derart peinlich und kompromittierend, dass er Maria Walewska Hals über Kopf nach Porto Longone schickte, wo sie sich trotz eines gefährlichen Sturms sofort zur Rückfahrt nach Italien einschiffen musste. Nach dem Tode ihres Mannes schloss sie eine zweite Ehe mit dem Grafen Ornano, starb aber schon 1817 in Paris, ohne Napoleon noch einmal wiedergesehen zu haben; der damals auf St. Helena Verbannte hat nicht einmal von ihrem Tode erfahren. Der gemeinsame Sohn Alexander trat später in den diplomatischen Dienst Frankreichs ein. Unter Napoleon III. wurde er Botschafter in England und dann französischer Außenminister – in Aussehen, Stimme und Habitus soll er seinem Vater sehr ähnlich gewesen sein.

Abschied von Elba

Die Bourbonen zahlen die von ihnen geschuldete Rente nicht. Die alliierten Garantiemächte dulden dies nicht nur, sondern sind sogar von heimlicher Genugtuung erfüllt. Damit wird der elbanische Staatsbankrott absehbar, es sei denn, die ungeheuren Fixkosten für Napoleons stehende Armee könnten drastisch gesenkt werden. Aber das erscheint unmöglich, denn immer mehr verdichten sich die Gerüchte, dass der Wiener Kongress den Kaiser nicht auf Elba belassen, sondern ein weiter entferntes Exil für ihn beschließen würde. So muss also ständig ein Zehntel der Staatsbevölkerung unter Waffen bleiben. Weitere Vertragsverletzungen bestehen darin, dass auch den Geschwistern Napoleons die ihnen zur Gesamthand versprochene Jahresrente von zweieinhalb Millionen Franc verweigert wird, dass sie sogar enteignet und ihrer Titel beraubt werden; dass weiterhin Schwester Pauline nicht einmal die ihr zustehenden Renteneinkünfte ihres früheren oberitalienischen Mini-Fürstentums Guastalla erhält; dass endlich Napoleons Gattin Marie Louise von ihrem österreichischen Kaiservater und von Metternich daran gehindert wird, ihrem Mann nach Elba zu folgen (bald freilich macht sie aus dem Zwang eine Untugend, indem sie sich dem schneidigen Reitergeneral Graf Neipperg als neuem Liebhaber zuwendet). Gerade diese Unterlassungen und Verbote treffen Napoleon tief, denn als typischer Korse ist er immer ein Mann der Familie gewesen.

Auf Elba erfährt man, dass Louis XVIII. seinem korsischen Militärgouverneur General Bruslart die Weisung erteilt hat, »Bonaparte mit allen Mitteln und um jeden Preis loszuwerden«. Damit ist eine französische Invasion der Insel konkret zu befürchten. Allen Franzosen, die ihrem früheren Kaiser auf Elba dienen, wird die französische Staatsbürgerschaft aberkannt – was nicht den Buchstaben, aber gewiss dem Geist des Vertrages von Fontainebleau widerspricht; ehrenhafter wäre es jedenfalls gewesen, diesen Männern ihr französisches Bürgerrecht neben der neuen elbanischen Staatsangehörigkeit zu belassen.

Und schlimmer noch, die elbanische Polizei greift mehrfach verdächtige Subjekte auf, denen der Plan zur Last gelegt wird, Napoleon im Sold und Auftrag der Bourbonen zu ermorden. Da ihnen mit letzter Sicherheit nichts nachzuweisen ist, muss man sie wieder laufen lassen und sich mit ihrer Ausweisung begnügen.

Hätte es damals schon einen Weltgerichtshof gegeben, so würde Napoleon jeglichen Prozess gegen seine Vertragspartner gewonnen haben – aber genützt hätte ihm das wohl auch nichts. So entschließt er sich, da seine Zukunft und Sicherheit ernsthaft gefährdet ist, logischerweise zum Rücktritt von einem Vertrag, den die Kontrahenten nicht erfüllen wollen. Spätestens im November 1814, wenn nicht schon früher, hat er diese Entscheidung getroffen.

Die Stimmung in Frankreich

Aber nicht nur das Völkerrecht streitet für Napoleon, sondern auch die *volonté générale* der Franzosen fordert ihn zur Rückkehr auf. Die Stimmung des Volkes schlägt um, das Missvergnügen über die reaktionäre Missregierung der Bourbonen breitet sich aus. Noch stehen in Frankreich eine halbe Million Männer unter Waffen, die den herrlichen Zeiten ihres Kaisers nachtrauern. Viele Offiziere sind auf halben Sold gesetzt worden; diese *demi-soldes* sind es vor allem, die den dicken Louis XVIII. als *roi cotillon* verspotten und dem »Weiberkönig« nicht dienen wollen.

In Paris trägt man mehr oder minder offen kaiserlich-rotes Seidentuch unter der Weste. Treffen sich drei Leute im Wirtshaus, so bestellen sie ein viertes Glas Wein »für den Kaiser«. Und in den Salons gehen grimmige Scherzfragen um wie diese: »Lieben Sie das Veilchen?« – »Ja, es wird im Frühling zurückkommen«; oder auch, an der Grenze der Blasphemie: »Glauben Sie an Jesus Christus?« – »Ja, und an die Auferstehung.«

Die Stimmung auf Elba

In diese vorgefundenen Kerben schlägt Napoleon auf seiner Insel nur einmal, als er einen Grenadier ins Gespräch nimmt: »Na, Brummbär, langweilst du dich?« – »Das nicht gerade, Majestät, aber es gab schon interessantere Zeiten.« – »Sie werden wiederkommen, mein Alter!«

Das Verhalten der Garde gibt dem Kaiser ein zusätzliches Motiv, die Insel mit ihr zu verlassen. Die *grognards* langweilen sich in der Tat. Ahnungsvoll hatte Napoleon sie im Tagesbefehl bei ihrer Ankunft gebeten: »Lebt in Harmonie mit den Elbanern, sie sind im Herzen Franzosen wie ihr!« Solche Harmonie dauerte nicht lange. Das ewige Wachestehen, der unsoldatische Arbeitsdienst beim Straßenbau, der Drill ohne erkennbaren Zweck – das alles macht die Gardisten missmutig. Es kommt zu Disziplinlosigkeiten und zu Übergriffen gegen Zivilisten, die sich heftig beschweren. Einige Soldaten desertieren sogar. Die Garde sehnt sich nach neuem militärischem Einsatz, und die Elbaner sähen die Garde gern verschwinden.

Getarnte Vorbereitungen

Ansonsten aber tarnt der Kaiser seine Absichten perfekt. Mit gespielter Heiterkeit versichert er allen, die es hören oder auch nicht hören wollen, er habe sich endgültig zur Ruhe gesetzt, wolle sich nur noch um sein ländliches Leben kümmern und das Glück seiner Untertanen fördern. Seinem offiziellen Aufpasser Colonel Campbell sagt er sogar: »Ich bin für Europa ein toter Mann, und das werde ich auch bleiben.« Während er, von Schwester Pauline aktiv unterstützt, die Elbaner und fremde Gäste in der Wintersaison mit einer Flut von Bällen, Schauspielen und Empfängen überschüttet, plant er hinter diesem gesellschaftlichen Schleier die Wiedergewinnung der französischen Rheingrenze, die Rückeroberung von Belgien und Holland, um auf diesen unverzichtbaren geografischen Errungenschaften der Revolution ein neues Volkskaisertum zu begründen.

Die praktisch-technischen Vorbereitungen für die Überfahrt nach Frankreich hält Napoleon bis zum letzten Augenblick geheim. Es dauert neun Tage, bis seine »Kriegsflotte« segelfertig gemacht ist. Aufbauten und Anstrich der Brigg Inconstant werden so verändert, dass sie wie eine englische Korvette aussieht. Als Napoleon erfährt, dass Colonel Campbell sich für eine Woche zum Besuch seiner italienischen Mätresse nach Florenz begeben will, packt er die willkommene Gelegenheit beim Schopf.

Am Abend des 25. Februar 1815 teilt er seiner Mutter mit, dass er am nächsten Tag nach Frankreich zurückkehren wolle. Madame Letizia antwortet, was eine korsische Mutter wohl sagen muss: »Gehen Sie, mein Sohn, und folgen Sie Ihrem Stern. Es kann nicht Gottes Wille sein, dass Sie Ihr Leben auf dieser kleinen Insel beschließen.« Sie ahnt nicht, dass der Sohn sieben Jahre später auf einer noch kleineren Insel als Staatsgefangener sterben wird.

Rückkehr nach Frankreich

Der nächste Tag ist ein Sonntag, und nun erst verkündet der Kaiser bei der Morgenaudienz den Chefbeamten, Stabsoffizieren und Honoratioren, dass er am Abend die Insel verlassen wird. Aber wieder bleibt nichts verborgen außer der Wahrheit – nicht einmal die Generäle Bertrand, Drouot und Cambronne wissen, wohin es gehen soll. Man spekuliert, ob vielleicht eine Landung in Italien geplant sei. Am Nachmittag wird der größte Teil des Heeres blitzartig zum Hafen von Porto Ferraio kommandiert: die sechshundert Gardisten, die hundertzwanzig Ulanen – mit Sätteln, aber ohne Pferde – und dreihundert Mann der elbanischen Nationalgarde. Insgesamt werden 1150 Personen auf sieben kleine Schiffe verteilt. Bei hellem Mondlicht sticht die Flottille in See.

Zugleich wird Napoleons letzte Proklamation an die Elbaner verbreitet, in der es ebenso zutreffend wie prophetisch heißt: »Ich habe euch Frieden gebracht. Ich hinterlasse euch Wohlstand, eine saubere, schöne Stadt und blühende Dörfer. Ich hinterlasse euch meine Straßen und meine Bäume. Zumindest eure Kinder werden mir dankbar sein.«

Grünes Öl – vom Geheimnis der Oliven
Frances Mayes

Der Nachmittag wird warm und wolkenlos. Marco erteilt uns seinen Segen, mit dem Pflücken zu beginnen. Mond hin oder her, wir ernten, und damit basta! Schließlich eilt es. Wir leeren unsere Körbe in den Wäschekorb und diesen, sobald er voll ist, in einen Sack. Nur wenige fallen auf den Boden, obwohl sie einem leicht durch die Finger flutschen. Starker Wind könnte großen Schaden anrichten, es sei denn, man hat Netze unter dem Geäst der Bäume gespannt. Die glänzenden schwarzen Oliven sind prall und fest. Neugierig auf die rohe Steinfrucht, beiße ich in eine hinein, die wie das reinste Brechmittel schmeckt. Wer mag wohl auf die Idee gekommen sein, sie einzulegen? Zweifellos waren sie vom selben Schlag wie die Leute, die als Erste den Mumm hatten, Austern zu probieren. In Ligurien wurden die Oliven früher in Säcken ins Meer gehängt und »gepökelt«; im Landesinnern räucherte man sie den Winter über im Kamin, was ich gerne ausprobieren würde. Während wir arbeiten, pellen wir uns zuerst aus den Jacken und danach aus den dicken Pullovern und hängen sie in die Bäume. Die Temperatur ist auf fünfundzwanzig Grad gestiegen, und trotz unserer nassen Stiefel fühlt sich die Luft wie Samt an. In der Ferne sehen wir den blauen Streifen des Trasimenischen Sees unter dem azurblauen Himmel. Um drei haben wir jede einzelne Olive von zwölf Bäumen gepflückt. Ich habe meinen Pullover wieder angezogen. Die Tage sind hier kurz im Winter, und die Sonne befindet sich bereits auf dem Weg zur Kuppe des Hügels hinter dem Haus. Um vier sind unsere Finger steif, und wir hören auf, schleifen den Sack und den Korb die Terrassen hinunter in die *cantina*.

Nicht zum ersten Mal im Verlauf unseres Lebens in diesen Breiten fühle ich mich hellwach und gleichzeitig am ganzen Körper zerschlagen. Heute sind es die Schultern, die ich spüre! Nichts wäre wohltuender als ein Schaumbad, am liebsten stundenlang, und eine Massage. Ich habe in weiser Voraussicht mein Körperöl auf die Heizung gestellt, um es anzuwärmen. Aber da unser Aufenthalt dieses Mal auf zwanzig Tage begrenzt ist, zählt jede Minute. Wir raffen uns auf und fahren in die Stadt, um unsere Lebensmittelvorräte aufzufüllen. Meine Tochter und ihr Freund Jess kommen in drei Tagen. Wir haben mehrere Festgelage geplant. Wir trudeln just in dem Moment ein, als die Geschäfte nach der Siesta öffnen. Seltsam, jetzt, wenn die Stadt wieder zum Leben erwacht, ist es schon fast dunkel. Die weißen Lichterketten, hoch oben von Haus zu Haus über die engen Gassen gespannt, schwanken im Wind. Der A & O-Markt, in dem wir einkaufen, hat draußen einen ziemlich jämmerlichen Plastikweihnachtsbaum (den einzigen in der ganzen Stadt) und drinnen große Präsentkörbe mit lukullischen Köstlichkeiten aufgestellt.

Von unserer Stippvisite letztes Jahr zur Weihnachtszeit wissen wir, dass sich die Aufmerksamkeit während der Feiertage auf zwei Dinge konzentriert: auf das Essen und die *presepio*, die Krippe. Wir sind bereit, uns auf das eine zu stürzen und das andere mit Muße zu betrachten. In den Straßencafés sind fantasievoll verpackte Süßigkeiten und bunte Schachteln mit Panettone ausgestellt. Einige Läden haben selbst gebastelte Girlanden aufgehängt. Das ist alles an weihnachtlicher Dekoration, mit Ausnahme der Krippen in den Kirchen und in vielen Fenstern. »Auguri, auguri«, ertönt es immer wieder, die besten Wünsche. Niemand ist in Eile. Es scheint keine Berge von Geschenkpapier zu geben, keine Werbeorgien, keine hektische Suche nach Geschenken.

Das Fenster unseres *frutta e verdura* ist beschlagen. Draußen vor dem Laden, wo man im Sommer Obst in Augenschein nehmen kann, stehen jetzt Körbe mit Walnüssen, Kastanien und duftenden Clementinen. Maria Rita, in einem großen schwarzen Pullover, knackt Mandeln. »Ah, benissimo!«, begrüßt sie uns. »Ben tornati!« Willkommen daheim! Wo früher pralle Tomaten standen, türmen sich nun *cardi,* die ich nie probiert habe. »Das sind Kardonen. Zuerst müssen Sie die Fäden abziehen.« Sie bricht einen Stiel durch und zieht die sellerieähnlichen Fasern ab. »Und nicht vergessen, gleich in Zitronenwasser einlegen, sonst werden sie schwarz. Dann werden sie gekocht. Zum Schluss kommt *parmigiano* und Butter dazu.«

»Wie viel?«

»Reichlich, Signora, reichlich. Und dann in den Ofen.« Sie empfiehlt uns, auf dem Rost im Kamin *bruschetta* zu grillen, mit Schwarzkohl, gewürfelt und mit Knoblauch und Olivenöl in der Pfanne gegart. Wir kaufen Blutorangen und winzige grüne Linsen aus einem großen Glasbehälter, Kastanien, Birnen, grasgrüne kleine Äpfel und Brokkoli, den ich in Italien noch nie gesehen habe. »Linsen für Neujahr«, erklärt sie. »Ich koche sie immer mit Minze.« Sie stopft alle Zutaten für eine *ribollita* in unsere Einkaufstasche, einen deftigen Eintopf, den man im Winter isst.

Beim Metzger gibt es Wurstringe, die uns neu sind und vorne an der Fleischtheke hängen. Ein Mann mit einer Nase, die selbst einem Würstchen ähnelt, stößt Ed mit dem Ellenbogen an und betet lautlos seinen Rosenkranz weiter, dann weist er uns auf die langen Ketten fetter Würste hin. Es dauert einen Moment, bis uns ein Licht aufgeht, was er ungemein komisch findet. Daneben liegen Wachteln und Singvögel, die aussehen, als hätten sie gerade noch auf einem Baum gezwitschert, reglos mit Federkleid in ihrem gläsernen Sarg. Farbfotos an der Wand zeigen den Namen des Metzgers auf dem Hinterteil imposanter weißer Rinder, Quelle der Val-di-Chiana-Beefsteaks, die in der ganzen Toskana berühmt sind. Und Bruno steht in Siegerpose da, eine Hand besitzergreifend um den Hals eines riesigen Tieres gelegt. Nun fordert er uns mit einem Wink auf, ihm zu folgen. Er öffnet die Kammer, und wir lassen ihm den Vortritt. Ein Rind von der Größe eines Elefanten hängt an Fleischerhaken von der Decke herunter. Bruno versetzt ihm einen liebevollen Klaps auf die Flanke. »Das beste *bistecca* der Welt. Ein heißer Grill, Rosmarin, und ein bisschen Zitrone auf den Tisch.« Er hebt beide Hände gen Himmel, eine Geste, die besagen soll: Was will man mehr im Leben! Plötzlich fällt die Tür ins Schloss, und wir sind mit dem mächtigen Kadaver, dessen weißes Fett ihn wie ein Leichentuch umhüllt, in der Gefrierkammer eingesperrt.

»O nein!« Ich knipse die Taschenlampe an: Wir sehen erstarrt aus, alle drei, wie Kinder, die Figurenwerfen spielen. Ich will zur Tür laufen, aber Bruno lacht. Er öffnet sie mit Leichtigkeit, und wir machen, dass wir nach draußen kommen. Der Appetit auf Beefsteak ist mir vergangen.

Eigentlich wollten wir heute kochen, aber wir haben getrödelt und nun einen Bärenhunger. Wir verstauen die Lebensmittel im Auto und gehen zu Fuß ins Dardano zum Essen, eine *trat-*

toria, die bei uns hoch im Kurs steht. Der Sohn des Hauses, der im Lokal bedient hat, solange wir uns erinnern können, hat sich zu einem jungen Burschen gemausert. Die ganze Familie sitzt am Küchentisch. Außer uns befinden sich nur noch zwei Männer im Lokal, Einheimische, über ihre tiefen Teller mit Penne gebeugt, und beide essen, als wären sie allein. Wir bestellen Pasta mit schwarzem Trüffel und eine Karaffe Wein. Danach machen wir einen Spaziergang durch die stillen Straßen. Ein paar kleine Jungen spielen Fußball auf der leeren Piazza. Ihr Geschrei durchdringt die kalte Luft wie ein Messer, erzeugt einen Widerhall. Die Tische, die im Sommer draußen standen, sind im Winter eingelagert, die Türen der Bars fest geschlossen, und alle hocken drinnen und atmen den Zigarettenqualm ein. Kein einziges Auto weit und breit. Ein einsamer Hund streunt herum. Völlig leer gefegt von ausländischen Besuchern, hüllt sich die Stadt in Schweigen: lange Nächte, in denen die Männer nach dem Neunuhrläuten stumm Karten spielen, menschenleere Straßen, die aussehen, als wären sie zu ihren mittelalterlichen Ursprüngen zurückgekehrt. An der Mauer vor dem Dom halten wir inne und betrachten die Lichter im Tal. Hier haben sich noch ein paar andere Leute eingefunden. Als wir zu frieren anfangen, treten wir den Rückweg an, die Straße hinauf zur Bar; wir öffnen die Tür, und uns schlägt ein Schwall von Geräuschen entgegen. Der Kakao, mit heißer aufgeschäumter Milch aus der Espressomaschine, ist dick wie Schokoladenpudding. Wir sind gerade seit einem Tag wieder hier, und schon habe ich mich in den Winter verliebt.

Bei Tagesanbruch sind wir draußen auf den Terrassen, auch wenn der Tau schwer auf den Oliven liegt. Wir müssen heute fertig werden, wenn wir sie nicht dem Mehltau überlassen wollen. Das Tal unter uns wogt in einer Nebelschicht, dick wie Mascarpone. Wir befinden uns darüber, in klarer, frostiger Luft, die beim Einatmen wie Nadelstiche brennt; man hat das Gefühl, vom Flugzeug auf die Erde hinunterzublicken, körper- und schwerelos über der dahingleitenden Hügellandschaft zu schweben. Selbst das rote Dach auf dem Haus unseres Nachbarn Placido ist verschwunden. Das Geheimnisvolle verdankt diese Landschaft nicht zuletzt dem Trasimenischen See. Dunstschleier erheben sich aus dem Wasser und breiten sich über dem Tal aus. Nebelschwaden wabern und steigen auf. Während wir Oliven pflücken, ziehen Wolkenfetzen an uns vorüber. Doch schon bald macht die Sonne ihr Recht geltend und beginnt mit ihrer Glut, den Nebel wegzubrennen: Sie enthüllt uns zuerst das weiße Pferd in Placidos Stall, dann das Dach und zum Schluss die Ölbaumterrassen unterhalb seines Anwesens. Der See bleibt in perlfarbenen, verwirbelten Wolken verborgen. Wir kommen zu Bäumen, an denen keine einzige Olive hängt, dann zu einem Baum, der sich unter seiner Last biegt. Ich nehme die unteren Zweige, und Ed klemmt die Leiter in die Mitte der Krone, um besser hinaufzureichen. Erfreulicherweise leistet uns Francesco Falco Gesellschaft, der sich das ganze Jahr über um unsere Oliven kümmert. Er ist der Inbegriff eines Olivenpflückers mit seiner Hose aus derber Wolle und der Tweedkappe, den Korb um die Taille gebunden. Er arbeitet, wie man es von einem Profi erwartet: Er schlägt uns um Längen, was die Ausbeute betrifft. Er ist dabei jedoch nicht so umsichtig wie wir, sondern lässt Zweige und Blätter in den Korb fallen, während wir gewissenhaft jedes verirrte Blättchen entfernen, weil wir gelesen haben, dass das Öl sonst nach Gerbsäure schmeckt. Hin und wieder zieht er eine Machete hinten aus seinem Hosenbund (wieso bohrt sich die Spitze nicht in seinen Allerwertesten?) und hackt einen Wurzelschössling ab, der zu sprießen beginnt. Die Oliven müssen schleunigst unter Dach und Fach, erzählt er uns, bevor Nachtfröste und klirrende Kälte einsetzen. Wir legen eine kurze

Kaffeepause ein, aber er pflückt unverdrossen weiter. Den ganzen Herbst über hat er die abgestorbenen Äste zurückgeschnitten, damit die neuen Triebe besser wachsen. Bis zum Frühjahr will er alles, mit Ausnahme der vielversprechendsten Zweige, weggehackt und den Boden rund um jeden Baum pieksauber haben. Wir fragen ihn nach Olivenbüschen und anderen Experimenten mit Trimmtechniken, über die wir etwas gelesen haben, aber davon will er nichts hören. Seine Methode, Olivenbäume zu hegen und zu pflegen, scheint ihm in Fleisch und Blut übergegangen zu sein. Er ist fünfundsiebzig, besitzt aber die Energie eines jungen Burschen. Diese Energie hat ihm vermutlich die Kraft verliehen, nach Beendigung des Zweiten Weltkriegs zu Fuß in seine Heimat zurückzukehren. Er ist für uns in solchem Maß mit der Landschaft rund um Cortona verwurzelt, dass wir uns nur schwer vorstellen können, wie er als junger Soldat Tausende von Meilen entfernt in Russland stranden konnte, als der grauenhafte Krieg vorbei war. Normalerweise macht er fortwährend Witze, aber heute hat er sein Gebiss zu Hause gelassen, und wir müssen die Ohren spitzen, um ihn zu verstehen. Es dauert nicht lange, da begibt er sich auf den unteren Terrassen ans Werk, die noch mit Unkraut überwuchert sind, weil er von der Straße aus gesehen hat, dass einige Olivenbäume tragen.

Mit den Oliven von unten haben wir ein *quintale* geerntet. Nach der Siesta, die heute ersatzlos gestrichen wurde, hören wir Francesco und Beppe die Straße mit dem Traktor hochkommen, der einen Anhänger mit Oliven zieht. Sie haben die Säcke ihres Freundes Gino mitgenommen und sind auf dem Weg zur Mühle. Sie hieven Ginos Oliven in Beppes Ape und helfen dann uns beim Aufladen. Wir fahren hinter ihnen her. Es ist fast dunkel, und die Temperaturen sinken zusehends. Die vielen Winter in Kalifornien haben meine Erinnerung, was richtige Kälte ist, getrübt. Sie macht sich auf ihre eigene

Weise bemerkbar. Meine Zehen sind taub; aus der Heizung des Twingo kommt nur ein schwacher Strom lauwarmer Luft. »Wir haben nur fünf Grad minus!«, sagt Ed. Er strahlt Wärme aus wie ein Heizofen. Jedes Mal, wenn ich mich darüber beklage, dass ich friere, beschwöre ich seine Kindheit und Jugend in Minnesota herauf.

»Kommt mir vor wie in Brunos Gefrierkammer.«

Unsere Säcke werden gewogen, dann werden die Oliven in eine Holzkiste geschüttet, gewaschen und danach von drei steinernen Mühlrädern zermalmt. Das musige Fruchtfleisch wird auf einem Förderband zu einer Maschine weitergeleitet, die es auf einem großen runden Hanfmattensieb ausbreitet und ein Sieb nach dem anderen darüberschiebt, bis ein annähernd 1,5 Meter hoher Stapel entstanden ist, zwischen dem die zerdrückten Oliven wie der Belag bei einem Sandwich geschichtet sind. Ein Gewicht presst das Öl aus, das an den Seiten der Hanfmattensiebe hinunter in einen Kanister rinnt. Dann kommt es in eine Zentrifuge, wo jeder Tropfen Wasser entfernt wird. Unser Öl, das in einen Ballon abgefüllt wird, sieht grün und trübe aus. Die Menge sei beachtlich, meint der Mühlenbesitzer. Wir haben 18,6 Kilo Öl aus unserem *quintale* erhalten – ungefähr einen Liter pro voll tragendem Baum. Kein Wunder, dass Olivenöl so teuer ist. »Was ist mit dem Säuregehalt?«, frage ich. Ich habe gelesen, dass der Säuregehalt ein Prozent nicht überschreiten darf, damit sich ein Olivenöl für das Spitzenprädikat »extra vergine« qualifiziert.

»Ein Prozent!« Er tritt seine Zigarette unter dem Absatz aus. »Signori! Più basso, basso, viel, viel weniger«, brummt er, beleidigt ob der Annahme, dass seine Mühle minderwertiges Öl dulden könnte. »Diese Hügel sind die besten in Italien.«

Zu Hause gießen wir ein paar Tropfen in eine Schüssel und tunken Brotstücke rein, wie es die Leute vermutlich jetzt überall in der Toskana tun. Unser eigenes Öl! Noch nie in meinem ganzen Leben habe ich etwas Besseres gekostet. Es schmeckt leicht nach Brunnenkresse, ein bisschen pfeffrig, aber frisch wie das Wasser, aus dem die Brunnenkresse gepflückt wird. Damit werde ich alle bekannten *bruschetta*-Variationen zubereiten, und einige noch unbekannte. Vielleicht werde ich sogar lernen, meine Orangen mit Öl und Salz zu essen, wie ich es bei dem Priester gesehen habe.

Im Lauf der Zeit wird sich in dem großen Behältnis ein Bodensatz bilden, aber wir mögen auch das trübe, fruchtige Öl. Wir füllen mehrere dekorative Flaschen, die ich eigens für diesen Augenblick aufbewahrt habe, den Rest lagern wir in der halbdunklen *cantina*. Auf der Marmorarbeitsplatte in der Küche stellen wir fünf Flaschen mit Ausgießer, wie Barkeeper sie zum Ausschenken von Hochprozentigem benutzen, in Reih und Glied nebeneinander. Sie sind ideal, wenn das Öl langsam oder tropfenweise fließen soll. Der Deckel schließt sich nach Gebrauch automatisch, sodass das Öl sauber bleibt. Während der Weihnachtsfeiertage wird nur mit Öl gekocht und gebrutzelt, so viel steht fest. Unsere Freunde werden uns besuchen und ein paar Flaschen mit nach Hause nehmen müssen; wir haben mehr, als wir brauchen, und niemanden sonst, dem wir sie schenken könnten, denn hier haben alle ihr eigenes Öl oder zumindest einen Vetter, der sie damit versorgt. Falls unsere Bäume noch ertragreicher werden sollten, verkaufen wir vielleicht einen Teil der Ernte an die Genossenschaft. Das Öl der *comune* ist hervorragend, und ein Fünfliterkrug kostet etwa zwanzig Dollar. Einmal habe ich einen als Handgepäck mit nach Hause genommen, und ich muss sagen, es hat sich gelohnt, den kalten Krug während des langen Flugs zwischen den Füßen auszubalancieren.

Unsere Kräuter wachsen und gedeihen trotz der Kälte. Ich hole eine Handvoll Salbei und Rosmarinzweige herein, schneide Zwiebeln und Kartoffeln in Viertel, lege sie rund um meinen Schweinebraten und schiebe alles in den Ofen, nachdem ich alles großzügig mit unserem ersten eigenen Öl beträufelt habe. Eine Feuertaufe.

Am nächsten Nachmittag stellen wir fest, dass eine große Olivenölverkostung begonnen hat: Die Stadt feiert das erste Fest zu Ehren des *olio extra vergine del tolle Cortonese,* ein Spitzenöl aus erster, kalter Pressung von den Hügeln rings um Cortona. Ich erinnere mich an den Esslöffelvoll in der *mulino,* aber dieses Mal gibt es Brot aus der Bäckerei dazu. Auf der Piazza steht eine lange Tafel mit den Ölen von neun Anbauern, und Olivenbäume in Töpfen sorgen für das entsprechende Ambiente. »Das hätte ich mir nie träumen lassen«, sagt Ed, als wir das vierte oder fünfte Öl probieren. Diese Öle sind, wie unser eigenes, so frisch, kräftig und so schmackhaft, dass ich am liebsten laut schmatzen würde. Die Unterschiede sind subtil. Ich glaube, ich habe den heißen Sommerwind in einem herausgeschmeckt, den ersten Herbstregen in einem anderen, und nicht zu vergessen die Geschichte einer römischen Heerstraße oder das Sonnenlicht auf den Blättern. Das Öl schmeckt nach frischem Grün und nach Leben.

Nachwort

Liebe zählt zu den Empfindungen und Begriffen, an deren Erläuterung sich Literaten nicht so schnell ermüden. Fast ebenso fulminant und vielschichtig diskutieren sie die Landschaft im Schaft des italienischen Stiefels, die man im deutschsprachigen Raum einst Tuszien nannte – nach ihren frühen Bewohnern, den Etruskern. Mittlerweile bilden Toskana und Liebe ein nahezu unzertrennliches Begriffspaar, über das Bücher, ja ganze Bibliotheken geschrieben wurden. Erklärt ist damit vieles, aber es bleibt jenes unbegreifliche Quäntchen, das die Liebe braucht, um sich immer wieder neu erschaffen zu können.

Ganz im Dienst der Schönheit im Unvollkommenen will dieses Buch keine erschöpfende Auskunft geben. Es sucht die sehr persönlichen, innigen Momente der Toskana, die lediglich angerissenen Bilder, hinter denen die Wahrheit nur durchscheint wie durch die Glasfenster mittelalterlicher Kirchen. Was jenseits liegt, ist ein ebenso unverrückbares wie unbegreifliches Gesamtkunstwerk, zu dem der Mensch nur sein unbedeutendes Scherflein beiträgt.

Indessen wird der Leser feststellen, dass ihm frühere Besucher Perspektiven eröffnen, die an Transparenz verloren haben. Die »stille, ernste, marmorne Welt«, die Hermann Hesse vor den Toren Pisas mit all ihrer Schönheit ergreift, hat sich im Zeichen des Tourismus enorm belebt. Einfach so, ohne wochenlange Vorbereitung, den Schiefen Turm zu besteigen, wie der Schriftsteller es tat, das bleibt uns verwehrt, weil wir allzu fordernd, allzu zahlreich geworden sind. Wie schön ist es, da noch einmal in die Zeit hineinzulauschen, als man unbekümmert statt unter der Knute eines hastenden Reiseführers Natur und Kunst atmen durfte!

Dabei wird Hesse mit einer ähnlichen Mischung aus Wehmut und Erkenntnis die Notizen seines längst verstorbenen

Kollegen Heinrich Heine gelesen haben und willig in die Tage entschwunden sein, als die Prozessionen in der Stadt Lucca noch nicht Mummenschanz, sondern veritable Darlegung eines seelischen Anliegens waren. »Jeder ist selbst krank genug in diesem großen Lazarett«, schreibt Heine, um sich an die Kandare zu nehmen und einmal nicht gegen seine Zeitgenossen zu wettern. Dass er es in »Wo Zitronen und Orangen wachsen« dann doch tut und Gumpelino zum kranken Narren erklärt, wird dem Klima eines Kurortes nur gerecht.

Unnachahmlich schlecht sortiert ist am selben Ort, nur Jahrhunderte früher, Michel de Montaigne, jener großartige Franzose, der Jahre in einem Turm zugebracht hatte, um seine Gedanken kreisen zu lassen und sie als *Essais* (Versuche) unsortiert zu Papier zu bringen. Diese gänzlich neue, bourgeoise Methode des Schreibens nimmt er mit auf seine Reise in die Toskana und hinterlässt uns von dort ein köstliches Dokument, das gelegentlich laut auflachen lässt. Eben noch hat Montaigne als kurender Patient »sieben Pfund Wasser« hinuntergestürzt und seine »Steinabgänge« unter die Lupe genommen, da steigt in ihm der Franzose auf, der von den »Wundern an Geist und Verstand« bei den Italienern nichts zu entdecken vermag und Siena vor allem deshalb besucht, weil »wir um die Stadt immerhin einmal Krieg geführt haben.«

Wie zur Ehrenrettung greift Montaignes Landsmann Stendhal noch einmal die Frage auf, was denn dran sei an den Menschen der Toskana und ihrer Kunst. »In diesen Mauern erstand die Kultur«, ruft er sich im Fernblick auf Florenz in Erinnerung und erstarrt zu Eis angesichts der Schönheit von Santa Croce. Doch als sei ihm eine solche Regung peinlich, zerrt er bald darauf die Vexierbilder unter dem Teppich hervor, in denen das Florentiner Theater »armselig« wird und die Kartause bei Florenz keinem Vergleich mit der bei Grenoble standhält.

Ist das Snobismus? Ergehen sich da lediglich zwei Franzosen in einer gleichsam artgerechten Manier, die es ihnen auch niemals gestattet, einen Brunello als Wein und ein *dolce far niente* als Lebenskonzept zu achten? Der Spanier Rafael Chirbes wirft sich als Ringrichter zwischen die vermeintlichen Kontrahenten und eint brüderlich, was die Mode streng geteilt hat. Er vermerkt auch, wie jeder Reisende seinen Beitrag im Gästebuch einer Stadt hinterlässt, um Folianten wachsen zu lassen und selbst Baustein der Historie zu werden. Was der Gast sieht und begreift, schuldet er immer noch seinem Auge, seiner Sicht der Dinge, und so besucht er womöglich mit Florenz »eine Stadt, die es gar nicht gibt«.

Einen wieder anderen Weg geht Ross King, indem er versucht, ein Wunderwerk wie die Kuppel Brunelleschis so unbefangen zu betrachten, als sei er Zeitgenosse der Architekten, Künstler und Arbeiter gewesen. Beobachtend und staunend folgt er ihnen bis hinauf zu den Steinbrüchen von Carrara, wo einst Michelangelo auf wilden Berghöhen mit dem Finger auf die Marmorblöcke zeigte, die er unsterblich machen wollte. Der *David*, der aus dieser Künstlerhand hervorging und heute Scharen von Menschen in die Uffizien lockt, ersteht hernach vor unseren Augen im Bericht des Antonio Forcellino.

Mit einer solchen Reportage aus der Vergangenheit sind die Facetten einer Toskana-Sicht längst nicht erschöpft. Iris Origo entwickelt aus einem Stoß verstaubter Manuskripte, die zufällig in einem Palazzo gefunden wurden, das packende Gemälde der Tuchstadt Prato im Mittelalter. Dmitri Sergejewitsch Mereschkowski blickt romanhaft auf die moralinsauren Einfaltspinsel, die große Kunstwerke Leonardos den Flammen überantworten. D. H. Lawrence gestattet es sich, die Ära der Etrusker mit aller Selbstverständlichkeit subjektiv-unwissenschaftlich zu betrachten, während Clemens Amelunxen psychologisch-sezierend Napoleons Lebensdrama auf Elba nachspürt. Journalistisch begleitet Kety Quadrino die Kämpfer, die sich in der Giostra von Arezzo begegnen, als ginge es um mehr als ein Spiel. Weil Carlo Fruttero und Franco Lucentini aus ihrem italienischen Blut heraus wissen, dass tatsächlich oft nur ein Funke am Fiasko fehlt, weiten sie den Palio von Siena zum echten Krimi aus. Derweil treibt Frances Mayes Vergangenheitsbewältigung, indem sie ihr Haus in der Toskana gerade so umbaut wie ihr Leben.

Es ist dies vielleicht der rechte Augenblick, noch einmal weit zurückzuschauen, vom Standpunkt hypermoderner Selbstfindung zu den ersten Tagen einer neuen Menschfindung. Ihre Wiege war die Toskana, wo die Renaissance das Konzept des Genies entwarf und dem Ego das Bewusstsein verschaffte, an sich arbeiten zu können und zu dürfen. Die Pest hatte ihren Anteil daran, den Menschen grübeln zu lassen, ob er denn wirklich wie Treibholz einer Allmacht ausgesetzt sei, die gerecht und wissend über ihn zu regieren vermöge. An diesem Wendepunkt lachte Giovanni Boccaccio lauthals über die Tumben, die von einem Missgeschick ins nächste stolperten, weil sie sich noch nicht trauten, ihre Lider zu öffnen. Boccaccio selbst erschrak später über seinen Vorstoß und schloss die Augen wieder, um zurückzukehren in Abrahams Schoß. Aber er hatte die Menschheit in den Apfel beißen lassen, der ihr noch heute göttlich schmeckt. Dass ein jeder sich in die Toskana begibt, um direkt am Baum dieser Weisheit zu naschen, erscheint allzu menschlich und doch auch wie eine göttliche und ergötzliche Komödie.

Worterklärungen

Arte della Lana Zunft der Tuch- und Pelzhändler
Bianchi marmi weißer Marmor
Borgo neues Viertel, vor den Stadtmauern einer alten Stadt gebaut
Brigata di divertimento Gesellschaft des Vergnügens
Bruschetta frisch geröstetes Brot mit harter Kruste, das noch warm mit einer halbierten Knoblauchzehe eingerieben und anschließend mit Olivenöl beträufelt wird
Campanile Glockenturm
Cantina (Wein-)Keller
Capitaine de vaisseau Schiffskapitän
Capomaestro Maurermeister
Carabiniere Gendarmerie mit fast zweihundertjähriger Geschichte; seit 2000 eigenständige Teilstreitkraft in der italienischen Armee
Carpentum zweirädriger Wagen
Castello Burg, Festung
Comune Gemeinschaft, Stadt
Contrada Unterteilung einer Stadt, die auf administrativen, baulichen oder gemeinschaftlichen Zusammenschlüssen beruhen kann
Corte Hofstaat
Cotillon obszön für Unterrock
Cupola Kuppel
Fiorin Florin oder Gulden, eine historische Münze (ursprünglich aus Gold, später auch aus Silber), die sich vom Florentiner Goldgulden ableitet, der im 13. Jahrhundert Europa einschließlich England als silberner Florin (= zwei Schillinge) eroberte
Frutta e verdure Früchte- und Gemüsehändler
Gonfaloniere einflussreiches Amt in italienischen Gemeinden des Mittelalters und der Renaissance, insbesondere in Florenz, wo der *Gonfaloniere* das höchste Mitglied der Regierung *(Signoria)* war, die im engsten Kreis aus acht *Priori* bestand. Drei von diesen stammten aus den mittleren Zünften und fünf aus den größeren. Dazu trat als neuntes Mitglied der *Gonfaloniere della Giustizia* (Gonfaloniere der Gerechtigkeit)
Loggia Säulenhalle
Lucumo angeblich der ursprüngliche Name des aus Etrurien eingewanderten römischen Königs Lucius Tarquinius Priscus

214 Worterklärungen

Lucumon Edle und Vornehme, die über Etrurien herrschten
Macchia immergrüne Gebüschformation der mediterranen Hartlaubvegetationszone
Marmum rubeum roter Marmor
Messere veraltete Anrede für das höfliche *Signore*
Miglia Meile
Mulino Mühle
Oculus runde Öffnung am höchsten Punkt einer Kuppel
Opera del Duomo Dombauhütte
Operai Werkleute
Orticino Diminutiv von *orto*, Fleckchen, auf dem etwas Gemüse und viel Unkraut wächst
Orto Nutzgarten, Ziergarten
Paoli Währung des Kirchenstaats, ehemaliges Staatsgebiet unter päpstlicher Oberhoheit in Mittelitalien; ein *Paoli* entsprach zehn *Bajocchi*
Parmigiano Parmesan, harter Würzkäse aus Kuhmilch, eignet sich zum Reiben
Piazza Platz
Podestà Stadtvogt im Mittelalter
Primo buffo hier: der Figaro (Bariton), der für die Komik zuständig ist
Priori acht *Priori* bilden den engsten und höchsten Kreis der Regierung (vgl. *Gonfaloniere*)
Quintale ein Doppelzentner, Maßeinheit von hundert Kilogramm
Quinto-acuto spitz zulaufendes Fünftel, Form des klassischen gotischen Bogens. Um den Bogen zu erhalten, wird vom vierten Fünftel aus der Kreis gezogen
Sentenza di Gimignano das Urteil des Gimignano
Sequoia Küstenmammutbaum
Sere Anrede für einen italienischen Herrn
Soldo italienischer Schilling seit dem späten 12. Jahrhundert (erstmals in Mailand), anfangs als Silbermünze, wegen Inflation ging man später zu Kupfer über; noch im frühen 20. Jahrhundert sprachen Italiener vom *Soldo* und meinten damit die 5-Centesimi-Münze
Te Deum »Te Deum laudamus« (Wir loben dich, o Herr), Name und Anfang eines feierlichen lateinischen Lob-, Dank- und Bittgesangs der christlichen Kirche
Tiratore Tuchspanner
Trattoria italienischer Gasthof

Tumulo Grabhügel
Verde di Prato grüner Marmor aus Prato
Vetturino Kutscher
Vieux grognards alte Haudegen
Volonté générale allgemeiner Ratsbeschluss

Autorinnen und Autoren

Mit * gekennzeichnete Titel wurden für diese Anthologie vom Verlag neu gesetzt.

Clemens Amelunxen
geboren 1927, studierte Rechtswissenschaft und Theologie und war Vorsitzender Richter am Oberlandesgericht Düsseldorf. Seine 26 Bücher sowie mehrere Hundert Aufsätze widmen sich Straf- und Prozessrecht, Kriminologie und Geschichte. Amelunxen, der 1995 starb, war Kenner der napoleonischen Epoche.
»Napoleon – Fürst von Elba«, aus: *Schriftreihe der Juristischen Gesellschaft,* Heft 99. © Walter de Gruyter Verlag, Berlin 1986.

Giovanni Boccaccio
geboren 1313 in Florenz oder Certaldo, wurde schon als Jugendlicher von seinem Vater nach Neapel geschickt. Aus der elterlichen Aufsicht entlassen, widmete er sich der Literatur statt – wie von ihm erwartet wurde – der Tätigkeit als Kaufmann. 1340 zurück in Florenz, bekleidete Boccaccio mehrere Ämter. Nach der Pestepidemie 1348 schrieb er sein bedeutendstes Werk, das *Dekameron,* um sich später gemeinsam mit seinem Dichterkollegen Francesco Petrarca dem Studium und der Wiederveröffentlichung klassischer Texte zuzuwenden. Boccaccio starb 1375 in Certaldo. Sein ungewöhnlich realistisches und ideenreiches *Dekameron* gilt als Grundstein der modernen Erzähltradition.
»In Florenz wütet die Pest«* (»Erster Tag. Einleitung«), aus: Giovanni Boccaccio, *Dekameron.* © Winkler-Verlag, Düsseldorf 1964. Aus dem Italienischen von Karl Witte.

Rafael Chirbes
geboren 1949 bei Valencia, beschäftigt sich in seinen Romanen hauptsächlich mit dem Geschehen in seiner Heimat zur Zeit Francos. Für die Zeitschrift *Sobremesa,* die er seit Jahrzehnten mit Reportagen beliefert, schrieb er Reisebilder über Dutzende Städte der Welt, darunter auch Stationen in Italien.
»Die Grenzen des Menschen – ein florentinischer Traum«* (»Die Grenzen des Menschen«), aus: Rafael Chirbes, *Der sesshafte Reisende.* © Verlag Antje Kunstmann GmbH, München 2006. Aus dem Spanischen von Dagmar Ploetz.

Autorinnen und Autoren

Antonio Forcellino
geboren 1955, ist Restaurator und Spezialist für die Epoche der Renaissance. Unter seiner Leitung wurde Michelangelos *Moses* restauriert. Forcellino schrieb Biografien über Raffael und Michelangelo.
»Ein Mann für die Ewigkeit – Michelangelos *David*«* (»Ein David für die Republik«), aus: Antonio Forcellino, *Michelangelo. Eine Biografie.* © 2006 Wolf Jobst Siedler Verlag, München, in der Verlagsgruppe Random House GmbH. Aus dem Italienischen von Petra Kaiser, Martina Kempter und Sigrid Vagt.

Carlo Fruttero und Franco Lucentini
geboren 1926 (Fruttero) bzw. 1920 (Lucentini), gründeten in den Fünfzigerjahren La Ditta, die Firma, die Keimzelle ihres Wirkens als Autorenduo war. Sie arbeiteten als Übersetzer, gaben das Science-Fiction-Magazin *Urania* heraus, machten sich ansonsten aber vor allem einen Namen als Krimischriftsteller. Ironie und Gesellschaftskritik heben die Romane deutlich aus der Masse der Kriminalliteratur heraus. Die Zusammenarbeit der beiden Autoren endete mit Lucentinis Freitod 2002.
»Die Ekstase des Palio – Reiterspiele in Siena«* (»Rings um die konkave, abschüssige Piazza«), aus: Carlo Fruttero und Franco Lucentini, *Der Palio der toten Reiter.* © 1986 Piper Verlag GmbH, München. Aus dem Italienischen von Burkhart Kroeber.

Heinrich Heine
geboren 1797 in Düsseldorf, Vielwanderer und Querdenker, war Sohn eines jüdischen Tuchhändlers. 1826 erschien die *Harzreise* als Heines erster Reisebericht. Weil sich der Schriftsteller für die Gedanken der Französischen Revolution aussprach, wurden seine Texte von der Zensur geprüft, auch der Bericht von seiner Reise nach Genua und Lucca 1828. Die Italienschwärmerei seiner Zeit hatte ihn in die Toskana geführt, doch gehen Heines *Reisebilder* weit über die Beschreibung von Sinnesreizen hinaus und nehmen kritisch Bezug zu seinen reaktionären, antisemitisch eingestellten Widersachern. 1831 wanderte Heine nach Paris aus und arbeitete dort als Korrespondent für die deutsche Presse. Mit Ausbruch der Revolution in Paris 1848 begann ein Nervenleiden, das den Dichter bis zu seinem Tod 1856 ans Bett fesselte.
»Düsteres Lucca und heitere Begegnung«* (»Die Bäder von Lucca« und

»Die Stadt Lucca«), aus: Heinrich Heine, *Reisebilder,* Diogenes Verlag, Zürich 1993.

Hermann Hesse
geboren 1877 in Calw, war nach einer Buchhändlerlehre und ersten Gedichtveröffentlichungen als Rezensent der *Allgemeinen Schweizer Zeitung* tätig. Im Frühjahr 1901 besuchte er erstmals Italien. 1911 unternahm er eine große Asienreise. Im Jahr darauf verließ er Deutschland, um sich in Bern niederzulassen. Während der NS-Zeit standen Hesses Werke, darunter *Der Steppenwolf* (1927), *Narziss und Goldmund* (1930) und *Das Glasperlenspiel* (1943), auf dem Index und durften erst 1946 wieder gedruckt werden. Im selben Jahr erhielt Hesse den Nobelpreis für Literatur. Er starb 1962 im Tessin.
»Das schiefe Wunder – Pisas Campanile«* (»Vom Zauber einer alten, untergegangenen Kunst«), aus: Hermann Hesse, *Sämtliche Werke,* Band 10. © Suhrkamp Verlag, Frankfurt am Main 2002.

Ross King
geboren 1962 in Kanada, studierte Literatur und Kunstgeschichte. Als Autor historischer Romane, die er seit den Neunzigerjahren schreibt, arbeitet er gelegentlich mit dem Mittel der Doppelbiografie, um die Spannungen einer Epoche herauszuarbeiten. Der heute in England lebende Schriftsteller verfasste neben Romanen auch Biografien, in denen er sich als Experte vor allem der italienischen Renaissance erweist.
»Zwischen Himmel und Erde – Brunelleschis Meisterwerk«* (»Das Ungeheuer vom Arno«, »Die Laterne« und »Ein Hort der Freuden«), aus: Ross King, *Das Wunder von Florenz. Architektur und Intrige: Wie die schönste Kuppel der Welt entstand.* © 2001 Albert Knaus Verlag, München, in der Verlagsgruppe Random House GmbH. Aus dem Englischen von Wolfgang Neuhaus.

David Herbert (D. H.) Lawrence
geboren 1885 in Eastwood bei Nottingham, musste 1911 wegen Tuberkulose seine Karriere als Lehrer aufgeben. Die Krankheit weckte in ihm die Liebe zu warmen Ländern. So reiste er durch Australien und hielt sich lange Zeit in Mexiko auf. Die Jahre von 1925 bis zu seinem Tod 1930 verbrachte er zum größten Teil in Italien. Auf der Basis einer fünftägigen Reise zu den Stätten der Etrusker im April 1927 schrieb der Autor eine Serie von Ar-

tikeln, die 1932 in Buchform als *Etruskische Stätten* erschienen. Charakteristisch ist der Verzicht auf wissenschaftliche Darstellungen und Analysen zugunsten einer subjektiven Betrachtung der etruskischen Kultur.
»Eine Stadt wie Alabaster – Volterra und die Etrusker«* (»Volterra/Etrusker«), aus: D.H. Lawrence, *Etruskische Stätten*. © für die deutsche Übersetzung: 1963 by Rowohlt Verlag GmbH, Reinbek bei Hamburg. Aus dem Englischen von Oswalt von Nostitz.

Frances Mayes
geboren 1940 in Fitzgerald, Georgia, erhielt nach ihrem Studium einen Lehrstuhl für Kreatives Schreiben an der San Francisco State University. Nach einer Reihe weniger erfolgreicher Bücher schrieb sie 1996 *Unter der Sonne der Toskana*, einen Bericht über ihr Leben in einer Villa bei Cortona, der zum Bestseller und 2003 verfilmt wurde. Mit Nachfolgebänden suchte Mayes ihren Erfolg zu mehren.
»Grünes Öl – vom Geheimnis der Oliven«* (»Grünes Öl«), aus: Frances Mayes, *Unter der Sonne der Toskana*. © 2004 Wilhelm Goldmann Verlag, München, in der Verlagsgruppe Random House GmbH. Aus dem Englischen von Ursula Bischoff.

Dmitri Sergejewitsch Mereschkowski
geboren 1865 in St. Petersburg, verfasste 1888 einen ersten Lyrikband. Gemeinsam mit seiner Frau, einer polnischen Dichterin, unterhielt er zunächst in der Heimatstadt, später im Pariser Exil einen Literatursalon christlicher Prägung. Der erfolgreichste seiner historischen Romane widmet sich Leonardo da Vinci (1901). Nicht bis ins Detail geklärt ist Mereschkowskis gespaltenes Verhältnis zum Faschismus, das dazu geführt haben soll, ihm den Literaturnobelpreis zu verweigern. Der Schriftsteller starb 1941 in Paris.
»Raub der Flammen – Leonardos Leda auf dem Scheiterhaufen«*, aus: Dmitri Sergejewitsch Mereschkowski, *Leonardo da Vinci: historischer Roman*, Th. Knaur Verlag, Berlin 1973. Aus dem Russischen von Erich Boehme.

Michel de Montaigne
geboren 1533 auf dem elterlichen Schloss bei Bordeaux, studierte Jura und war Ratsmitglied von Bordeaux, bevor er sich 1571 in einen Turm des Familiensitzes St-Michel-de-Montaigne zurückzog, um zu schreiben. In

seinen Texten, den *Essais*, »versuchte« er, Lösungen für selbst gestellte Probleme zu entwerfen, in denen gewollt wiederum neue Fragen steckten. Mit dieser Methode der Gedankenentwicklung schuf Montaigne eine neue Literaturgattung. 1580 erschien die erste Ausgabe der *Essais*, die Montaigne bei seiner Reise nach Venedig und Rom persönlich dem König überreichte. Inzwischen daran gewöhnt, seine Gedanken ohne Kohärenz und Systematik zu notieren, verfasste Montaigne auch über seine Italienreise ein Buch, dessen Witz gerade auch in einer gewissen Zufälligkeit der Notizen steckt. Montaigne starb 1592 im familieneigenen Schloss.

»Laster und Labsal – ein Franzose auf Reisen«*, aus: Michel de Montaigne, *Tagebuch einer Reise nach Italien über die Schweiz und Deutschland.* © Marix Verlag, Wiesbaden 2005. Aus dem Französischen von Ulrich Bossier.

Iris Origo

geboren 1902 in England als Iris Margaret Cutting, wuchs in einer Medici-Villa bei Florenz auf und heiratete 1924 Antonio Origo, den Sohn eines Marchese. Das Ehepaar kaufte ein Landgut bei Montepulciano, um dort ein Leben unter einfachsten Bedingungen zu führen. Im Zweiten Weltkrieg halfen die Origos vielen Verfolgten bei der Flucht vor den Faschisten. Nachdem Iris Origo ein Buch über die Liebesbeziehung zwischen Lord Byron und Teresa Guiccioli geschrieben hatte, entwarf sie mit Akribie das Lebensbild eines toskanischen Kaufmanns der Frührenaissance. Dieses Buch, deutsch *Im Namen Gottes und des Geschäfts*, basiert auf mittelalterlichen Dokumenten, die zufällig in einem Palazzo entdeckt wurden. Iris Origo starb 1988 in der Toskana.

»Das betuchte Prato im Mittelalter«* (»Prato und der Tuchhandel«), aus: Iris Origo, *Im Namen Gottes und des Geschäfts.* © Verlag C. H. Beck, München 1985. Aus dem Englischen von Uta Elisabeth Trott.

Kety Quadrino

1975 geboren, studierte Germanistik, Spanisch und Italienisch (ihre Muttersprache) in Tübingen, Rom und Valencia. Seit 2008 arbeitet sie als freie Journalistin für führende deutsche Magazine, Tages- und Wochenzeitungen.

»Hitzköpfe unter der Sonne – die Giostra von Arezzo«* (»Nur ein Spiel?«), aus: *sonntag-aktuell.de.* © Kety Quadrino 2009.

Stendhal (Marie-Henri Beyle)
geboren 1783 in Grenoble als Sohn eines Anwalts, war Beamter Bonapartes und ließ sich nach Napoleons Verbannung 1814 in Mailand nieder, wo er sich als Literat etablierte. In der damals österreichischen Provinz Lombardei als Verschwörer verdächtigt, zog er sich nach Paris zurück und arbeitete dort als Journalist. In seiner ersten Reiseskizze über Italien, dem er sich später noch mehrfach widmete, beschrieb Stendhal eine Art Wahn, der ihn beim Erleben der Stadt Florenz befiel. Heute bezeichnet man eine Störung, die sich aus kultureller Reizüberflutung ergibt, als Stendhal-Syndrom. Der Schriftsteller starb 1842 in Paris.
»Wenn Kunst krank macht – das Staunen über Florenz«* (»Pietra Mala« und »Florenz«), aus: Marie-Henri Beyle Stendhal, *Reise in Italien*, Eugen Diederichs Verlag, Jena 1911. Aus dem Französischen von Friedrich von Oppeln-Bronikowski.

Der Verlag dankt den Autorinnen und Autoren dieses Bandes, bzw. deren Vertretern, für die Überlassung der Abdruckrechte. Trotz intensiver Bemühungen konnten in einzelnen Fällen die Rechteinhaber nicht ermittelt werden. Sie werden gebeten, sich mit dem Verlag in Verbindung zu setzen.
Even with great effort some of the copyright holders could not be found. They are kindly requested to contact Unionsverlag.

Der Herausgeber

Manfred Görgens, geboren 1954 in Oberhausen, studierte Freie Kunst in Düsseldorf und Indologie in Bochum. Zahlreiche, oft mehrmonatige Reisen führten ihn in Länder Asiens, Afrikas und Europas. Auf Publikationen im eigenen Verlag (Graphium press) folgten Tätigkeiten als Lektor (Peter Hammer Verlag), Übersetzer (u. a. Unionsverlag), Rezensent (u. a. *Die Zeit*) und Reisejournalist. Der heute in Wuppertal lebende Fotograf und Autor arbeitet für mehrere Buch- und Zeitschriftenverlage und ist seit 2003 als freier Mitarbeiter für die *Westdeutsche Zeitung* tätig.

Bildnachweis

- 7 Postkarte von den Uffizien in Florenz
- 18 Postkarte von der Kuppel des Doms St. Maria del Fiore in Florenz
- 29 Darstellung der Beulenpest (1411), aus der Toggenburgbibel
- 40 Grafischer Einblick in den Aufbau von Brunelleschis Kuppel
- 66 *Leda* (1510–1515), Öl auf Leinwand, Kopie eines Gemäldes von Leonardo da Vinci
- 75 Skizze von *David*
- 85 Wappen der Arte della Lana
- 102 *Kombinierte Bad- und Mineraltrinkkur nach ärztlicher Vorschrift* (1509), Holzschnitt von Urs Graf (1485–1528)
- 119 Leichenzug vor Sant'Agostino (1791)
- 132 *Veduta del Campanile di Pisa in Toscana* (1816), von Antonio Verico (geboren um 1775)
- 136 Abbildung von Volterra, aus Dorothy Noyes Arms und John Taylor Arms, *Hill Towns and Cities of Northern Italy*, New York 1932
- 155 Veranstaltungsplakat zum Palio in Siena
- 166 Veranstaltungsplakat zur Giostra del Saracino in Arezzo
- 172 »Ankunft des kais. Napoleon auf der Insel Elba«, Gemälde aus dem British Museum

Foto Umschlaginnenseite: Serban Enache

Bücher fürs Handgepäck im Unionsverlag

*»Was der klassische Reiseführer nicht leisten kann,
fördern die handlichen Bände gezielt zutage.«*
Der Tagesspiegel

*»Die Nadel im ›Kulturkompass fürs Handgepäck‹
durchsticht die Schichten der immer wieder übermalten Bilder.«*
Frankfurter Allgemeine Zeitung

Reise nach Indonesien (UT 476)
Geschichten fürs Handgepäck
Hg. von Lucien Leitess

Reise nach Hongkong (UT 475)
Kulturkompass fürs Handgepäck
Hg. von Françoise Hauser

Reise in die Toskana (UT 474)
Kulturkompass fürs Handgepäck
Hg. von Manfred Görgens

Reise nach Argentinien (UT 473)
Kulturkompass fürs Handgepäck
Hg. von Eva Karnofsky

Reise nach Kreta (UT 472)
Kulturkompass fürs Handgepäck
Hg. von Ulrike Frank

Reise in die Sahara (UT 471)
Kulturkompass fürs Handgepäck
Hg. von Lucien Leitess

Reise nach Island (UT 470)
Kulturkompass fürs Handgepäck
Hg. von Sabine Barth

Reise nach Japan (UT 469)
Kulturkompass fürs Handgepäck
Hg. von Françoise Hauser

Reise nach Myanmar (UT 443)
Kulturkompass fürs Handgepäck
Hg. v. Alice Grünfelder u. Lucien Leitess

Reise ins Tessin (UT 442)
Kulturkompass fürs Handgepäck
Hg. von Franziska Schläpfer

Reise nach Mexiko (UT 441)
Geschichten fürs Handgepäck
Hg. von Anja Oppenheim

Reise in die Provence (UT 440)
Kulturkompass fürs Handgepäck
Hg. von Ulrike Frank

Reise nach Ägypten (UT 439)
Geschichten fürs Handgepäck
Hg. von Lucien Leitess

Reise nach China (UT 438)
Kulturkompass fürs Handgepäck
Hg. von Françoise Hauser

Reise nach Indien (UT 423)
Kulturkompass fürs Handgepäck
Hg. von Dieter Riemenschneider

Reise nach Marokko (UT 422)
Kulturkompass fürs Handgepäck
Hg. von Lucien Leitess

Reise in den Himalaya (UT 421)
Geschichten fürs Handgepäck
Hg. von Alice Grünfelder

Reise in die Schweiz (UT 420)
Kulturkompass fürs Handgepäck
Hg. von Franziska Schläpfer

Reise nach Bali (UT 401)
Kulturkompass fürs Handgepäck
Hg. von Lucien Leitess

Reise nach Thailand (UT 400)
Geschichten fürs Handgepäck

Mehr über alle Reisebände auf *www.unionsverlag.com/reise*

Entdecken Sie die Toscana.
Mit Reise Know-How

Wohnmobil-Tourguide
Toscana
17,50 €

Reiseführer
Toscana
19,90 €

CityTrip
Florenz
8,90 €

Sprachführer für Italien:
Italienisch, Italienisch Slang und Italienisch kulinarisch
= Italienisch 3 in 1

Einzelbände je 7,90 €; Sammelband 12,00 €

www.reise-know-how.de